YINGXIAO JICHA SHIWU
JI ANLI FENXI

营销稽查实务
及案例分析

国网冀北电力有限公司营销部
国网冀北电力有限公司电力科学研究院 组编

中国电力出版社
CHINA ELECTRIC POWER PRESS

内 容 提 要

本书注重营销稽查和营销业务管控的实用性，从目前常用的营销业务系统数据查询分析入手，通过把控营销业务异常问题关键点，介入辅助分析手段，现场稽查验证，最后进行问题综合研判和整改，同时辅以典型案例对主要营销业务异常问题类型进行全过程稽查分析演示，可供省、地市公司营销稽查人员和营销业务工作人员学习使用，也可供相关岗位的培训使用。

图书在版编目（CIP）数据

营销稽查实务及案例分析/国网冀北电力有限公司营销部，国网冀北电力有限公司电力科学研究院组编. —北京：中国电力出版社，2014.12（2020.10重印）

ISBN 978-7-5123-6753-1

Ⅰ.①营… Ⅱ.①国… ②国… Ⅲ.①电力工业-市场营销学 Ⅳ.①F407.615

中国版本图书馆 CIP 数据核字（2014）第 256645 号

中国电力出版社出版、发行

（北京市东城区北京站西街 19 号 100005 http://www.cepp.sgcc.com.cn）

河北华商印刷有限公司印刷

各地新华书店经售

*

2014 年 12 月第一版 2020 年 10 月北京第三次印刷

710 毫米×980 毫米 16 开本 15 印张 254 千字

印数 3501-4500 册 定价 **50.00** 元

《营销稽查实务及案例分析》

编 委 会

前　言

营销稽查作为电力企业经营管理过程中的一个重要手段，对规范企业经营管理、提升企业效益和辅助决策支撑起着重要的作用。近年来随着国家电网公司“三集五大”体制机制变革和公司内部精益化管控要求的提高，营销稽查工作日益受到重视并且发挥着越来越重要的作用。如何标准化、信息化、规范化、常态化开展营销稽查成为了电力企业的重点工作之一，为此 2009 年国家电网公司启动了三级营销稽查组织体系和信息管控平台建设。经过几年的努力，各网省公司营销稽查工作组织体系已经比较完备，软硬件平台功能不断完善，营销稽查方式发生了重大变化，同时也对工作人员的业务素质和能力提出了更高的要求。在实际工作中，营销稽查工作点多、面广，发现的问题往往十分复杂，工作人员的分析处理能力直接决定着稽查工作的效率及质量。在不乏信息分析技术和营销业务标准指导的情况下，营销稽查工作人员如何适应现有工作模式，快速结合营销业务知识，利用现有技术、方法高效开展稽查综合分析处理，则一直缺乏必要的实务和案例指导。提供类似的教材也是广大基层工作者的一致呼声。

编写《营销稽查实务及案例分析》是为了做好营销稽查和营销业务管控工作的一种有益尝试，旨在提升省、地电力营销稽查人员和营销业务人员实际业务水平，在业务指导、技术辅助、问题自查及分析方法上提供帮助，同时也是兄弟供电公司进行业务交流的一个方式。本书遵照国家电网公司营销稽查监控系统业务标准化设计成果编写，注重营销稽查和营销业务管控的实用性，从目前常用的营销业务系统数据查询分析入手，通过把控营销业务异常问题关键点，介入辅助分析手段，现场稽查验证，最后进行问题综合研判和整改，同时辅以典型案例对主要营销业务异常问题类型进行全过程稽查分析演示，可供省、地市公司营销稽查人员和营销业务工作人员学习使用，也可供相关岗位的培训使用。

希望本书的出版能够对一线营销稽查人员和营销业务人员有较大的帮助。通过学习营销稽查实务与案例，希望电力营销稽查人员能够更好地运用营销业务信息系统和营销稽查监控系统进行异常问题的综合分析，对现场情况进行准确的判断、验证和取证；营销业务人员能够掌握营销业务异常问题自查的方法，通过稽查整改找到管理提升的着力点。因时间和水平有限，难免会有疏漏之处，恳请读者批评指正。本书编写过程中得到了国网冀北电力有限公司营销部和冀北五个地市供电公司营销专家的指导和帮助，在此表示衷心的感谢！

编　者

目　录

第1部分

综　述

1 营 销 稽 查 概 述

1.1 营销稽查工作方式演变

1.1.1 传统的营销稽查工作方式及局限性

传统的营销稽查工作方式主要依靠人工经验，多采取日常工作检查、营业普查和专项检查的方式，由专业管理人员或抽调专人、专家组成稽查工作组，根据事先制定的检查标准和内容，对相关业务流程步骤、规定执行情况、档案资料情况、现场情况等进行监督检查，一般多以抽查的方式进行。由于没有计算机系统平台的数据支持，要想深入细致地开展稽查工作，工作量非常大，且查找问题的准确率和工作效率较低，工作开展的广度和深度受到限制，再加上稽查工作人员的知识水平和经验差异，工作缺乏规范性，不能标准化和常态化地开展。营销稽查工作主要由各省、市公司自行制定工作内容标准并不定期组织开展。

1.1.2 现阶段营销稽查工作方式及优势

近年来随着国家电网公司标准化建设和信息化建设的推进，各省公司营销系统逐步建立了覆盖所有业务的统一工作标准、管理制度，营销业务系统的数据集中存储与业务集中处理、用电信息采集系统的省级集中、现场视频系统等多个营销信息化系统的建成，为搭建一体化营销稽查监控系统创造了条件，使得解决各网省之间稽查监控工作组织模式不统一、管理职责与业务范围不一致以及营销信息化系统业务层面应用多，缺乏数据深度挖掘、横向集成和综合分析少等问题成为可能。特别是 2009 年以来，为了进一步整合营销资源，优化营销组织模式，增强营销运营管控力度，加快构建“大营销”体系，国家电网公司启动了覆盖总部、网省、地市公司的三级营销稽查监控体系建设工作，并将“坚持规范统一”作为国家电网公司建设稽查监控体系的重要原则。在国家电网公司统一部署下，经过几年的建设，各省公司建成了集约高效的新型稽查组织体制，并建成集中统一的营销稽查监控系统，与营销业务应用系统、用电信息采集系统、配网管理系统等实现紧密集成，能够对营销异常风险进行实时、在线监控，营销稽查工作告别了临时组织人员、工作标准不统一、缺乏信息系统支撑的传统工作阶段，逐步进入了规范化、信息化、标准化、常态化运作阶段，营销稽查监控组织的管控力和执行力得到较大提高，营销稽查工作方式实现巨大的转变。

1.2 营销稽查的内涵及其与用电检查的区别

1.2.1 营销稽查的定义

2011年，国家电网公司在《营销稽查监控系统业务模型说明书V1.11》中对电力营销稽查的定义为：营销稽查是依据国家有关政策、法律、法规和电力企业营销相关的规章制度和管理规定，对本企业从事电力营销工作的单位或人员，在电力营销过程中的行为进行监督和检查。

1.2.2 营销稽查的内涵

(1) 明确指出了开展营销稽查工作要依据国家有关政策、法律、法规和电力企业营销相关的规章制度和管理规定。

(2) 明确了营销稽查的对象是本企业从事电力营销工作的单位或人员，也就是说电力营销稽查是电力企业经营管理中的一种内稽机制，与本单位以外的单位或部门发起的检查工作有所区别。

(3) 明确了营销稽查的内容为电力营销过程中的行为，说明从事电力营销的企业单位和内部员工的工作行为和过程都是电力营销稽查的内容。

(4) 明确了营销稽查工作的开展形式是对电力营销过程中的行为进行监督和检查。

(5) 明确了营销稽查人员有对本企业从事电力营销的单位或内部员工的工作行为和过程进行监督、检查的权利和职责。

1.2.3 营销稽查与用电检查的工作区别

用电检查是为了维护正常的供用电秩序，保障供用电安全，以国家有关电力供应与使用的法律法规、方针、政策和电力行业标准为准则，对用电客户的安全、经济、合理、可靠用电实施专业性检查的全过程。从定义上可以看出，营销稽查与用电检查工作存在以下本质的区别。

(1) 营销稽查与用电检查遵循的标准依据不同。营销稽查是依据国家有关政策、法律、法规和电力企业营销相关的规章制度和管理规定开展工作；用电检查是以国家有关电力供应与使用的法律法规、方针、政策和电力行业标准为准则开展工作。

（2）营销稽查与用电检查的目的不同。营销稽查对本企业电力营销工作单位或人员的工作行为监督是为了规范企业内部经营管理；用电检查是为了维护正常的供用电秩序，保障供用电安全。

（3）营销稽查与用电检查的工作对象不同。营销稽查的对象是对本企业从事电力营销工作的单位或人员，在电力营销过程中的行为进行监督和检查；用电检查是对客户的电力使用进行检查。

（4）营销稽查与用电检查的工作范围不同。营销稽查的工作范围包含了全部的营销业务，其中也包含对用电检查工作人员行为和工作过程的监督；而用电检查只对客户的电力使用进行检查。

（5）营销稽查与用电检查的工作方式和程序不同。营销稽查以稽查主题为工作开展的基础，通过稽查任务管理开展检查工作，对存在问题的单位和个人发出稽查工作单及整改通知单；用电检查是在用电检查工作内容范围内、按照用电检查的工作程序对客户进行检查，用电检查主要包括：用电前、用电期间、用电后检查，主要是依据电力行业标准对客户进行安全、隐患、计量、质量、营销、设施、性能诸多方面的管理、检测、评估，用电检查依据用电检查工作单开展工作，到用电客户处时出示的是用电检查证，对检查中发现的问题向客户出具用电检查结果通知书和违约用电、窃电通知书。

1.3 营销稽查工作的依据

1.3.1 国家有关法律、法规、标准、文件

（1）《中华人民共和国电力法》（第八届全国人大常务委员会第十七次会议通过，2009 年 8 月 27 日修订）

（2）《电力供应与使用条例》（国务院令第 196 号　1994 年 4 月 17 日发布）

（3）《供电营业规则》（中华人民共和国电力工业部 1996 年第 8 号令）

（4）《功率因数调整电费办法》（水利电力部、国家物价局〔83〕水电财字第 215 号）

（5）《供电监管办法》（国家电监会第 27 号 2010 年 1 月 1 日实行）

（6）JJG 313—2010《测量用电流互感器》

（7）JJG 314—2010《测量用电压互感器》

（8）DL/T 448—2000《电能计量装置技术管理规程》

（9）《水利电力部关于颁发〈电、热价格〉通知》（水电财字〔1975〕67号）

（10）《国家发展改革委关于停止收取供配电贴费有关问题的补充通知》（发改价格〔2003〕2279号）

（11）《关于进一步落实差别电价及自备电厂收费政策有关问题的通知》（发改电〔2004〕159号）

1.3.2 国家电网公司有关营销稽查的管理规定

（1）Q/GDW 403—2009《国家电网公司供电服务质量标准》

（2）《国家电网公司电能计量装置现场检验作业指导书》（国家电网生产输电〔2003〕21号）

（3）《国家电网公司供电服务规范》（国家电网生〔2003〕477号）

（4）《国家电网公司计量工作管理规定》（国家电网营销〔2005〕407号）

（5）《国家电网公司电能计量故障差错调查处理规定》（国家电网营销〔2005〕489号）

（6）《国家电网公司营业抄核收工作管理规定》（国家电网营销〔2005〕848号）

（7）《国家电网公司农网线损指标管理工作暂行规定》（国家电网农管〔2006〕48号）

（8）《关于规范电能计量装置配置合格率统计分析工作的通知》（营销计量〔2007〕27号规定）

（9）《国家电网公司业扩报装管理规定》（国家电网营销〔2007〕49号）

（10）《国家电网公司短期电力市场分析与预测管理办法（试行）》（国家电网营销〔2007〕390号）

（11）《关于印发〈国家电网公司营销安全风险防范与管理规范（试行）〉和〈国家电网公司营销安全风险防范工作手册（试行）〉的通知》（国家电网营销〔2009〕138号）

（12）《国家电网公司电费抄核收工作规范》（国家电网营销〔2009〕475号）

（13）《关于印发〈电力用户用电信息采集系统功能规范〉等标准的通知》（国家电网科〔2009〕1393号）

（14）《关于加快用电信息采集系统建设的意见》（国家电网营销〔2010〕

119 号)

(15)《省级 95598 供电服务中心试点运营管理规范》(国家电网营销〔2010〕1033 号)

(16)《营销业务应用标准化设计》(国家电网公司版本号 V1.3)

1.4 营销稽查的目的、业务范围及与营销业务之间的界面关系

1.4.1 营销稽查的目的

对电力营销过程中的行为进行监督和检查，全面规范作业行为、及时发现并纠正工作偏差、建立健全营销风险管控体系、消除服务薄弱环节、化解服务监管压力、提高公司营销运营和管控能力、确保公司经营成果颗粒归仓。

1.4.2 营销稽查的业务范围

电力营销稽查的业务范围应该涵盖电力营销全业务和全过程。营销全业务应随着营销业务的发展变化不断地进行调整，要逐步将营销新型业务纳入其中。营销业务的全过程要包括营销业务的所有环节，从每项业务的开始到终结都在稽查的范围内，当管理标准发生变化时，相应的业务环节也要进行稽查规则的调整。营销稽查的重点内容包括业扩报装及用电变更管理、抄表核算管理、电费收缴管理、电价及账务管理、95598 服务质量、用电检查情况、电能计量管理、资产管理、数据档案及资料管理等内容。

1.4.3 营销稽查与营销业务之间的界面关系

营销稽查是对营销全业务和全过程的监督检查。营销稽查与营销业务之间应有清晰的界面划分，以便于营销稽查工作的顺畅开展，同时与营销业务管理之间应建立良好的协作机制。当营销稽查人员通过稽查主题发现异常时，以派发稽查工单的形式通知营销相关业务部门进行核实及整改，开展问题跟踪、督办并做好异常问题的闭环管理；对于营销专业管理存在漏洞引发的稽查异常问题应由营销专业管理人员研究措施并进行规范管理，营销业务管理部门是真正解决和落实问题整改的主体；对于认定为用电客户引发的异常问题交由用电检查人员按用电检查的相关规定和程序进行处理。

1.5 营销稽查人员应具备的知识和技能

（1）基础知识：了解电工基础、电机学、电能计量、电工仪表与测量、电力系统分析等相关知识。

（2）专业知识：掌握用电营业管理、电力市场营销、电力营销稽查业务等用电营销的相关专业知识、工具和技能；熟悉国家和电力系统有关电力营销方面的政策、法规、标准、规程和管理制度。

（3）相关知识：熟知供用电常识。

（4）基本技能：掌握常用测量仪表、仪器的使用与维护、供电服务规范。

（5）专业技能：具备抄表、核算、收费、计量装置检查与分析，违约用电与窃电处理，电能计量装置的故障分析处理，客户用电设备异常分析，供用电合同管理，业扩报装管理，无功补偿等专业技能和较强的综合分析能力；具备营销业务应用系统、营销稽查监控系统、用电信息采集系统等营销信息系统业务应用技能。

（6）职业素养：具有较高的政治思想素质和一定的理论水平，坚持原则、秉公办事、保守秘密；工作态度端正，经得起威胁和诱惑，依法、依规开展各项电力营销稽查工作，做到能查、敢查、会查；有良好的组织能力与协调沟通技巧、有团队合作精神，擅长文字与语言表达。

2 营销稽查监控系统介绍

营销稽查监控系统的具体业务是：通过稽查主题管理，完善稽查监控主题库；利用稽查主题库所提供的主题，对供电应急处置、经营成果、营销工作质量、营销服务资源中不正常现象以及营销业务应用系统产生矛盾数据进行监控与稽查，提交可疑问题；利用发现的可疑问题，通过稽查任务管理，实现档案修正、营销制度完善、营销工作落实、要求其他部门配合的目的；最终对稽查工作产生的经济效益和管理效益进行评价。此外，营销稽查监控系统还包括运营动态以及主题分析及查询等。

目前冀北电力有限公司应用的营销稽查监控系统是按照国家电网公司营销稽查监控系统业务模型说明书（版本号 V1.11）开发设计的，系统第一次将稽查监控业务覆盖到营销运营动态、供电质量与应急处置、经营成果、工作质量、数据质量、服务资源、主题分析 7 个稽查监控业务类、48 个业务项、232 个业务子项、186 个监控指标，规范了主题管理、稽查监控、稽查评价等业务内容、业务流程、业务规则、业务要求等内容。

2.1 营销稽查监控系统特点和总体结构

2.1.1 系统特点

2.1.1.1 资源整合

充分分析营销业务系统、用电信息采集系统、视频监控系统、电能量采集系统等系统功能与业务应用，寻找系统之间业务融合点，整合集成多种内部和外围监控资源，实现对系统数据的深度挖掘。

2.1.1.2 业务全覆盖

充分分析营销业务关键节点和营销经营指标的影响因素，通过对营销业务的跨专业、分专业各个关键节点有效梳理，建设覆盖全专业的业务模型。

2.1.1.3 异常告警

充分分析营销稽查监控主题的特点，通过设定告警阀值，实现异常自动告警，减少人工监控工作量。

2.1.1.4 闭环管理

充分分析营销稽查与监控的业务流程，按照规范的监控方式、稽查任务触发方式、稽查任务回复和抽检方式，实现对营销稽查监控与稽查闭环管理。

2.1.2 总体结构

营销稽查监控系统总体结构如图 2-1 所示。

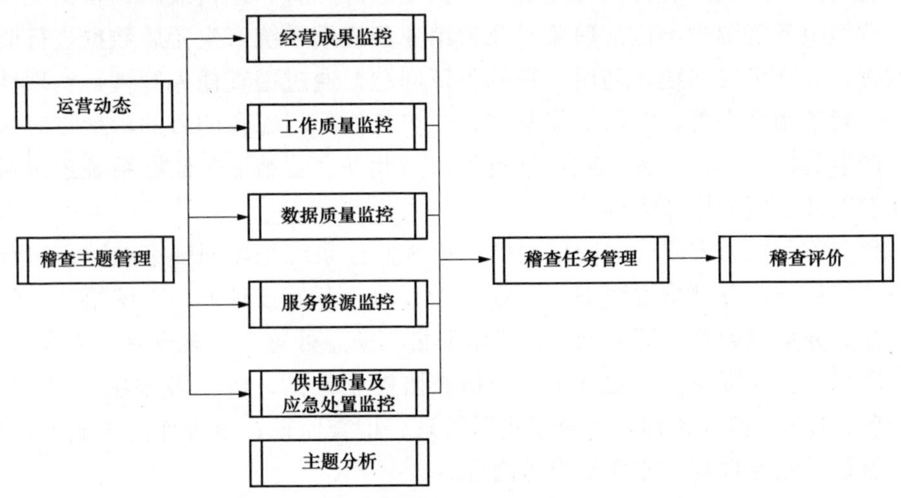

图 2-1 营销稽查监控系统总体结构

稽查监控业务由〖稽查主题管理〗、〖经营成果监控〗、〖工作质量监控〗、〖数据质量监控〗、〖服务资源监控〗、〖供电质量及应急处置监控〗、〖主题分析〗、〖稽查任务管理〗、〖稽查评价〗、〖运营动态〗等构成。

稽查主题管理的主题类及主题分析的边界划分如下：

(1) 当主题同时涉及工作质量和经营成果时，归入经营成果。

(2) 当主题同时涉及工作质量和服务资源时，归入服务资源。

(3) 当涉及数据质量的主题同时也涉及经营成果时，归入经营成果。

(4) 当涉及数据质量的主题同时也涉及工作质量时，归入工作质量。

(5) 凡是没有阀值的主题，都归入主题分析。

2.2 营销稽查监控系统业务项及子项一览表

营销稽查监控系统业务项及子项一览表见表 2-1。

表 2-1　　营销稽查监控系统业务项及子项一览表

业务类	业务项	业务子项
运营动态	首页	首页
	基本情况	供电区域
		服务承诺
		人员构成
		营销装备
		营销信息化
	电力供需	供用电状况
		电力供需平衡
		有序用电执行
	市场发展	报装户数及容量
		客户构成
		市场占有率
	营销指标	售电量
		售电均价
		售电收入
		电费回收
		应收电费余额
	客户服务	服务渠道
		缴费方式
		缴费动态信息
		客户资料查询
	智能用电	智能电表
		用电信息采集
		电动汽车充电设施建设
		光纤入户
		分布式能源
	稽查动态	稽查监控情况
		稽查任务执行情况
		稽查评价结果
		营销评价
供电质量及应急处置	供电质量及停复电情况	典型客户停电情况
		客户供电电压异常情况
		停电恢复及时率
	重大事件及紧急情况处理	重大停、限电事件监控
		高危及重要客户停电事件监控
		媒体曝光事件监控

续表

业务类	业务项	业务子项
经营成果监控	市场发展	业扩报装结存率
		减容、销户情况
		业扩平均完成时间
	售电量	售电量波动
		趸售电量波动
		大客户直接交易电量
		零度户
		客户用电异常
	电价执行	售电均价波动
		特殊电价执行异常
		超容量用电
		居民大电量
		农排大电量
		化肥大电量
		力率执行异常
		变损电量异常
		两部制电价执行异常
		分时电价执行异常
	电费及业务费	电费回收进度
		应收电费余额
		客户电费欠费
		欠费风险预警
		零电费异常
		电量电费退补
		计费参数变动
		业务费收取情况
		自备电厂备用容量费及基金收取情况
	线损管理	专线月线损监控
		10kV公用线路月线损监控
		低压台区月线损异常监控
		供售电量调整异常
工作质量监控	新装增容与变更用电	供电方案答复情况
		设计文件审核情况
		中间检查情况
		竣工检验情况

续表

业务类	业务项	业务子项
工作质量监控	新装增容与变更用电	装表接电情况
		业务异常管理
	供用电合同管理	合同签订情况
		合同超期情况
	抄表管理	电能表实抄率
		抄表准时率
		自动化抄表结算率
		高压客户首次抄表及时情况
		抄表员轮换周期
	核算管理	电费发行情况
		核算异常工单处理情况
	电费收缴及账务管理	走收销账及时性
		解款及时性
		到账确认及时性
		日报统计情况
		关账情况
		电费票据使用情况
		分次划拨情况
		违约金计收情况
		电费退费
		冲正情况
	用电检查管理	检查计划完成情况
		违约用电窃电处理情况
		高危及重要客户安全隐患整改情况
		定量定比核定情况
		客户预防性试验情况
		违约使用电费收取异常
	95598 业务处理	95598 服务畅通性
		95598 业务受理情况
		业务回访情况
		95598 工单处理情况
		抢修到达现场及时情况
		抢修进度反馈及时情况
		计划停电信息及时发布情况
		投诉处理情况

续表

业务类	业务项	业务子项
工作质量监控	资产管理	到货验收工作情况
		电能计量器具检定工作情况
		电能表库存超期情况
	计量点管理	计量故障差错情况
		计量器具周期检验情况
		高压计量装置首检情况
		电能计量器具周期轮换情况
	计量体系管理	标准设备周期检定情况
	电能信息采集	建设完成情况
		采集成功率
		费控覆盖率
		采集数据应用率
	市场管理	预测准确率
	档案资料管理	档案数据异常情况
		档案维护时长情况
	报表管理监控	报表上报及时性
		报表准确性
		明细数据完整性
	稽查监控工作质量	分析工作质量监控
		稽查工作质量监控
		白名单核定质量监控
数据质量监控	用电客户类数据完整性稽查	用电客户相关信息
		受电点相关信息
		计量点相关信息
		采集点相关信息
		供用电合同相关信息
		高压客户相关信息
	资产类数据完整性稽查	电能表资产信息
		电能表运行信息
		互感器资产信息
		互感器运行信息
		负控设备信息
		集抄设备信息
		计量仪器仪表
		计量标准器/设备
		计量标准装置
		计量箱/柜

续表

业务类	业务项	业务子项
数据质量监控	用电客户类数据准确性稽查	用电客户相关信息
		受电点相关信息
		计量点相关信息
		供用电合同相关信息
		台区变压器相关信息
	资产类数据准确性稽查	电能表相关信息
		互感器相关信息
服务资源监控	95598 资源监控	中继线实时监控
		客户服务网站运行监控
		座席监控
	现场视频监控	95598 视频监控
		营业场所视频监控
		配电抢修中心视频监控
	营销自动化系统监控	自助缴费终端监控
		营销业务应用系统监控
		用电信息采集系统监控
		高级量测系统监控
		银电联网系统监控
		电动汽车充电设施监控
主题分析及查询	新装增容与变更用电	工作单查询
		报装业务受理及完成情况
		业扩流程时限分析
		业务异常情况统计
		高压客户业扩报装平均接电时间分析
		在建大项目情况
	供用电合同管理	合同业务分类查询
	抄表管理	抄表方式分析
		抄表电量分布分析
		抄表异常情况
		未分配抄表段客户查询
		零度户查询
	核算管理	计费参数变动情况分析
		售电均价及电费构成分析
		居民阶梯电价执行情况分析
		电价政策调整对均价影响分析

续表

业务类	业务项	业务子项
主题分析及查询	核算管理	客户无功补偿情况分析
		电量电费差错分析
		电量波动分析
		因素变动影响分析
		大用电客户电量电费分析
		出账客户构成分布情况查询
	电费收缴及账务管理	预收电费
		电费回收完成情况分析
		陈欠电费本年回收情况查询
		批量收费在途情况查询
		在途资金平均天数分析
		银行代扣情况分析
		银行对账单信息查询
		账龄分析
		呆、坏账分析
		缴费方式分析
		客户缴费信用分析
		催费停复电分析
		发票开具情况查询
	用电检查管理	检查计划完成情况
		高危及重要客户情况
		高危及重要客户安全隐患整改情况
		反窃电处理情况分析
		定量定比核定情况
		客户无功补偿情况统计
		客户预防性试验情况统计
		违约使用电费收取异常情况分析
	95598 业务处理	95598 话务量分析
		业务受理情况分析
		服务水平分析
		全流程工作质量分析
		投诉量分析
		答复情况查询

续表

业务类	业务项	业务子项
主题分析及查询	资产管理	订购电能表查询
		到货检验工作情况
		库房计量器具统计
		检定工作情况统计
		电能表库存超期情况
		电能计量器具流转情况分析
		电能计量器具质量分析
		需淘汰运行资产情况分析
		配送计量器具查询
	计量点管理	电能计量器具运行情况分析
		台区下电能表信息统计
		计量设备装拆统计
		计量装置选型情况
		电能表、互感器配置情况
	电能信息采集	客户采集覆盖情况
		采集终端采集质量分析
		费控覆盖率
		采集数据应用率
	电力市场分析	全社会用电量分析
		售电情况分析
		售电量影响因素分析
		大客户用电情况分析
		市场占有率波动情况分析
		大客户直购电情况分析
		有序用电方案执行情况分析
		电厂分析
	客户档案资料	客户户数容量统计
		档案数据情况查询
		档案维护情况查询
稽查主题管理	稽查主题申请	稽查主题申请
	稽查主题审批	稽查主题审批
	稽查主题发布	稽查主题发布
	稽查主题维护信息统计	稽查主题维护信息统计

续表

业务类	业务项	业务子项
稽查任务管理	稽查任务包管理	稽查任务派工
		稽查任务转派
		稽查任务审核
	稽查工单管理	稽查工单派工
		稽查工单处理
		延期审批
		稽查整改意见审批
		稽查整改通知
		稽查整改处理及结果反馈
		稽查工单审核
	白名单解冻管理	稽查白名单解冻申请
		稽查白名单解冻审核
	稽查监控汇总	稽查监控汇总
	稽查任务派发规则设置	稽查任务派发规则设置
	稽查任务管理查询	稽查任务管理查询
稽查评价	评价指标统计	稽查工作量统计
		稽查任务执行统计
		当前指标统计
		指标改变率统计
		稽查工作报表
	统计结果评价	统计结果评价
	评价报告模板管理	评价报告模板管理
	指标与算法维护	指标与算法维护

2.3 营销稽查系统的稽查类型

营销稽查监控系统中稽查类型主要有常态稽查、专项稽查、抽检稽查和审核稽查四种。

（1）**常态稽查**：是按稽查主题工作例日及稽查监控频度进行系统问题筛选分析、稽查任务下发、稽查工单处理、稽查问题整改、稽查任务审核归档。

（2）**专项稽查**：是按照专项稽查内容，派工时导入清单并提交。通过对稽查监控业务提交或专项导入的稽查问题进行归并组合，生成稽查任务包，实现稽查任务的派发、稽查工单处理、稽查问题整改、稽查任务审核归档。

(3) **抽检稽查**：是对已经完成过的异常问题分析记录、白名单记录、稽查任务工单按系统设定好的抽查比例进行质量分析所开展的稽查任务下发、稽查工单处理、稽查问题整改、稽查任务审核归档，并非营销业务新产生的疑似问题。

(4) **审核稽查**：是指对稽查任务包进行审核，审核意见为不通过时，稽查任务将不能归档，需要重新进行稽查任务派工处理，这时新发起的稽查任务包将自动变为审核稽查类型，以便区分第一次稽查任务派发。

值得注意的是，审核稽查只有一次，审核稽查类型的任务不管审核意见是否通过，都将归档，这主要是为了避免营销稽查监控系统对异常问题的处理争议陷入无限循环。

2.4 营销稽查系统工作流程

2.4.1 稽查主题管理流程

稽查主题管理流程如图 2-2 所示。

稽查主题管理是根据营销业务应用的具体需要和稽查规范化要求，由各应用层级的稽查人员，根据实际工作需求，会同主题相关营销业务人员、系统维护人员在稽查主题的必要性、可行性论证的基础上拟定稽查主题维护方案，经过审批确定后，按计划生效日期发布主题，以便开展电力营销工作的全方位监控与稽查。

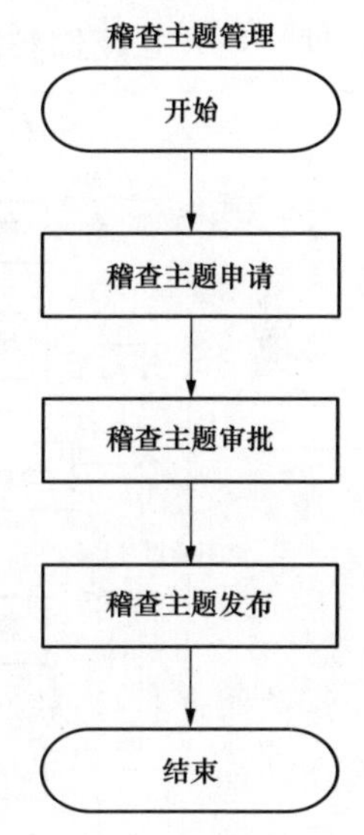

图 2-2 稽查主题管理流程

2.4.2 稽查任务包管理流程

稽查任务包管理流程如图 2-3 所示。常态稽查通过对稽查监控业务提交问题的归并组合，生成稽查任务包，实现稽查任务包的拆分、转派。可对包含已归档稽查工单的稽查任务进行审核，并进行稽查任务归档。

对专项稽查制定专项稽查内容，派工时导入清单并提交。通过对稽查监控业务提交或专项导入的稽查问题进行归并组合，生成稽查任务包，实现稽查任务的派发。

稽查任务包的审核原则是：谁发起谁审核。

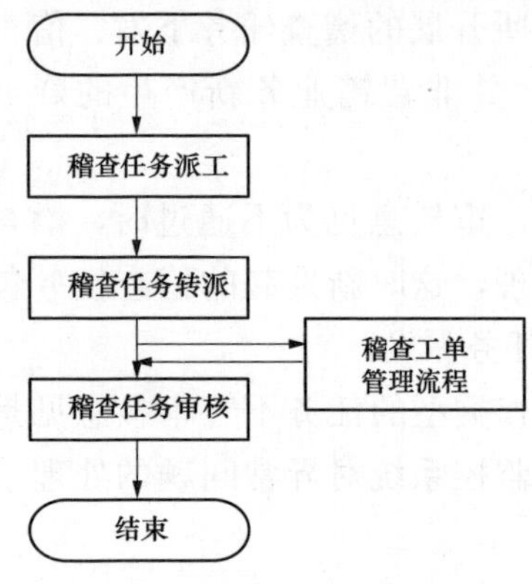

图 2-3　稽查任务包管理流程

2.4.3　稽查工单管理流程

稽查工单管理流程如图 2-4 所示。接收稽查任务的单位通过对转派的稽查任务包中的稽查问题清单进行归并组合，生成稽查工单，实现稽查工单的派发。属于本部门处理的稽查工单，应派发到本部门相关处理责任人，否则派发到同级业务部门或下级管理单位，如工单已确定处理岗位，也可直接派发到处理岗位。

稽查工单处理单位根据接收的稽查工单进行调查核实，填写核实结果及下一步整改要求，经审批通过后，派发到相关单位、部门或人员进行整改处理；对于审批通过但不需要整改的稽查工单，发送到稽查工单审核环节；对于审批不通过的稽查工单，退回到稽查工单处理环节。

相关部门接收到稽查整改审批意见后，通知相关人员根据稽查整改通知进行整改，录入并反馈整改结果。

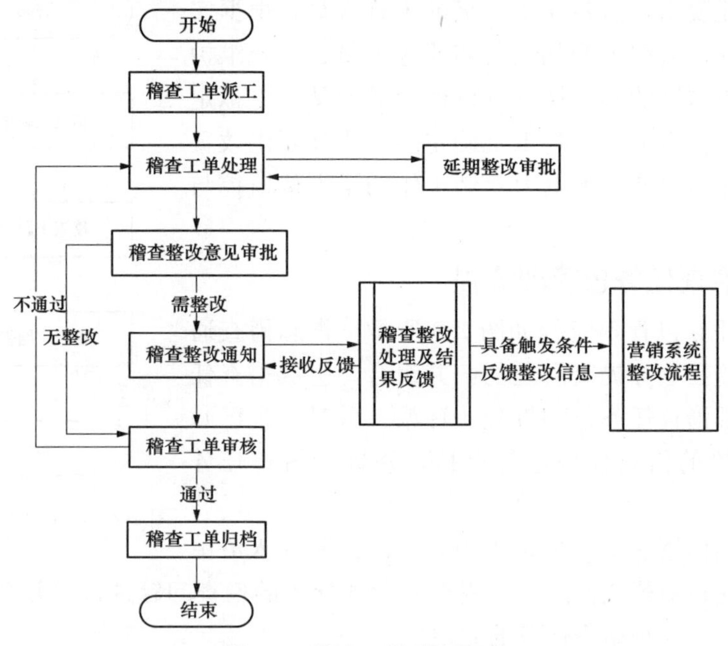

图 2-4　稽查工单管理流程

2.4.4 白名单解冻管理流程

稽查业务人员对于已经成功申请白名单冻结且未到解冻日期需要提前解冻的，可进行白名单解冻申请。稽查审核人员对稽查白名单解冻申请进行审核，并提出审核意见。对处理结果不符合要求的，不做白名单解冻处理。白名单解冻管理流程如图 2-5 所示。

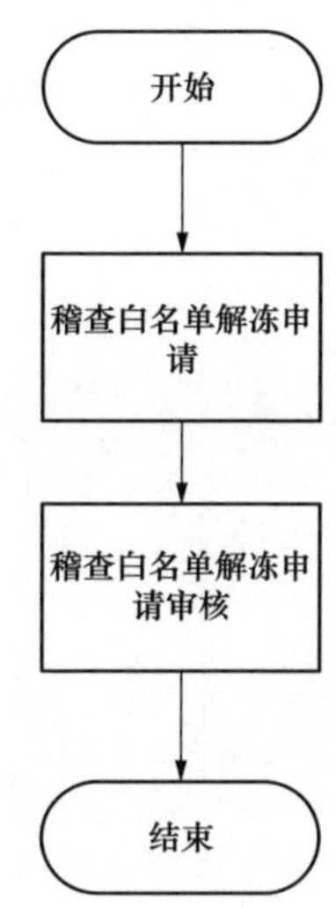

图 2-5 白名单解冻管理流程

2.5 营销稽查系统常用术语

（1）监控频度：是指稽查监控系统根据稽查监控主题生成异常问题清单的执行周期。可分为实时、日、周、月。

（2）监控阈值：是指各稽查监控主题筛选判定异常问题的临界值。

（3）稽查频度：是指监控人员针对各稽查主题异常问题清单发起稽查任务的执行周期。可分为实时、日、周、月、年。

（4）工作例日：是指稽查频度为周、月、年的各稽查主题指定发起稽查任务的具体工作日。

（5）稽查监控主题：是指根据营销工作的业务特点所确定的需要进行监控与稽查的对象。

（6）白名单：是指监控中发现的异常问题，但经现场核查后判定为正常的，并在一定周期内不列入监控范围的清单。

（7）稽查任务包：由稽查监控部门根据生成的稽查问题，按照一定的组合方式打包生成的稽查工单集合。

（8）稽查工作单：指对已生成的稽查工单中的异常问题，按照一定归并组合方式生成的需要现场核查、处理、接受审核的工作单。

3 营销稽查工作的组织与管理

3.1 常态稽查的组织与管理

3.1.1 常态稽查工作计划管理

做好营销常态稽查首先要根据营销业务的实际情况，合理制订稽查工作计划，包括设定系统营销稽查主题的等级，工作例日、稽查频度、阀值，以确保稽查工作计划的执行落实。稽查主题一般按重要程度分为特级、一级、二级、三级、四级。时效性较强和较重要的稽查业务项可以将频度设为实时或日频度；一般重要的可以按周或月频度开展稽查；不是很重要的可以按季或年频度开展。

3.1.2 常态稽查的工作要求

常态稽查实施要按照省电力公司下发的《营销稽查管理标准》职责分工、业务流程、工作标准开展，并在规定的稽查工单各环节时限内完成。

常态稽查应按日、周、月进行统计汇总，每月进行稽查工作评价和质量分析，对问题提出专业改进建议和措施，并以通报形式发至营销相关部门和单位。

3.2 专项稽查的组织与管理

3.2.1 专项稽查项目的确定

省电力公司营销部或地市公司营销部根据以下方面确定专项稽查项目：

（1）根据公司的管理工作需要制定专项稽查项目；

（2）根据日常监控中发现的具有普遍性的问题研究确定专项稽查项目；

（3）根据相关专业的业务需求制定专项稽查项目；

（4）上级安排的临时性稽查项目。

3.2.2 专项稽查工作方案的制订

省电力公司营销部或地市公司营销部对专项稽查项目应成立专项稽查组，

制定专项稽查方案。专项稽查方案应包括稽查目的、稽查内容、稽查对象和范围、稽查方式、稽查时间和人员等内容。对列入专项稽查任务的主题进行专项计划维护，包括计划开展时间段，每个时间段内稽查任务生成例日、稽查对象和数量等。

专项稽查组负责开展专项稽查工作，主要包括以下内容：

（1）核实疑似问题事项；

（2）准确编写稽查底稿；

（3）与被稽查单位沟通稽查情况，听取被稽查单位意见；

（4）负责编写专项稽查报告，专项稽查报告应包含专项稽查项目说明、被稽查事项基本情况、存在的问题及原因分析、稽查结论和改进意见等内容。

3.2.3　专项稽查的数据准备

根据专项稽查方案中内容进行营销数据抽取规则整理，提交稽查技术支持人员进行系统数据提取、筛选。

选择或增加主题类，填写专项稽查任务信息。专项稽查任务信息的内容包括：主题类、专项稽查任务名称、专项稽查任务要求描述、要求稽查完成时限、审核比例、稽查类型为“专项稽查”。

在派工环节生成专项稽查任务。选择专项稽查任务名称，导入专项稽查任务的明细清单并提交，然后纳入正常的调查、处理、整改及审核环节。专项稽查任务的明细清单内容包括：供电单位、客户编号、客户名称、用电地址、电压等级、用电类别、合同容量、备注。

3.2.4　专项稽查的实施

省电力公司营销部或地市公司营销部根据专项稽查情况决定是否对被稽查单位下达稽查意见书。

被稽查单位对稽查报告和稽查意见书中所列出的整改事项和处理要求，在限定的期限内进行整改和落实，并将结果以书面形式报告稽查部门。

省电力公司营销部或地市公司营销部根据被稽查单位反馈的整改落实情况和处理结果决定是否进行复查。

省电力公司营销部或地市公司营销部将专项稽查底稿和报告、被查单位的整改落实情况作为稽查任务归档。

3.2.5　专项稽查总结

专项稽查应按月进行专项稽查分析评价并形成专项稽查评价报告，如专项

稽查整改进度时限要求较强的，也可按周进行跟踪、统计、排名、评价。在专项稽查结束后应进行全面的总结，对专项稽查的工作方法、组织落实、目标实现情况进行全面评估，为今后工作开展积累经验。

3.3 现场稽查的组织与管理

3.3.1 现场稽查工作要求

3.3.1.1 现场稽查的工作内容及要求

对稽查中发现的问题，必要时可开展现场稽查，对问题的真实性、准确性进行核查，明确问题原因、责任人后，按照相关规定进行处理。现场稽查主要内容包括根据管理需要对相关问题进行现场核查、现场抽查以及对相关业务过程开展事中督查，并协调处理发现的问题，跟踪督办整改情况。

对于日常稽查任务的完成情况，需定期开展现场抽查，对于稽查任务整改的准确性、业务处理的正确性进行核查，并对发现的问题进行处理。根据管理需要，对其他营销业务过程进行现场督查，及时发现、纠正业务过程中的风险点、问题，并结合专业处室的意见，跟踪落实整改情况。

3.3.1.2 现场稽查工作程序及要求

现场稽查应经稽查主管领导批准后方可开展，并按现场检查工作单的内容进行现场核实、取证、资料收集，同一现场稽查工作人员数量不能少于2人，现场检查档案资料时要查看原始件并将复印件或原件照片带回归档；到客户处去现场稽查时应携带用电检查证并通知用电检查人员陪同到现场，并戴好安全帽、手电筒、照相机、录像机、测电笔、相关辅助检测的各类设备及事先准备好的客户相关资料信息等，并做好危险点源的分析，保持与带电设备的安全距离，严禁接触客户相关设备或代替客户进行操作，对客户现场用电设备、电能计量装置进行检查应由陪同稽查的用电检查人员或电能计量人员等具有检查或操作资格的工作人员按规程进行操作，现场稽查中应将客户的变压器、计量装置等设备参数信息及接线运行的实际情况进行照相取证。

3.3.1.3 现场稽查问题的处理

对于现场发现的无争议的供电企业内部问题应与被检查单位或个人进行当场确认，并出具稽查整改通知单交由问题单位或个人进行整改；如在客户现场发现的客户用电问题应与用电检查人员进行当场确认，并出具稽查整改通知单交由用电检查人员按相关流程通知客户进行整改处理。

3.3.2 现场稽查辅助分析仪器

在客户现场，稽查人员对于隐蔽的窃电或违约用电行为难以用肉眼或经验判断的情况下，需要借助仪器辅助分析，下面介绍三种现场稽查专用工具。

3.3.2.1 反遥控窃电检查仪

该设备主要针对目前社会上利用遥控手段控制电表的工作，以达到窃电目的的行为而设计的一款仪器，实物如图 3-1 所示。

工作原理：在常用遥控频率下（315MHz），根据检测人员预先设定的遥控发射参数（工作频率、编码速率），生成遥控发射编码，并自动将遥控编码依次发射出去。当窃电电能表内的非法遥控接收装置接收到与之匹配的编码时，会产生动作，停止或开启电能表的工作，依此检测人员即可发现非正常工作的电能表，从而有效地制止遥控窃电行为。

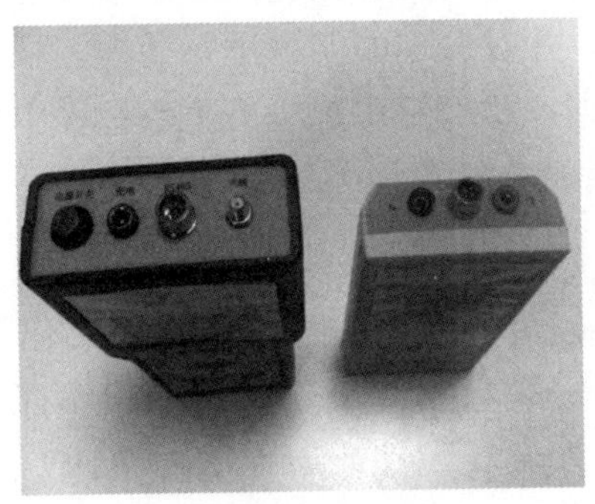

图 3-1 反遥控窃电检查仪实物

3.3.2.2 变压器容量测试仪

该设备适用于检测以大容量变压器充小容量变压器，逃漏基本电费的情况，实物如图 3-2 所示。

工作原理：从易测量的变压器试验电压和电流入手得到短路阻抗，可计算出所测变压器的额定容量。仪器采用低电压、小电流测试法，增强了测试工作的安全。

注意事项：在运用变压器容量测试仪时，最好将短路阻抗百分数设定为出厂值再进行测量，测量结果会比较可靠。

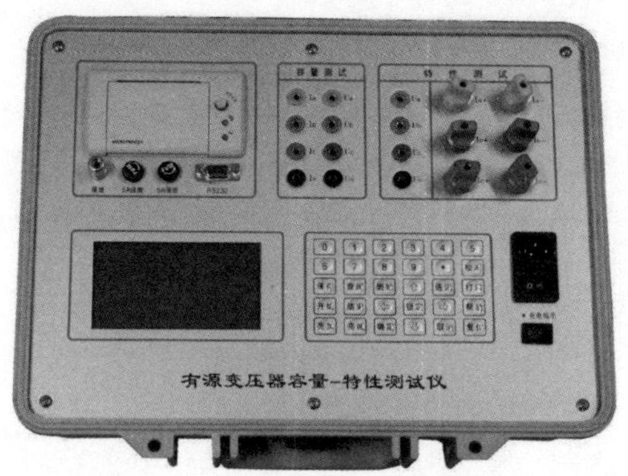

图 3-2 变压器容量测试仪实物

3.3.2.3 电能表现场校验仪

该设备可以在不拆表、不断电情况下，测量电能表的三相电参数、相序，来判断接线错误和进行谐波分析，实物如图 3-3 所示。

工作原理：现场电能误差测量采用的是标准表法中的定低频脉冲法，即由被检表输出一定低频脉冲数停住标准表的方法进行电能比较。

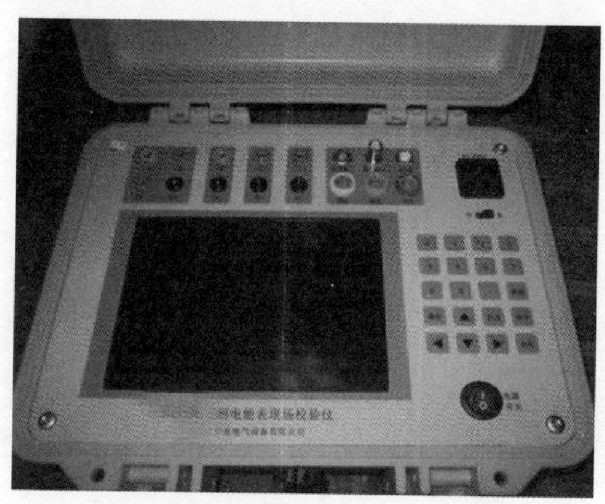

图 3-3 电能表现场校验仪实物

第2部分

营销稽查稽核要点及案例分析

4　业扩报装稽查的稽核要点及案例分析

4.1　业扩报装异常问题的稽查关键点

4.1.1　业扩报装流程关键环节超时限

业扩报装关键环节业务办理是否严格按照《供电监管办法》《国家电网公司业扩报装工作规范（试行）》及国家电网公司《供电服务“十项承诺”》要求的时限办理，有无超时限办理。

（1）供电方案答复客户期限。自受理之日起，居民客户不超过 3 个工作日；低压电力客户不超过 7 个工作日；高压单电源客户不超过 15 个工作日；高压双电源客户不超过 30 个工作日。因故不能如期确定供电方案，应主动向客户说明原因。

（2）受电工程设计审核时限。自受理申请之日起，低压供电客户不超过 8 个工作日，高压供电客户不超过 20 个工作日。未在规定时限内完成的，应及时向客户做好沟通解释工作。

（3）对客户受电工程启动中间检查的期限。自接到客户申请之日起，低压供电客户不超过 3 个工作日，高压供电客户不超过 5 个工作日。

（4）对客户受电工程启动竣工检验的期限。自接到客户受电装置竣工报告和检验申请之日起，低压供电客户不超过 3 个工作日，高压供电客户不超过 5 个工作日。

（5）给客户装表接电的期限。自受电装置检验合格并办结相关手续之日起，居民客户不超过 3 个工作日，低压供电客户不超过 5 个工作日，高压供电客户不超过 5 个工作日。

4.1.2　客户受电工程设计单位、施工单位、设备材料供应商的“三指定”情况

依据《国家电网公司业扩报装工作规范》规定，坚持“三不指定”（即设计单位不指定、施工单位不指定、设备材料供应单位不指定）的原则，严格执行统一的技术标准、工作标准、服务标准，尊重客户对业扩报装相关政策、信息的知情

权，对设计、施工、设备供应单位的自主选择权，对服务质量、工程质量的评价权，杜绝直接、间接或者变相指定设计单位、施工单位和设备材料供应单位。

4.1.3 营销业务应用系统业扩报装流程操作正确性

依据《国家电网公司业扩报装工作规范（试行）》规定，应深化营销信息系统业扩报装业务应用，全面推广统一的电子表单，严格业扩报装资料、业务办理等信息的录入管理，确保系统内信息与业扩报装实际进程保持一致，严禁客户业扩报装流程脱离营销业务系统自转，严禁擅自修改营销信息系统内业扩报装各环节完成时间，严禁擅自使用档案维护流程修改客户基本信息。

4.1.3.1 系统业扩报装流程中供电方案信息的正确性

（1）电价方案：电价方案制订的用电类别或电价政策与客户行业分类是否匹配；电价方案中峰谷标志设置是否正确、功率因数标准设置是否正确；同一客户执行两种及以上电价的，电价选择是否完整。

（2）计量方案：计量方案中计量方式与接线方式设置是否匹配；计费信息中电价、电量计算方式选择是否正确，变损、线损分摊、计费标志选择是否正确；电能表方案中电能计量资产参数配置是否正确，综合倍率设置是否正确；互感器方案中互感器资产参数配置是否正确；定量定比核定是否合理；增容或减容流程，计量方案只换 TA 不换电能表，表计未做虚拆无法结算旧表底，导致计费倍率错误、电费核算差错。

（3）受电设备方案：受电设备主备性质选择是否正确。

4.1.3.2 执行两部制电价的客户变更业务流程基本电费计收容量设置的正确性

密切关注减容期满后的客户以及新装、增容客户，两年内申请办理减容或暂停的流程中是否说明客户历史业务变更情况并正确设置基本电费计收容量；还要关注暂停期满或每一日历年内累计暂停用电时间超过 6 个月的客户，是否正确计收基本电费。

减容期间客户基本电费计算的相关规定如下：

（1）减容必须是整台或整组变压器的停止或更换小容量变压器用电。供电企业在受理之日后，根据客户申请减容的日期对设备进行加封。从加封之日起，按原计费方式减收其相应容量的基本电费。但客户申明为永久性减容的或从加封之日起期满两年又不办理恢复用电手续的，其减容后的容量已达不到实施两部制电价规定容量标准时，应改为单一制电价计费。

（2）减少用电容量的期限，应根据客户所提出的申请确定，但最短期限不得少于6个月，最长期限不得超过两年。

（3）在减容期限内要求恢复用电时，应在5天前向供电企业办理恢复用电手续，基本电费从启封之日起计收。

（4）减容期满后的客户以及新装、增容客户，两年内不得申办减容或暂停。如确需继续办理减容或暂停的，减少或暂停部分容量的基本电费应按50%计算收取，按需量计收基本电费的应按照需量下限收取基本电费。

暂停期间客户基本电费计算的相关规定如下：

（1）按变压器容量计收基本电费的客户，暂停用电必须是整台或整组变压器停止运行。从加封之日起，按原计费方式减收其相应容量的基本电费。

（2）暂停期满或每一日历年内累计暂停用电时间超过6个月者，不论客户是否申请恢复用电，供电企业须从期满之日起，按合同约定的容量计收其基本电费，季节性用电或国家另有规定的客户，累计暂停时间可以另议。

（3）在暂停期限内，客户申请恢复暂停用电容量用电时，须在预定恢复日前5天向供电企业提出申请。暂停时间少于15天者，暂停期间基本电费照收。

4.1.3.3　变更业务流程周期过长的异常情况

客户申请变更业务，SG186系统业务流程某环节停滞过长、工单长期未归档导致电价执行与实际用电性质不一致或系统变压器运行情况与实际用电情况不符，甚至造成计费差错。

4.1.4　业扩报装流程作业规范性

4.1.4.1　业务受理作业规范

受理客户用电申请时，应主动为客户提供用电咨询服务，接受并查验客户用电申请资料，审查合格后方可正式受理。接受客户用电申请资料，应查验客户资料是否齐全、申请单信息是否完整、检查证件是否有效。对于资料欠缺或不完整的，营业受理人员应书面告知客户需要补充、完善的具体资料清单。另外注意审核客户历史用电情况、欠费情况、信用情况。如客户存在欠费情况，则须结清欠费后方可办理；对于同一用电地址安装多台受电设备的客户，原则上不允许分立两户。

4.1.4.2　现场勘查及供电方案答复作业规范

现场勘查时，应重点核实客户负荷性质、用电容量、用电类别等信息，结合现场供电条件，初步确定电源、计量、计费方案。勘查应包括以下内容：

（1）对申请新装、增容用电的居民客户，应核定用电容量，确认供电电压、计量装置位置和接户线的路径、长度，其中新建居住小区客户应现场调查小区规划，初步确定供电电源、供电线路、配电变压器分布位置、低压线缆路径等。

（2）对申请新装、增容用电的非居民客户，应审核客户的用电需求，确定新增用电容量、用电性质及负荷特性，初步确定供电电源、供电电压、供电线路、计量方案、计费方案等。

（3）对拟定的重要电力客户，应根据《国家电监会关于加强重要电力用户供电电源及自备应急电源配置监督管理的意见》，审核客户行业范围和负荷特性，并根据客户供电可靠性的要求以及中断供电危害程度进行分级。

（4）对申请增容的客户，应核实客户名称、用电地址、电能表箱位、表位、表号、倍率等信息，检查电能计量装置和受电装置运行情况。

（5）对现场不具备供电条件的，应在勘查意见中说明原因，并向客户做好解释工作。

（6）对现场存在违约用电、窃电嫌疑等异常情况的客户，勘查人员应做好现场记录，及时报相关职责部门，并暂缓办理该客户用电业务。在违约用电、窃电嫌疑排查处理完毕后重新启动业扩报装流程。

客户服务中心应依据《国家电网公司业扩供电方案编制导则》等有关技术标准，根据现场勘查结果、电网规划、用电需求及当地供电条件因素，经过技术经济比较、与客户协商一致后，提出初步供电方案。方案内容应包括以下内容：

（1）客户基本用电信息，包括户名、用电地址、行业、用电性质、负荷分级，核定的用电容量，拟定的客户分级。

（2）客户接入系统方案应包括供电电压等级，供电电源及每路进线的供电容量，供电线路及敷设方式要求。

（3）客户受电系统方案应包括受电装置的容量、无功补偿标准、客户电气主接线型式、运行方式、主要受电装置电气参数，并明确应急电源及保安措施配置，谐波治理、继电保护、调度通信要求。

（4）计量方案应包括计量点设置，电能计量装置配置类别及接线方式、计量方式、用电信息采集终端安装方案等。

（5）计费方案应包括用电类别、电价分类及功率因数考核标准等信息。

（6）告知事项，包括客户有权自主选择具备相关资质要求的电力设计、施工、设备材料供应单位，下一环节需要注意的事项等，对有受电工程的客户，应明确受电工程建设投资界面。

经审批确认后的供电方案，由客户服务中心书面答复客户。高压供电方案的有效期为1年，低压供电方案的有效期为3个月。供电方案发生变更的，应严格履行审批程序，对因客户需求发生变化造成的，应书面通知客户重新办理用电申请手续；对因电网原因造成的，应与客户沟通协商、重新确定供电方案后再答复客户。

4.1.4.3 受电工程设计审核作业规范

受理客户送审的受电工程图纸资料时，应审核报送资料并查验设计单位资质。各类用电审核重点如下：

（1）对低压供电的客户，电能计量和用电信息采集装置的配置应符合DL/T 448—2000《电能计量装置技术管理规程》、国家电网公司智能电能表以及用电信息采集系统相关技术标准；进户线缆截面、配电装置应满足电网安全及客户用电要求。

（2）对高压供电的客户，主要电气设备技术参数、主接线方式、运行方式、线缆规格应满足供电方案要求；继电保护、通信、自动装置、接地装置的设置应符合有关规程；进户线缆型号截面、总开关容量应满足电网安全及客户用电的要求；电能计量和用电信息采集装置的配置应符合DL/T 448—2000《电能计量装置技术管理规程》、国家电网公司智能电能表以及用电信息采集系统相关技术标准。

（3）对重要电力客户，自备应急电源及非电性质保安措施还应满足有关规程、规定的要求。

（4）对有非线性阻抗用电设备（高次谐波、冲击性负荷、波动负荷、非对称性负荷等）的客户，还应审核谐波负序治理装置及预留空间、电能质量监测装置是否满足有关规程、规定要求。

受电工程设计审核合格后，应在审核通过的受电工程设计文件上加盖图纸审核专用章，并告知客户下一个环节需要注意的事项，具体内容如下：

（1）因客户自身原因需要变更设计的，应将变更后的设计文件再次送审，通过审核后方可实施，否则，供电企业将不予检验和接电。

（2）承揽受电工程施工的单位应具备政府有权部门颁发的承装（修、试）电力设施许可证、建筑业企业资质证书、安全生产许可证。

（3）正式开工前，应将施工企业资质、施工进度安排报供电部门审核备案，工程施工应依据审核通过的图纸进行施工，隐蔽工程掩埋或封闭前，应报供电部门进行中间检查。

（4）受电工程竣工报验前，应向供电企业提供进线继电保护定值计算相关资料。

4.1.4.4 受电工程中间检查及竣工检验作业规范

供电企业在受理客户受电工程中间检查报验申请后，应及时组织开展中间检查。发现缺陷的，应一次性书面通知客户整改。复验合格后方可继续施工。

竣工检验时，应按照国家标准、电力行业标准、相关规程和客户竣工报验资料，对受电工程进行全面检验。发现缺陷的，应以书面形式一次性通知客户。复验合格后方可接电。竣工检验范围应包括用电信息采集终端、工程施工工艺、建设用材、设备选型及相关技术文件、安全措施。检验重点项目应包括线路架设或电缆敷设；高、低压盘（柜）及二次接线检验；继电保护装置及其定值；配电室建设及接地检验；变压器及开关试验；环网柜、电缆分支箱检验；中间检查记录；电力设备入网交接试验记录；运行规章制度及入网工作人员资质检验；安全措施检验等。对检查中发现的问题，应以受电工程缺陷整改通知单书面通知客户整改，客户整改完成后，应报请供电企业复验。

竣工检验合格后，应根据现场情况最终核定计费方案和计量方案，记录资产的产权归属信息，形成《客户受电工程竣工验收单》，及时告知客户做好接电前的准备工作要求，并做好相关资料归档工作。准备工作包括结清相关业务费用、签订《供用电合同》及相关协议、办结受电装置接入系统运行的相关手续。

4.1.4.5 收费及合同签订作业规范

客户服务中心应严格按照各级价格主管部门批准的项目、标准和客户容量计算客户业务费用，经审核后形成业务缴费通知单，书面通知客户缴费。收费时应向客户提供相应的票据。严禁自立收费项目或擅自调整收费标准，严禁主业与关联企业互相代收有关费用。业务费的管理应按照财务管理制度的要求，做到日清日结。对需要办理临时接电费退费的客户，在其临时用电结束、拆表销户并结清所有电费后，客户服务中心应及时为客户办理退费手续。

合同承办人员在签订供用电合同之前，应就客户的主体资格、履约能力等资信情况开展调查，根据公司下发的《统一合同文本》中有关供用电合同文本与客户协商拟订合同内容，形成供用电合同初稿文本及供用电合同附件。合同文本审核批准后，将供用电合同文本送交客户审核，如无异议，由双方法定代表人、企业负责人或授权委托人签订，合同文本应加盖双方的“供用电合同专用章”或公章后生效；如有异议，由双方协商一致后确定合同条款。

业务收费标准如下：

（1）根据《河北省物价局关于全省实施煤电价格联动有关问题的通知》（冀

价工字〔2005〕25号），高可靠性供电费用根据客户受电电压等级、供电方式（架空线、电缆）、供电容量及单位容量收费标准确定，计算公式为

高可靠性供电费用＝符合收费标准的供电回路总容量×单位容量收费标准

高可靠性供电费用单位容量收费标准见表4-1。

表4-1　高可靠性供电费用单位容量收费标准表（架空线路部分）

客户受电电压等级（kV）	客户应交纳的费用（元/kVA）	自建本级电压外部供电工程应交纳费用（元/kVA）
0.38/0.22	135	110
10	110	80
35	85	45
63	55	
110	45	
220	35	

注：电缆线路按照上述标准的1.5倍收取

（2）根据《河北省物价局关于明确临时接电费收取标准的通知》（冀价管〔2013〕76号），对申请临时用电的客户要签订临时用电合同，约定临时用电容量、期限、违约责任等，并按相应容量预交临时接电费用。收费标准按多回路高可靠性供电费用收取标准（见冀价工字〔2005〕25号文件）执行。

临时用电期限按下述规定执行：根据《供电营业规则》规定，临时用电期限一般不得超过6个月；下列特殊情况可适当延长：新建住宅或商业项目总建筑面积在20万m^2以下的临时施工用电期限一般不超过1年，新建住宅或商业项目总建筑面积在20万m^2及以上的临时施工用电期限一般不超过2年，省市重点工程建设临时用电期限一般不超过3年。

退费标准按下述规定执行：按照《供电营业规则》及原国家计委《印发〈关于调整供电标准和加强贴费管理的请示〉的通知》（计投资〔1993〕116号）规定，将临时用电期限划分为四档，分别是6个月及以内，6～12个月及以内，12～24个月及以内，24～36个月及以内。在合同规定期限内拆除临时用电设施的，将预收的临时接电费全部退还客户；对超过合同期限拆除者，根据超期情况按比例退还费用。具体退还比例详见表4-2。

表4-2　临时用电合同期限退还比例与拆除时间对应表

<table>
<tr><th colspan="2">拆除时间 / 退还比例 / 合同期限</th><th>6个月以内</th><th>6～12个月及以内</th><th>12～24个月及以内</th><th>24～36个月及以内</th><th>36个月以上</th></tr>
<tr><td>一档</td><td>6个月及以内</td><td>100%</td><td>75%</td><td>50%</td><td>25%</td><td rowspan="4">不退</td></tr>
<tr><td>二档</td><td>6～12个月以内</td><td colspan="2">100%</td><td>50%</td><td>25%</td></tr>
<tr><td>三档</td><td>12～24个月及以内</td><td colspan="3">100%</td><td>25%</td></tr>
<tr><td>四档</td><td>24～36</td><td colspan="4">100%</td></tr>
</table>

（3）新建住宅小区电力设施建设费收费标准应严格依照地方政府物价文件标准执行。

4.1.4.6 接电作业规范

正式接电前，完成接电条件审核，并对全部电气设备做外观检查，确认已拆除所有临时电源，并对二次回路进行联动试验。增容客户还应拆除原有电能计量装置，抄录电能表编号、主要铭牌参数、止度数等信息，并请客户签字确认。接电条件包括：启动送电方案已审定，新建的供电工程已验收合格，客户的受电工程已竣工检验合格，《供用电合同》及相关协议已签订，业务相关费用已结清，电能计量装置、用电信息采集终端已安装检验合格，客户电气人员具备上岗资质、客户安全措施已齐备等。

接电后应检查采集终端、电能计量装置运行是否正常，并会同客户现场抄录电能表示数，记录送电时间、变压器启用时间及相关情况。

4.1.4.7 资料归档作业规范

装表接电完成后，应及时收集、整理并核对归档信息和报装资料，建立客户信息档案和纸质档案，具体要求如下：

（1）纸质资料应保留原件，确不能保留原件的，保留与原件核对无误的复印件，《供用电合同》及相关协议必须保留原件。

（2）纸质资料应重点核实有关签章是否真实、齐全，资料填写是否完整、清晰，营销信息档案应重点核实与纸质档案是否一致。

（3）档案资料和电子档案相关信息不完整、不规范、不一致，应退还给相应业务环节补充完善。

（4）业务人员应建立客户档案台账并统一编号建立索引。

4.2 业扩报装异常问题的种类、特点及分析方法

4.2.1 业扩报装异常问题的种类

（1）业扩报装流程关键环节超时限。

（2）有客户受电工程设计单位、施工单位、设备材料供应商的“三指定”情况。

（3）营销业务应用系统业扩报装流程操作不正确。

（4）业扩报装流程环节作业不符合规范。

4.2.2 业扩报装异常问题的特点

（1）SG186 系统：客户档案信息设置不准确，新装增容及变更用电流程异常或流程某环节存在超期或设置错误问题；客户电量电费、业务费收取存在问题；供用电合同及档案管理不规范；系统档案信息与纸质档案信息不一致。

（2）客户现场：受电设备容量、运行状态或主备性质与系统、纸质客户档案不一致；受电点设备接线存在问题；现场实际用电性质与系统、纸质客户档案不一致；现场互感器变比与供电方案不一致，现场计量装置接线或运行状态存在异常情况；客户办理新装或变更业务过程中，现场施工等环节过快，未按流程进行。

4.2.3 业扩报装异常问题的分析方法

比对法：通过系统客户档案、历史工单、电量电费信息与客户纸质业扩档案以及客户现场实际用电情况的比对，稽查档案信息不准确、客户违约用电、业扩流程环节操作不规范情况。

4.2.4 业扩报装异常问题系统稽查要点

业扩报装异常问题系统稽查要点一览见表 4-3。

表 4-3 业扩报装异常问题系统稽查要点一览表

系统核实项	系统核实子项	稽查核实要点	
		高压客户	低压客户
系统客户档案	基本信息	客户分类、行业分类、用电类别、供电电压、合同容量、运行容量、转供标志、立户日期	客户分类、行业分类、用电类别、供电电压、合同容量、运行容量、转供标志、立户日期
	受电点	客户定价策略栏	—
	电源	变电站、线路、电源类别、运行方式、电源性质	电源类别、运行方式、变电站、线路、台区
	计量点	计量点信息：计量方式、计量点性质、计量点容量、接线方式、计量点所属侧。 计费参数信息：电价、计算方式、定量定比值、变损分摊计费标志、线损分摊计算标志。 电能表信息：资产编号、资产类别、资产类型、资产型号、电压、电流、相线、综合倍率、示数类型、安装日期。 互感器信息：资产编号、资产类别、资产类型、在用电压变比、在用电流变比	计量点信息：计量点容量、接线方式。 计费参数信息：电价、计算方式、定量定比值。 电能表信息：资产编号、资产类别、资产类型、资产型号、电压、电流、相线、综合倍率、示数类型、安装日期

续表

系统核实项	系统核实子项	稽查核实要点	
		高压客户	低压客户
系统客户档案	电价	电价码、用电类别、电价行业类别、功率因数标准、是否执行峰谷标志	电价码、用电类别、电价行业类别、是否执行峰谷标志
	变压器	主备性质、运行状态、铭牌容量、变更容量、变更记录、变损算法	
系统历史工单	高压新装	业务受理：用电类别、行业分类、申请容量、供电电压、客户分类、受理日期、申请备注。 拟定供电方案：供电方案信息、勘查信息、电源方案、计费方案、计量方案、受电设备方案。 答复供电方案：答复日期。 设计文件审核：报送日期、审核日期。 竣工报验日期、竣工验收日期、验收意见。 合同新签：合同文件。 装表：装拆日期、计量点信息、电能表信息。 送电：送电日期、送电设备信息列表	
	低压新装		业务受理：用电类别、行业分类、申请容量、供电电压、客户分类、受理日期、申请备注。 现场勘查：现场勘查方案、电源方案、计费方案、计量方案。 答复供电方案：答复日期。 竣工报验日期、竣工验收日期、验收意见。 合同新签：合同文件。 装表：装拆日期、计量点信息、电能表信息
	高压增容	业务受理：原有容量、增加容量、增加后容量、受理时间、申请备注、受电设备信息、用电设备信息。 拟定供电方案：供电方案信息、勘查信息、电源方案、计费方案、计量方案、受电设备方案。 答复供电方案：答复日期。 设计文件审核：报送日期、审核日期。 竣工报验日期、竣工验收日期、验收意见。 合同变更：合同文件。 装表：装拆日期、计量点信息、电能表信息。 送电：送电日期、送电设备信息列表	

续表

<table>
<tr><th rowspan="2">系统
核实项</th><th rowspan="2">系统
核实子项</th><th colspan="2">稽查核实要点</th></tr>
<tr><th>高压客户</th><th>低压客户</th></tr>
<tr><td rowspan="7">系统历史
工单</td><td>减容</td><td>业务受理：原有容量、减少容量、减容后容量、减容开始时间、永久性减容标志、受理时间、申请备注。
拟定供电方案：供电方案信息、勘查信息、电源方案、计费方案、计量方案、受电设备方案。
答复供电方案：答复日期。
竣工报验日期、竣工验收日期、验收意见。
合同变更：合同文件。
装表：装拆日期、计量点信息、电能表信息。
送电：送电日期、送电设备信息列表</td><td></td></tr>
<tr><td>减容恢复</td><td>业务受理：原有容量、恢复容量、恢复后容量、减容到期时间、减容恢复时间、受理时间、申请备注。
拟定供电方案：供电方案信息、勘查信息、电源方案、计费方案、计量方案、受电设备方案。
答复供电方案：答复日期。
竣工报验日期、竣工验收日期、验收意见。
送电：送电日期、送电设备信息列表</td><td></td></tr>
<tr><td>暂停</td><td>业务受理：原有容量、暂停容量、暂停后容量、暂停开始时间、暂停截止时间、受理时间、申请备注。
设备封停：停电日期</td><td></td></tr>
<tr><td>暂停恢复</td><td>业务受理：原有容量、恢复容量、恢复后容量、恢复时间、受理时间、申请备注。
设备启封：送电日期</td><td></td></tr>
<tr><td>改类</td><td colspan="2">业务受理：用电类别、改类后用电类别、申请备注。
现场勘查：现场勘查方案、电源方案、计费方案、计量方案、供电方案信息、勘查意见。
合同变更：合同文件。
装表：装拆日期、计量点信息、电能表信息</td></tr>
<tr><td>更名</td><td colspan="2">业务受理：受理时间、新客户名称、客户名称、申请备注。
合同变更：合同文件</td></tr>
<tr><td>过户</td><td colspan="2">业务受理：新客户名称、受理时间、申请备注。
现场勘查：勘查意见、勘查备注。
合同新签：合同文件</td></tr>
</table>

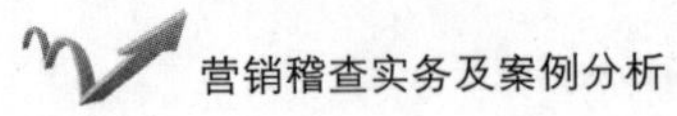

续表

<table>
<tr><th rowspan="2">系统
核实项</th><th rowspan="2">系统
核实子项</th><th colspan="2">稽查核实要点</th></tr>
<tr><th>高压客户</th><th>低压客户</th></tr>
<tr><td rowspan="2">系统历史
工单</td><td>非政策性
退补</td><td colspan="2">退补申请：退补处理分类、处理办法、退补说明。
退补计算：是否合并出账、出账月份、退补合计电量、退补合计电费、退补说明</td></tr>
<tr><td>违约用电
窃电处理</td><td colspan="2">违约用电处理：违约用电类别、违约现象描述。
确定追补及违约使用电费：违约容量、计算依据。
确定费用：应收业务费、实收业务费、应收追补电费、实收追补电费</td></tr>
<tr><td>电量
电费信息</td><td>电费
计算明细</td><td>各月电量情况：总电量、峰谷分时电量、无功电量、反向无功电量、最大需量；变损电量；基本电费计收容量/需量；功率因数实际值</td><td>各月电量情况：总电量、峰谷分时电量；年阶梯累计电量</td></tr>
<tr><td>业务费
收缴</td><td>查询客户
业务费</td><td colspan="2">应收业务费类别、发生日期、应收金额、已收金额、欠费金额、冲业务费金额、退业务费金额、费用确定人</td></tr>
</table>

4.2.5 与业扩报装异常相关联的稽查主题

经营成果监控>市场发展>业扩报装结存率

经营成果监控>市场发展>业扩平均完成时间

经营成果监控>电费及业务费>计费参数变动

经营成果监控>电费及业务费>业务费收取情况

经营成果监控>电费及业务费>基本电费收取情况

工作质量监控>新装增容与变更用电>供电方案答复情况

工作质量监控>新装增容与变更用电>设计文件审核情况

工作质量监控>新装增容与变更用电>中间检查情况

工作质量监控>新装增容与变更用电>竣工检验情况

工作质量监控>新装增容与变更用电>装表接电情况

工作质量监控>新装增容与变更用电>业务异常管理

工作质量监控>供用电合同管理>合同签订情况

工作质量监控>供用电合同管理>合同超期情况

工作质量监控>档案信息管理>档案数据异常情况

工作质量监控>档案信息管理>档案维护时长情况

数据质量监控>用电客户类数据完整性>用电客户相关信息

数据质量监控>用电客户类数据完整性>受电点

数据质量监控>用电客户类数据完整性>计量点

数据质量监控>用电客户类数据完整性>采集点

数据质量监控>用电客户类数据完整性>供用电合同

数据质量监控>用电客户类数据完整性>高压客户

数据质量监控>用电客户类数据准确性>用电客户

数据质量监控>用电客户类数据准确性>受电点

数据质量监控>用电客户类数据准确性>计量点

数据质量监控>用电客户类数据准确性>供用电合同

数据质量监控>用电客户类数据准确性>台区变压器

4.2.6　业扩报装异常现场稽查的重点

核实客户现场用电情况，包括实际用电性质、定比定量核定情况、受电设备总容量、运行容量、运行状态、变压器接线情况、供电电压、电源点、转供情况、冷/热备属性、变压器铭牌、无功补偿设备。核实客户现场计量装置情况，包括计量方式、计量点容量、计量装置接线；电能表资产编号、电能表示数类型、互感器变比；计量装置是否存在报警或失压、失流等异常情况。

4.2.7　业扩报装异常现场稽查辅助仪器仪表

变压器容量测试仪：用于现场变压器铭牌缺失或容量无法判断情况下进行辅助测量。

4.3　业扩报装异常稽查案例分析

【案例一】　新装业务流程关键环节超时限

经监控，发现2013年10月“营销稽查监控系统>工作质量监控>新装增容与变更用电>竣工检验情况”主题下数据异常，申请编号为“××…××”的低压非居民新装流程竣工验收环节超时限，随即对其进行监控分析。

（1）客户情况。客户名称“刘××”，某村用电客户，合同容量3kVA，客户分类为农网低压非居民；行业分类为食品、饮料及烟草制品批发，用电类别为非居民照明，执行电价为低压一般工商业非居民照明，是否执行峰谷标志为“否”；一个计费计量点，安装三相四线电子式智能远程费控电能表，支持分段计量，系统电能表示数类型为有功（总）。客户电能表信息系统截图如图 4-1 所示。

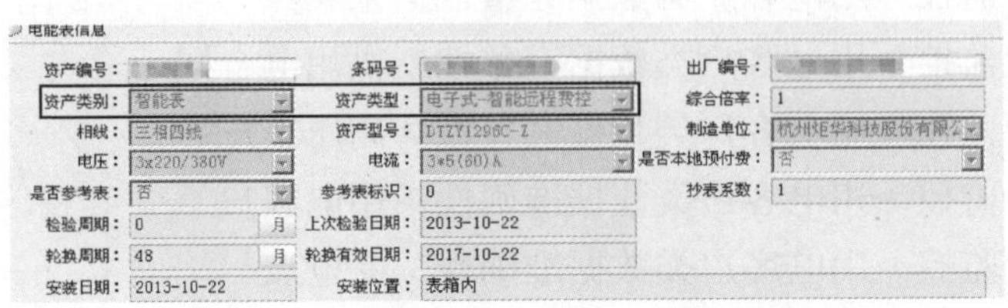

图 4-1　客户电能表信息系统截图

（2）系统分析。查询 SG186 系统，可知该客户有低压非居民新装流程，显示客户“刘××”于 2013 年 10 月 14 日申请低压非居民新装业务，供电单位当天进行现场勘查，并于 10 月 16 日答复供电方案；客户于 10 月 16 日申请竣工验收，但竣工验收环节于 10 月 22 日完成，并于验收当日完成配表、装表、送电及流程归档。客户低压非居民新装流程环节时限系统截图如图 4-2 所示。

环节名称	任务到达时间	任务结束时间
合同新签	2013-10-16 10:34	2013-10-16 10:46
确定费用	2013-10-16 10:34	2013-10-16 10:35
竣工报验	2013-10-16 10:34	2013-10-16 10:35
竣工验收	2013-10-16 10:35	2013-10-22 10:45
配表	2013-10-22 10:45	2013-10-22 10:51
设备出库	2013-10-22 10:51	2013-10-22 10:51
安装派工	2013-10-22 10:51	2013-10-22 10:52
装表	2013-10-22 10:52	2013-10-22 10:52
信息归档	2013-10-22 10:52	2013-10-22 10:53
归档	2013-10-22 10:53	2013-10-22 10:53

图 4-2　客户低压非居民新装流程环节时限系统截图

查询 SG186 系统中该客户的电量电费信息，客户自立户之日起每月电量电费均为 0，电量电费信息见表 4-4。

表 4-4　客户电量电费信息表

电费年月	总电量（kWh）	总电费（元）	发行日期
201311	0	0	2013-11-08
201312	0	0	2013-12-09
201401	0	0	2014-01-07

（3）现场稽查。了解系统中该客户情况后，稽查人员到营业厅以及客户现场开展现场稽查。

业扩档案检查：客户纸质业扩档案与 SG186 系统流程环节操作时间一致，经询问业务人员得知，由于业务人员疏忽延误了为该客户进行竣工验收。

现场检查：该客户现场为农村个人门脸房用电，于 2013 年 10 月立户，计划开设超市，目前未用电，安装的电能表为三相四线具有分时功能电能表。根据客户实际用电性质，电价应执行低压一般工商业农村商业电价，目前执行低压一般工商业非居民照明，且未执行峰谷电价。

（4）综合研判。经综合分析与查证，该客户业务流程办理过程中主要存在以下问题：

1）客户低压非居民新装业务流程竣工验收环节超时限。

2）客户低压非居民新装供电方案中用电类别及电价执行错误，且未执行峰谷分时电价。

3）客户 SG186 系统内低压非居民新装流程供电方案“电能表示数类型”设置错误，仅设置“有功（总）”。

（5）整改措施。

1）加强业扩报装工作管理，严格执行《国家电网公司业扩报装工作规范（试行）》中对业扩报装各环节的时限要求。

2）对该客户低压非居民新装供电方案中电价执行错误情况进行整改，依据电价政策规范电价执行。

3）在 SG186 系统内正确设置该客户“电能表示数类型”。

【案例二】 变更业务流程环节停滞时间过长影响客户电价执行规范性

在“SG186 系统>查询工作单”界面中，在查询条件“流程名称”“流程状态”“业务类”中分别输入“改类”“在办流程”“新装增容及变更用电”，对未归档改类流程某环节完成期限过长问题进行稽查，发现申请编号为“××…××”的改类流程于 2013 年 7 月 30 日到达信息归档环节，在稽查当日 2013 年 12 月 24 日仍未完成该环节。

（1）客户情况。客户名称“××果园”，合同容量 160kVA，客户分类为农网高压，用电地址为“××村”；行业分类为农业，用电类别为贫困县农业排灌用电，执行电价为 10kV 贫困县农业生产，是否执行峰谷标志为“否”，功率因数考核标准 0.8；一个高供高计计费计量点，综合倍率 300，安装三相三线电子式智能无费控电能表，电能表示数类型为有功（总）；一个高供低计考核计量点，安装三相四线电子式预付费电能表，电能表示数类型为有功（总）。

（2）系统分析。查询SG186系统中该客户的改类流程，显示该果园由于用电性质改变，于2013年6月17日申请改类业务，申请将用电类别原农业生产改为普通工业。流程显示6月20日完成现场勘查环节、7月1日完成装表环节、7月30日完成合同签订环节，7月30日流程到达信息归档环节，该环节在12月24日仍未完成。客户改类流程环节时间系统截图如图4-3所示。

环节名称	任务到达时间	任务结束时间
业务受理	2013-06-17 14:33	2013-06-20 11:13
现场勘查	2013-06-20 11:13	2013-06-20 11:28
信息审核	2013-06-20 11:28	2013-06-22 11:23
审批	2013-06-22 11:23	2013-06-24 08:53
确定费用	2013-06-24 08:53	2013-06-24 08:58
合同变更	2013-06-24 08:53	2013-07-30 11:10
安装派工	2013-06-24 08:58	2013-07-01 17:45
装表	2013-07-01 17:45	2013-07-01 17:47
信息归档	2013-07-30 11:10	2013-12-24 16:59

图4-3　客户改类流程环节时间系统截图

查询SG186系统中该客户的电量电费信息，2013年6～12月该客户计费电价为10kV贫困县农业生产，目录电度电价为0.3124元/kWh，客户电量电费信息见表4-5。

表4-5　客户电量电费信息表

电费年月	总电量（kWh）	总电费（元）	发行日期	电费年月	总电量（kWh）	总电费（元）	发行日期
201306	11 325	3962.48	2013-06-04	201310	0	0	2013-10-05
201307	7674	3284.38	2013-07-04	201311	29 370	10 092.71	2013-11-05
201308	6816	2789.41	2013-08-04	201312	2547	891.16	2013-12-05
201309	7314	2559.08	2013-09-04				

（3）现场稽查。了解系统客户情况后，稽查人员到营业厅及客户现场开展现场稽查。

经检查业扩档案发现，客户申请改类纸质档案实际已于7月30日合同签订当天完成归档。经核实，SG186改类流程信息归档环节停滞的原因为：7月30日该流程信息归档任务发送至业务人员袁××，袁××当日未完成信息归档；8月1日袁××调离原岗位，且在办理工作交接时忽略该流程任务，而纸质档案已完成归档，导致接替该岗位业务人员未发现客户改类流程未完成。

经到客户现场稽查发现，该客户现场实际为土石开采场，一台160kVA变压器为工业用电，实际用电类别为普通工业；该客户计量箱内计费电能表具备分段计量功能。

（4）综合研判。经综合分析与查证，该业务流程办理过程中主要存在以下问题：

1）该供电所岗位交接制度不健全，业务人员工作责任心不强，在交接过程中遗漏重要工作事项。

2）客户改类流程长达半年时间未完成归档，导致2013年6～12月SG186系统内电价信息设置与客户实际用电性质不符，严重影响该户电价执行及电费计收准确性。

3）客户现场实际为采砂场，与客户名称“××果园”不符。

（5）整改措施。

1）完善工作岗位交接制度，加强业务人员素质培训，杜绝该现象再次发生。

2）立即完成SG186系统该客户改类流程，并与客户协商，对2013年6～12月电费差价进行追补。

3）请用户根据实际用电情况变更，及时到营业厅办理更名或过户手续。

4）加强对办理变更类业务客户的电费复核。

【案例三】　销户流程时间过长导致电费计收错误

经监控，发现2013年3月“营销稽查监控系统＞经营成果监控＞电费及业务费＞基本电费收取情况”主题下数据异常，该户计费容量1916.67kVA与运行容量1250kVA不一致，随即对该户发起稽查。

（1）客户情况。客户名称“××炼焦有限公司”，客户状态为“已销户客户”，用电地址为“××村西”，合同容量1250kVA，客户分类为农网高压，行业分类为铁矿采选，用电类别为大工业用电，执行电价为10kV大工业非优待。

（2）系统分析。查询该客户业务变更记录，发现该客户2013年3月申请办理销户，营业人员于3月5日在SG186系统内录入销户业务受理，并于3月7日完成拆表、抄表数据复核环节，3月15日完成电量电费计算与电量电费审核环节，3月16日完成电费发行、结清电费以及归档环节。客户销户流程环节时间系统截图如图4-4所示。

该客户销户前抄表例日为每月15日。经查询其电量电费信息，发现客户2013年3月进行两次电费发行：一条为SG186系统销户流程触发的电费发行流程，由于销户流程抄表复核与电量电费计算环节为3月7日结束，该条电费发行的基本电费计收容量为666.67kVA；客户销户流程过长，抄表例日后完成销户流程；另一条电费发行为按抄表例日正常建立的抄表计划进行的电费发行，该条电费发行的基本电费计收容量为1250kVA。2013年3月及以后月份无电费退补及相关流程。电费发行情况见表4-6。

环节名称	任务到达时间	任务结束时间
安装派工	2013-03-05 08:55	2013-03-05 09:03
拆表	2013-03-05 09:03	2013-03-07 08:52
抄表数据复核	2013-03-07 08:52	2013-03-07 09:03
设备入库	2013-03-07 08:52	2013-03-07 09:02
电量电费计算	2013-03-07 09:03	2013-03-15 14:25
电量电费审核	2013-03-15 14:25	2013-03-16 10:11
电费发行	2013-03-16 10:11	2013-03-16 10:11
确定费用	2013-03-16 10:11	2013-03-16 11:09
结清电费	2013-03-16 11:09	2013-03-16 11:09

图4-4 客户销户流程环节时间系统截图

表4-6 客户电费发行情况表

电费年月	总电量（kWh）	总电费（元）	基本电费计收容量（kVA）	发行日期
201303	63 390	51 084.53	666.67	2013-3-16
201303	63 390	65 339.99	1250	2013-3-17

（3）综合研判。结合客户业务变更记录与电费电价信息综合分析，发现该客户销户流程电量电费计算环节处理时间为9天，该环节时间过长导致流程完成时间为3月16日，而电费专业人员在14日建立该户抄表计划并于3月16日发行当月电量电费，造成客户当月电量电费重复发行；且由于该客户已在SG186系统内销户，因此系统内无法完成该户电量电费退补。

（4）综合研判。

1）客户销户流程电量电费计算环节处理时间为9天过长。

2）电费核算不细致，没有对电费审核环节系统异动提示的客户进行电费复核，导致重复发行电费。

（5）整改措施。

1）加强业务变更流程时长管控力度，并建立业扩营业人员与电费专业人员的信息共享机制，避免销户流程过长导致电量电费重复发行事件再次发生。

2）对该客户2013年3月份重复发行的电量电费做好退补工作。

【案例四】 客户增容未满两年暂停引起基本电费计收错误

经监控，发现 2013 年 7 月“营销稽查监控系统＞经营成果监控＞电价执行＞超容量用电”主题下数据异常，客户编号为“××…××”的客户当月低谷用电量超过低谷理论最大用电量，超容率 82.1%，且又在当月“销稽查监控系统＞经营成果监控＞电费及业务费＞基本电费收取情况”主题异常数据中又发现该户计费容量与运行容量不一致，随即对该户进行稽查。

（1）客户情况。客户名称“××铸造锻造厂”，合同容量 8300kVA，客户分类为农网高压，用电地址为“××市开发区××路北侧”，供电单位为大客户服务所；行业分类为炼铁，用电类别为大工业用电，执行电价为 35kV 大工业非优待，是否执行峰谷标志为“是”，功率因数考核标准 0.9；一个高供高计主计量点，综合倍率 28 000，安装三相三线电子式普通型电能表，电能表示数类型为有功（总）、有功（尖峰）、有功（峰）、有功（平）、有功（谷）、无功（总）、反向无功（总）。

（2）系统分析。查询 SG186 系统中该客户的业务变更记录，发现 2012 年 6 月完成该客户的高压增容送电，2013 年变更用电 4 次，具体业务变更内容见表 4-7。

表 4-7 客户用电业务变更情况

工单申请编号	流程名称	变更时间	变更前运行容量（kVA）	变更容量（kVA）	变更后运行容量（kVA）
1××…1	高压增容	2012-6-21	6350	1950	8300
1××…5	暂停	2013-1-17	8300	6300	2000
1××…00	暂停恢复	2013-2-26	2000	6300	8300
1××…73	暂停	2013-6-8	8300	6300	2000
1××…3	暂停恢复	2013-7-23	2000	6300	8300

客户抄表例日为每月 25 日，稽查人员对照其四次业务变更，核查基本电费计收容量是否正确。经核查发现 2013 年客户增容未满两年的情况下，暂停期间未计收暂停容量 50%的基本电费，1～8 月共少计收基本电费容量合计 9555kVA，详见表 4-8。

表 4-8 客户基本电费计收容量稽查情况表

电费年月	基本电费计收容量（kVA）	稽查过程：基本电费计收容量	少计收容量（kVA）
201301	6620	（12.26～1.25）：2000＋6300×22/30＋6300×9/30/2＝7565（kVA）	945
201302	2000	（1.26～2.25）：2000＋6300/2＝5150（kVA）	3150
201303	7880	（2.26～3.25）：8300kVA	420

续表

电费年月	基本电费计收容量（kVA）	稽查过程：基本电费计收容量	少计收容量（kVA）
201304	8300	（3.26～4.25）：8300kVA	
201305	8300	（4.26～5.25）：8300kVA	
201306	4730	（5.26～6.25）：2000＋6300×13/30＋6300×18/30/2＝6620（kVA）	1890
201307	2315	（6.26～7.25）：2000＋6300×3/30＋6300×27/30/2＝5465（kVA）	3150
201308	8300	（7.26～8.25）：8300kVA	
合计	48 445	58 000kVA	9555

（3）现场稽查。了解上述情况后，稽查人员到营业厅及客户现场进行现场稽查。

查阅客户业务变更纸质档案发现，该客户 2013 年业务变更记录与 SG186 系统一致，经核实，营业人员在受理业务后未核实该客户两年内业务变更情况，在 SG186 系统操作暂停工单时未将客户增容未满两年情况在工单上备注，且用电检查人员在进行现场勘查、封停设备后，业扩报装人员操作系统工单时，未设置计收暂停容量的 50％基本电费，导致业务变更月份基本电费计收错误。

客户现场两台 3150kVA 变压器、一台 2000kVA 变压器均处于运行状态，铭牌清晰无异常。

（4）综合研判。经综合分析与现场稽查，该用户业务变更流程主要存在以下问题：

1）业扩报装人员工作责任心不强，未履行正常工作流程与职责。

2）电费审核人员对办理变更类业务客户电费复核不到位。

3）该客户 2013 年 1～8 月共少计收 9555kVA 容量的基本电费。

（5）整改措施。

1）业扩人员应加强《供电营业规则》中关于暂停、减容及恢复业务办理要求的学习，严格按照规定要求办理暂停、减容及恢复业务。提高业务办理质量，确保数据维护准确。

2）加强对办理变更类业务客户的电费复核。

3）追收该户少计的基本电费。

【案例五】 暂停超期引起基本电费计收错误

在“SG186 系统＞新装增容及变更用电＞公共查询＞工作票预警查询＞暂停到期”界面，必填项“供电单位”中选择“××供电公司”，查询明细为该公

司暂停超期及超期预警客户明细，于是对明细中暂停超期客户“××生物制品有限公司”展开稽查。

(1) 客户情况。客户名称“××生物制品有限公司”，合同容量 3430kVA，系统变压器信息为一台 2000kVA 变压器处于运行状态，一台 630kVA 变压器处于运行状态，一台 800kVA 变压器处于停用状态，客户分类为农网高压，行业分类为水产品加工，用电类别为大工业用电，执行电价为 10kV 大工业非优待，是否执行峰谷标志为“是”，功率因数考核标准 0.9；一个高供高计主计量点，综合倍率 5000，安装三相三线电子式智能无费控电能表，电能表示数类型为有功（总）、有功（尖峰）、有功（峰）、有功（平）、有功（谷）、无功（总）；立户日期为 2011 年 6 月 27 日。

(2) 系统分析。查询 SG186 系统内该客户的业务变更情况，客户于 2011 年 6 月 27 日立户，并于 2011 年 9 月 27 日申请暂停 800kVA 容量，详见图 4-5。2012 年 1 月在 800kVA 停用情况下，申请增容一台 630kVA 变压器，增容于 3 月 23 日完成。客户停用的 800kVA 变压器在 2013 年 6 月稽查当月仍未恢复用电，客户业务变更情况见表 4-9，客户暂停业务受理系统截图如图 4-5 所示。

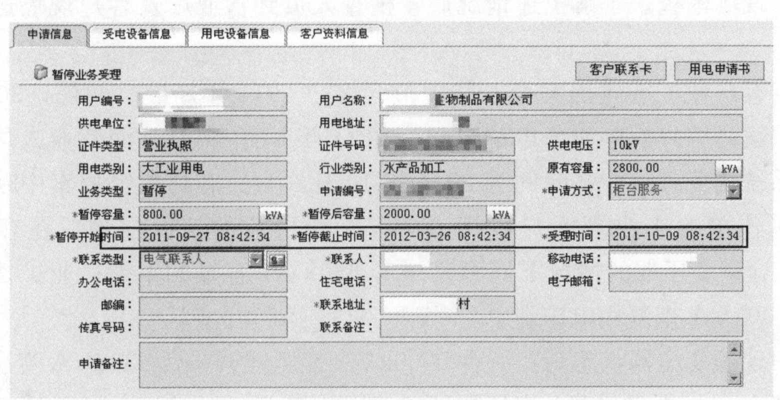

图 4-5　客户暂停业务受理系统截图

表 4-9　　　　**客户业务变更情况**

工单 申请编号	流程名称	变更时间	变更前运行 容量（kVA）	变更容量 （kVA）	变更后运行 容量（kVA）
1××…29	高压新装	2011-6-27	0	2800	2800
1××…56	暂停	2011-9-27	2800	800	2000
1××…01	高压增容	2012-3-23	2800	630	3430

客户抄表例日为每月 25 日，稽查人员核查客户基本电费计收容量后，发现 2011 年 10 月～2013 年 5 月，客户处于暂停状态的一台 800kVA 变压器一直按 400kVA 容量收取基本电费。基本电费计收容量详见表 4-10。

表 4-10　　客户基本电费计收容量情况表

电费年月	用电量(kWh)	基本电费计收容量(kVA)	电费年月	用电量(kWh)	基本电费计收容量(kVA)	电费年月	用电量(kWh)	基本电费计收容量(kVA)
201107	36 900	2706.66	201204	83 500	3030	201301	136 550	3030
201108	46 700	2800	201205	79 350	3030	201302	110 000	3030
201109	63 800	2800	201206	128 900	3030	201303	135 250	3030
201110	42 200	2413.34	201207	149 150	3030	201304	126 700	3030
201111	76 000	2400	201208	179 250	3030	201305	122 150	3030
201112	48 000	2400	201209	137 200	3030			
201201	51 200	2400	201210	111 050	3030			
201202	134 500	2400	201211	154 450	3030			
201203	70 700	2463	201212	121 300	3030			

（3）现场稽查。了解上述情况后，稽查人员到营业厅及客户现场进行现场稽查。

查阅客户业扩纸质档案卷，其中包含客户 2011 年新装、暂停，2012 年增容业务档案。客户暂停业务申请时间为 2011 年 9 月 27 日，而营业人员实际在 SG186 系统内受理该业务时间为 2011 年 10 月 9 日；客户增容档案中现场勘查等环节工作单均未出现客户停用 800kVA 变压器的情况描述，在客户停用 800kVA 容量变压器的情况下同意其增容 630kVA 容量的申请；业扩档案中无停用的 800kVA 恢复用电申请。

客户现场变压器状态为：一台 2000kVA 变压器、一台 630kVA 变压器均处于运行状态，一台 800kVA 变压器处于停用状态。

（4）综合研判。经综合分析与现场稽查，该客户业务变更流程主要存在以下问题：

1）在客户暂停到期前，用电检查人员未及时提醒客户办理恢复业务。对于客户不办理暂停恢复的，用电检查人员应出具恢复工作单，交给业扩人员办理暂停恢复手续，从期满之日起，按合同约定的容量计收其基本电费。

2）业扩营业人员工作责任心不强，SG186 系统内业务变更流程录入时间晚于客户申请暂停时间，存在系统操作与实际流程进度不一致现象。

3）业扩人员在2012年1月受理客户增容申请、现场勘查时未对客户受电设备运行状态进行认真核实、综合考虑，在客户停用800kVA容量变压器的情况下同意其增容630kVA容量的申请不尽合理。

4）该客户于2012年存在暂停超过6个月及少收基本电费的情况。

（5）整改措施。

1）业扩人员应加强《供电营业规则》中关于暂停、减容及恢复业务办理要求的学习，严格按照规定要求办理暂停、减容及恢复业务。提高业务办理质量，确保数据维护准确。

2）规范变更用电业务办理，受理客户用电申请时要严格核实客户提交资料是否完整、填写是否合规并及时录入系统。

3）根据《供电营业规则》追收客户少计收的基本电费。

【案例六】　同一客户同一地址系统内分建多户导致电价执行有误

开展同一客户同一地址系统内分建多户的专项稽查时，发现客户名称为“××生物科技有限公司”、客户地址为“××市××县××镇××村”的高压客户在SG186系统内分建两户，随即对其进行监控分析。

（1）客户情况。

1）客户编号“××…×7”，客户名称“××生物科技有限公司”，用电地址为“××市××县××镇××村”，合同容量250kVA，客户分类为农网高压；行业分类为焙烤食品制造，用电类别为普通工业，执行电价为10kV一般工商业农村普通工业，是否执行峰谷标志为“是”，功率因数考核标准0.9；一个高供低计计费计量点，综合倍率100，安装三相四线电子式多功能电能表，电能表示数类型为有功（总）、有功（尖峰）、有功（峰）、有功（平）、有功（谷）、无功（总）；一个高供低计考核计量点，安装三相四线电子式多功能电能表，电能表示数类型为有功（总）。

2）客户编号“××…×5”，客户名称“××生物科技有限公司”，该户客户名称与用电地址与上述编号为“××…×7”的客户完全一致，该户合同容量250kVA，客户分类为农网高压；行业分类为焙烤食品制造，用电类别为普通工业，执行电价为10kV一般工商业农村普通工业，是否执行峰谷标志为“是”，功率因数考核标准0.9；一个高供低计计费计量点，综合倍率100，安装三相四线电子式多功能电能表，电能表示数类型为有功（总）、有功（尖峰）、有功（峰）、有功（平）、有功（谷）、无功（总）。

（2）系统分析。经对两户SG186系统档案信息进行比对，发现该两户均为主用变压器且均处于运行状态，两户电源点变电站及线路均一致，详细情况见表4-11。

表 4-11　两户档案信息对比表

信息项	××…×7	××…×5	备　注
客户状态	正常用电客户	正常用电客户	信息完全一致
客户名称	××生物科技有限公司	××生物科技有限公司	
用电地址	××市××县××镇××村	××市××县××镇××村	
合同容量	250kVA	250kVA	
执行电价	10kV一般工商业农村普通工业	10kV一般工商业农村普通工业	
变电站	××110kV变电站	××110kV变电站	
线路	××530开关	××530开关	
主备性质	主用	主用	
运行状态	运行	运行	
变压器变更记录	无	无	

(3) 现场稽查。了解系统客户情况后，稽查人员到营业厅及客户现场开展现场稽查。

查阅客户业扩档案后可知，客户编号为"××…×5"的户立户时间为2004年；客户编号为"××…×7"的户立户日期为2006年1月，两户客户名称一致。两户立户时分别申请高压新装，分立两户，实际为同一公司在同一用电地址安装两台受电设备，且用电性质相同，现两户独立进行电能计量及电费核算。

经现场核实，客户编号为"××…×5"的客户现场用电性质为生产用电，电源点为"××530线路南××厂分支3号杆"；客户编号为"××…×7"的户现场用电性质为生产用电和办公用电，电源点为同一线路同一分支5号杆。

(4) 综合研判。经综合分析与现场稽查，主要存在以下问题：

1) 系统内客户编号为"××…×5"与"××…×7"两户实为同一公司在同一用电地址安装了两台受电设备，两台受电设备电源接引点相距仅两杆之遥，用电性质相同，不应分立两户。

2) 该客户系统内分立的两户，容量分别为250kVA，总容量500kVA，电价执行10kV一般工商业农村普通工业属电价执行错误，应执行大工业两部制电价。

(5) 整改措施。

1) 与客户协商对系统内"××…×5"与"××…×7"两户进行并户处理，并按其全部容量正确执行大工业两部制电价。

2）对该种情况客户进行梳理排查，确保电价执行正确。

【案例七】 高压增容 SG186 系统内流程计量方案错误导致电量发行错误

开展系统综合倍率与计费倍率不一致专项稽查时，发现客户名称为“××重工股份有限公司”的客户 SG186 系统客户档案计量点电能表综合倍率 5000 与电费计算倍率 3000 不一致，随即对其进行监控分析。

（1）客户情况。客户名称“××重工股份有限公司”，合同容量 3600kVA，一台 2000kVA、一台 1600kVA 变压器均处于运行状态，客户分类为城网高压，用电地址为“××市开发区××北路×号”；行业分类为锅炉及原动机制造，用电类别大工业用电，执行电价为 10kV 大工业非优待，是否执行峰谷标志为“是”，功率因数考核标准 0.9；一个高供高计主计量点，综合倍率 5000，在用电压变比 10kV/0.1kV、电流变比 250/5，安装三相三线电子式多功能电能表，电能表示数类型为有功（总）、有功（尖峰）、有功（峰）、有功（平）、有功（谷）、无功（总）；一个虚拟计量点，按总电量 10%的定比提取非居民照明电量，执行 10kV 一般工商业非居民照明电价。

（2）系统分析。经查询 SG186 系统该客户业务流程后可知，客户原容量 2000kVA，2012 年 8 月 24 日完成增容流程，增加容量 1600kVA，合同容量增至 3600kVA。系统增容流程计量方案未拆换电能表，将两支电流变比为 150/5 的电流互感器拆除，未新装互感器，互感器方案如图 4-6 所示。系统中于 2012 年 8 月 22 日签订的客户高压供用电合同文本约定计量综合倍率为 5000。

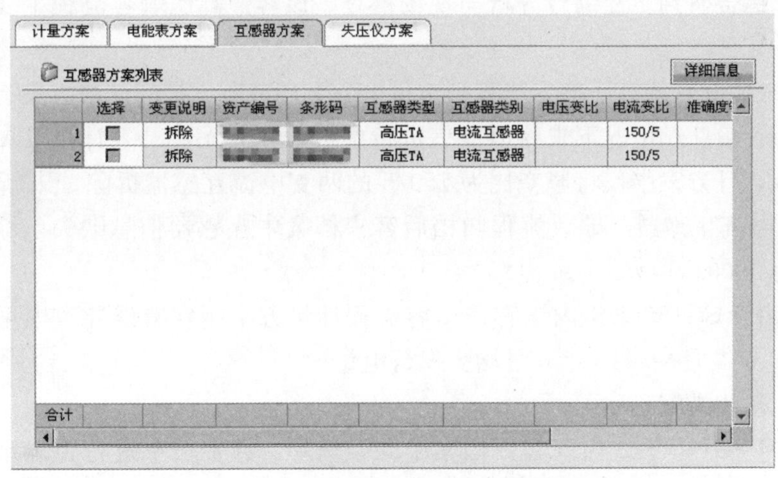

计量方案　电能表方案　互感器方案　失压仪方案

互感器方案列表　　详细信息

	选择	变更说明	资产编号	条形码	互感器类型	互感器类别	电压变比	电流变比	准确度
1	□	拆除	[illegible]	[illegible]	高压TA	电流互感器		150/5	
2	□	拆除	[illegible]	[illegible]	高压TA	电流互感器		150/5	
合计									

图 4-6　客户增容流程互感器方案系统截图

客户抄表例日为每月 25 日，经核实客户电量电费信息，发现客户自 2012 年 8 月增容完成起至 2013 年 6 月稽查当月，各月电量计算倍率均为 3000，未变更为增容后的 5000，各月计算倍率及电量信息见表 4-12。

表 4-12　　各月计算倍率及电量信息

电费年月	用电量（kWh）	计费倍率	发行日期	电费年月	用电量（kWh）	计费倍率	发行日期
201207	164 419	3000		201301	174 197	3000	2013-1-25
201208	139 161	3000	2012-8-26	201302	127 552	3000	2013-2-25
201209	87 356	3000	2012-9-25	201303	114 739	3000	2013-3-25
201210	68 546	3000	2012-10-25	201304	106 499	3000	2013-4-25
201211	125 060	3000	2012-11-25	201305	88 582	3000	2013-5-25
201212	166 136	3000	2012-12-25	201306	91 058	3000	2013-6-25

（3）现场稽查。了解系统客户情况后，稽查人员到营业厅及客户现场开展现场稽查。

经查阅客户业扩档案，核实纸质供电方案，客户 2012 年 8 月增容业务供电方案中客户容量由原 2000kVA 增至 3600kVA，同时高压电流互感器由原变比为 150/5 的更换为 250/5 的，即计量综合倍率由原 3000 变更为 5000。

经现场核实，客户现场互感器实际情况为安装两支变比为 10kV/0.1kV 的高压电压互感器，两支变比为 250/5 的高压电流互感器。

（4）综合研判。经综合分析与现场稽查，该客户高压增容流程主要存在以下问题：

1）SG186 系统高压增容流程拟定供电方案环节所维护的计量方案有误，在需要更换计量 TA 情况下未将电能表进行虚拆，导致无法录入计量 TA 更换前表底指数，且方案中仅将原变比为 150/5 的两支电流互感器拆除，未新装 250/5 的两支电流互感器，导致流程归档后客户档案中互感器信息缺失，综合倍率未变更为 5000。

2）由于 SG186 系统内该客户增容流程计量方案制定有误导致电量计算错误，2012 年 8 月～2013 年 6 月均少发行电量。

（5）整改措施。

1）将 SG186 系统内该客户档案中综合倍率、计费倍率进行正确维护，添加缺失的高压电流互感器信息。

2）对该客户少发行的电量进行追补。

3）加强对营业人员营销专业知识与系统流程操作培训，提高业务数据的维护质量。

【案例八】 新装客户私自提前接电导致电量积压

经监控，发现2013年10月份“营销稽查监控系统＞经营成果监控＞电价执行＞超容量用电”主题下数据异常，编号为“××…××”的客户当月用电量超过理论最大用电量，超容率2.29%，随即对该客户进行监控分析。

（1）客户情况。客户名称“××县××线材厂”，合同容量630kVA，客户分类为农网高压；行业分类为其他金属制品制造，用电类别大工业用电，执行电价为10kV大工业非优待，是否执行峰谷标志为“是”，功率因数考核标准0.9；一个高供高计主计量点，综合倍率1500，在用电压变比10kV/0.1kV、电流变比75/5，安装三相三线电子式智能无费控电能表，电能表示数类型为有功（总）、有功（尖峰）、有功（峰）、有功（平）、有功（谷）、无功（总）、反向无功（总）；一个虚拟计量点，按总电量5%的定比提取非居民照明电量，执行10kV一般工商业非居民照明电价。

（2）系统分析。查询客户的业务变更记录发现，该客户2013年6月18日申请办理高压新装一台630kVA变压器，流程各环节均未超时限，于2013年9月11日完成送电，9月12日完成新装流程。

该客户抄表例日为每月10日，经查询SG186系统电量电费信息，该客户2013年10月11日发行电量448 500kWh，基本电费计收容量为609kVA，发行电量超过理论最大用电量438 480kWh。

（3）现场稽查。了解系统客户情况后，稽查人员到营业厅开展现场稽查。

查阅客户的业扩档案并核实纸质供电方案，发现8月30日受理客户竣工报验申请，9月1日经现场验收，发现客户现场存在安全隐患，向客户出具受电工程缺陷整改通知单；客户消缺后，9月9日经二次现场验收时验收合格，向客户出具了受电工程竣工验收单。

通过向业务人员了解得知，由于计量外勤班人员少业务多，9月1日竣工验收时计量人员随同验收，并完成计量装置安装，但由于客户存在安全隐患，验收未通过，给客户下达了受电工程缺陷整改通知单。在9月9日经再次竣工验收时发现客户电能计量表表指数不为0，经了解得知客户急着调试生产设备，在验收未通过的情况下，私自提前接电，但针对客户该违约用电情况当时并未进行处理。

（4）综合研判。经综合分析与现场稽查，该业扩流程中主要存在以下问题：

1）高压新装流程环节倒置，在客户受电工程竣工验收未通过的情况下计量外勤班人员提前将计量装置安装完成。

2）高压新装客户在受电工程竣工验收未通过的情况下私自提前接电。

3）对于客户私自接电未进行处理，对提前私自送电少计收的基本电费未进行追收。

（5）整改措施。

1）规范高压新装流程环节顺序，严禁未按流程顺序操作。

2）需追收客户提前私自接电少计收的基本电费，依据是《供电营业规则》第一百零三条：在供电企业的供电设施上，擅自接线用电的，所窃电量按私接设备额定容量（千伏安视同千瓦）乘以实际使用时间计算确定，并追收3倍违约使用电费。

5　电费抄核类稽查的稽核要点及案例分析

5.1　电费抄表异常稽查的关键点

电费抄表异常稽查的关键点如下：

（1）检查首次抄表及时情况，特别是62天以上无算费记录天数的新装高压客户。

（2）检查抄表是否及时。

（3）检查抄表数据是否存在以下错抄现象：

1）电能表示数记录错误，如示数为“00 756.00”，抄为“00 758.00”。

2）电能表不同时段示数颠倒。

3）电能表示数小数位错位。

4）非7～10月，电能表尖峰示数计算有尖峰电量。

5）无换表情况下本次电表抄见示数小于上次示数。

6）无电能表远采集抄失败或错误情况下，更改SG186营销业务应用系统算费示数。

7）除最大需量表或需量示数以外，同一出厂编号电能表本次示数起码不等于上次示数止码。

（4）检查是否存在漏抄、估抄可能出现下列情况：

1）SG186营销业务应用系统中抄表标识为“估抄”、“未抄”。

2）上月电量不为零本月电量为零。

3）状态为正常用电客户，但抄见电量长期为零。

4）执行尖峰电价客户7～10月无尖峰电量。

5）执行功率因数考核的客户无功抄见电量为零或漏抄反向无功示数。

6）综合倍率不为1的客户抄见示数只有整数位，漏抄小数位。

7）客户实抄月用电量长期为一个固定数值或正好为整百倍数。

8）客户谷段电量比重大于总电量75%。

9）状态为正常用电客户，客户变压器利用率长期低于30%。

10）客户电量大于理论最大用电量。

11）尖、峰、平、谷抄见电量之和不等于总段抄见电量。

12）实抄子表各时段电量大于总表相应时段电量。

13）具有季节性特征的用电，在非用电季节有较大电量或在用电高峰季节电量较小。

（5）检查抄见电量是否出现波动异常：

1）低压居民客户电量同比波动超过±50%；且电量与上月比波动超过±50%；且本月电量与前三月电量平均值比波动超过±50%；且电量波动绝对值大于100kWh。

2）低压非居民客户电量同比波动超过±30%；且电量与上月比波动超过±30%；且本月电量与前三月电量平均值比波动超过±30%；且电量波动绝对值大于500kWh。

3）高压客户电量同比波动超过±20%；且电量与上月比波动超过±20%；且本月电量与前三月电量平均值比波动超过±20%。

5.2 抄表异常的种类、特点及分析方法

5.2.1 抄表异常的种类

（1）错抄电能表示数。

（2）漏抄电能表示数。

（3）估抄电能表示数。

（4）不按抄表周期或计划抄表。

（5）无抄表错误原因擅自更改采集系统抄回的算费数据。

5.2.2 抄表异常的特点

（1）抄表数据上传时间与抄表例日超过规定的合理时间。

（2）抄见电量呈现异常范围波动。

（3）抄见电量与所执行电价、该类别用电负荷特性呈现矛盾之处。

（4）抄见电量数据之间出现数量计算上的逻辑错误。

5.2.3 抄表异常的分析方法

（1）比较法：通过对客户历史电量记录之间比较、同类别负荷特征之间比较、用电信息采集系统与SG186营销业务应用系统之间示数等的比较，发现抄表异常问题。

（2）现场核实法：通过比对现场电表实际示数与SG186营销业务应用系统数据进行核实的方法，多用于SG186营销业务应用系统抄表数据与用电信息采集系统抄表数据不一致的客户。

（3）仪器测量法：现场电能表出现黑屏等故障时，可以采用手持抄表终端进行数据采集分析。

5.2.4 抄表异常稽查要点

（1）重点检查营销业务应用系统中客户的运行资产信息（电能表型号、条码号、电能表倍率、计度器位数、电能表示数类型、电能表历次起止示数信息）是否与算费参数存在不对应信息或缺项情况。

（2）重点检查营销业务应用系统中有关客户电能表示数信息与用电采集系统信息是否存在不一致。

5.2.5 与抄表异常相关联的稽查主题

工作质量监控>抄表管理>电能表实抄率

工作质量监控>抄表管理>抄表准时率

工作质量监控>抄表管理>高压客户首次抄表及时率

工作质量监控>抄表管理>自动化抄表结算率

经营成果监控>电价执行>超容量用电

经营成果监控>售电量>零度户

经营成果监控>售电量>客户用电异常

5.2.6 抄表异常现场稽查重点

（1）重点核对电能表信息及各时段示数信息、历史示数信息是否与营销业务应用系统、用电信息采集系统相符。

（2）现场计量装置是否存在报警、烧表、断线、停走、走字不准、时钟不准等异常情况。

（3）现场用电信息采集终端是否存在故障、报警、天线折断、信道不通情况。

5.2.7 抄表异常现场稽查辅助仪器仪表

（1）抄表器：当现场电能表轮显或显示屏出现问题时需借助红外抄表终端采集电能表示数与系统进行比对。

（2）电能表现场校验仪：当发现电能表走字异常，可能存在抄表数据不准时，需用电能表现场校验仪进行误差检测来辅助判断。

5.3 抄表异常的稽查案例分析

【案例一】 高压新装客户未及时分配抄表段抄表导致电费漏收

(1) 客户情况。客户名称为“××市纸箱厂”，大工业用电性质，报装容量630kVA，2013年8月13日新装送电。在10月份××电力公司统一发起的尖峰电价执行专项稽查活动中，稽查人员通过有尖峰电价无尖峰电量稽查规则，发现该大工业客户没有尖峰电量，于是对该户进行详细系统核查。

(2) 系统分析。查询SG186营销业务应用系统中该户的历史工单，显示该客户于2012年10月申请新装，2013年8月14日装表接电。

系统中“客户统一视图”显示，该客户立户日期和装表接电日期均为2013年8月14日，电价为10kV大工业非优待电价，运行容量630kVA，高供高计，电能表位数6.2，TA变比40/5，TV变比10kV/0.1kV，电能表为四费率智能电能表；支持尖峰计量，基本电费计收方式为按容量收取，功率因数执行0.9标准，是否执行峰谷标志为“是”，是否安装负控为“否”，计费参数与电表参数均未发现问题。

查询客户电费发行信息发现8～10月均无电量、电费发行。稽查人员带着疑问查询抄表段信息，发现抄表段信息为空。

(3) 现场稽查。稽查人员对该户档案原始信息进行了核对，与营销业务信息系统并无不一致情况；又对该户现场情况进行核查，该客户正处于生产状态，电能表示数尖、峰、平、谷、无功均已有示数，并且计量正常。经查该户是由于电费人员在新装流程归档后未及时进行抄表段分配，导致抄表员无法按时抄表算费造成电量电费漏收。

(4) 综合研判。

1) 电费人员责任心不强，在客户新装流程归档后一直未分配抄表段，导致该户未按时抄表。

2) 营业管理不规范，业扩与电费工作衔接不畅，高压客户新装送电超过两个月没有抄表，没有及时发现，造成高压客户首次抄表不及时，并且漏收3个月的基本电费和电量电费。

(5) 整改措施。

1) 通知抄表人员对该户进行抄表段分配，建立抄表计划对该户进行抄表算费。

2) 追收8～10月的基本电费和电量电费。

3）加强抄表段管理考核，每月及时检查未分配抄表段客户，对于问题户及时督促相关部门处理。

【案例二】 估抄最大需量导致电费计算差错

（1）客户情况。客户名称“××县××重钙厂”，用电类别大工业，运行容量400kVA，按需量计收基本电费，需量核定值为160kVA。某月该户出现低谷电量超过理论用电量现象，于是稽查人员对该户进行了系统详细核查。

（2）系统分析。查询SG186营销业务应用系统中该户的历史工单显示该户于本月没有换表追补电量，不会造成追电量导致谷段超过理论最大用电量情况。

系统中“客户统一视图”显示该户主计量点执行电价为10kV大工业非优待电价，子计量点执行10kV一般工商业非居民照明电价。运行容量400kVA，高供高计，电能表位数6.2，TA变比40/5，TV变比6kV/0.1kV，综合倍率480，电能表为四费率智能电能表支持尖峰计量，基本电费计收方式为按需量收取，功率因数执行0.9标准，是否执行峰谷标志为“是”，安装负控为“否”，计费参数与电表参数均未发现问题。

查询该户电费发行信息发现该户当月最大需量0.47，按480倍率折合成容量226kW计算其谷段、平段、总段理论最大用电量与该户当月抄见的谷段电量82 560kWh、平段电量71 520kWh、总段电量173 760kWh相比，均出现实际用电量超过理论用电量异常情况，当月总用电量按400kVA运行容量计算在理论最大用电量范围内。查询该户系统中历史最大需量情况，发现多月为0.47或0.2两个数轮流转换，存在估抄可能。

（3）现场稽查。经查现场变压器容量与系统信息一致，不存在超容量违约用电现象；现场电能表最大需量值为0.87，与系统的0.47不一致。由于抄表员估抄将0.87抄为0.47，造成该客户电费发行时需量少计算，电费计算出现差错；同时也造成该客户以0.47作为最大需量时，计算谷段的理论最大用电量54 144kWh小于实际抄见谷段电量82 560kWh的原因。

（4）综合研判。

1）抄表人员责任心不强，估抄最大需量示数导致电费计算出现差错。

2）抄表管理考核不严格，存在薄弱环节，抄表人员多次存在估抄情况，电费审核人员没有发现。

（5）整改措施。

1）查询电表历史月份最大需量，按正确的最大需量进行电费差错更正。

2）加强抄核收管理，组织营销相关专业人员认真学习抄核收管理办法，对该抄表员按规定进行绩效考核。

3）营业人员每月对抄表电量发行情况进行稽核，避免估抄、错抄情况发生。

【案例三】 错抄电表时段示数导致电费计算差错

（1）客户情况。客户名称“××粮油有限公司”，用电类别大工业，行业分类为其他食品制造，运行容量 630kVA，按容量计收基本电费，2013 年 7 月该客户出现有尖峰电价无尖峰电量现象，于是稽查人员对该户进行了详细核查。

（2）系统分析。查询 SG186 营销业务应用系统中该客户的历史工单显示该客户于 2012 年 12 月份有周期电表轮换工单。

系统中“客户统一视图”显示该户主计量点执行电价为 10kV 大工业非优待电价，子计量点执行 10kV 一般工商业非居民照明电价。运行容量 630kVA，单班生产，高供高计，电能表位数 6.2，TA 变比 50/5，TV 变比 10kV/0.1kV，综合倍率 1000，电能表为四费率智能电表支持尖峰计量，功率因数执行 0.9 标准，是否执行峰谷标志为“是”，安装负控为“否”，计费参数与电表参数均未发现不支持尖峰计量问题。

查询该户电费发行信息，发现该户自 2013 年轮换电表以来，抄表存在不规范现象，抄见电表示数全为整数，该户综合倍率为 1000 倍，不抄见小数位造成电量漏收，如图 5-1。

示数类型	上次示数	本次示数	综合倍率	抄见电量	退补电量	抄表日期
有功（尖峰）	0	0	1000	0	0	20130712
有功（峰）	153	165	1000	12000	0	20130712
有功（谷）	277	304	1000	27000	0	20130712
有功（平）	8	9	1000	1000	0	20130712

图 5-1　客户抄表算费示数系统截图

稽查人员对电量进行了分析，该户是在谷段和峰段用电较多，谷段电量占总电量 67.5%，平段电量比较少仅占总电量的 2.5%，如果客户为了规避峰谷电价高分时段电价选择生产时间，客户应该多在谷段和平段用电，需要进一步核实。

（3）现场稽查。通过检查，其现场计量装置与系统信息一致，无其他异常或报警现象；现场电能表尖、峰、平、谷均有示数，但其中平段示数、谷段示数与营销业务应用系统中示数比对后，发现正好颠倒。经了解，在换表后抄表人员第一次现场抄表时，没有详细核对各时段电表示数，误将平段、谷段电量录反，之后每次抄表又没有进行详细核对，是造成电费差错的主要原因。

（4）综合研判。

1）抄表员人员责任心不强，该户暴露出多处抄表不规范问题。该户综合倍率为 1000，抄表员平时长期不抄录小数位数，造成电量漏收，长期没有纠正；

该户在尖峰电价开始执行月份不抄录尖峰示数造成电费漏收，电费审核没有发现；该户换表后，抄表员不仔细核对电能表示数，导致平段、谷段电量录反，长期电费差错，没有被发现。

2）电费审核人员、主管人员水平不高，该户长期出现多种抄表不规范情况没有被发现并进行纠正。

3）营业管理不规范，考核不严格，造成抄核业务管理混乱。

（5）整改措施。

1）更正平段、谷段示数抄颠倒导致的电量差错，补抄尖峰时段和漏抄小数位漏收的电量电费。

2）加强抄核收管理，组织营销相关专业人员认真学习抄核收管理办法，对不抄小数位问题进行全面彻查整改，对该抄表员按规定进行绩效考核。

3）营业人员每月对抄表电量发行情况进行稽核，避免估抄、错抄情况发生。

【案例四】 漏抄无功示数导致功率因数电费计算差错

（1）客户情况。客户名称“××扬水站”，农业生产用电，运行容量1800kVA，功率因数标准执行0.8，在电价执行专项稽查活动中，稽查人员发现该户实际利率为1与该类别用电特征不太相符，于是对该户进行详细系统核查。

（2）系统分析。查询SG186营销业务应用系统中客户电费发行信息发现该户电费计算明细里没有无功电表示数录入信息。

“客户统一视图”显示该户电价为10kV农业生产（免15%损耗），高供低计，电能表为多功能电能表支持无功计量，但计量参数设置有问题，电能表位数设置为6，没有设置小数位信息，只设置有功示数信息，没有设置无功信息示数；TA变比1000/5，功率因数执行0.8标准，安装负控为“否”，功率因数执行方式为“标准考核”，功率因数其他计费参数未发现问题。

（3）现场稽查。稽查人员对该户现场计量信息进行了核对，现场确实为多功能电能表，并且有无功示数，除系统电能表参数设置问题外，无其他问题。该户由于业扩人员未设置正确的电能表计费参数，抄表员现场抄表未进行详细核对，因此一直没有抄录无功示数，造成实际功率因数计算错误，功率因数电费计算差错。

（4）综合研判。

1）业扩档案管理不规范，电能表计费参数设置没有无功示数。

2）抄表员责任心不强，现场没有进行电能表示数仔细核对，没有抄录无功示数。

3）电费审核不严，该户长期没有无功示数计算功率因数为1没有被发现。

（5）整改措施。

1）更正客户系统档案信息，正确进行电能表参数设置。

2）加强系统业扩档案管理，对执行功率因数客户，系统没有设置无功电表示数信息的客户进行全面筛查并进行整改。

3）加强抄表、核算的管理考核，及时发现问题并督促相关部门进行处理。

【案例五】 漏抄需量示数导致超容量用电现象

（1）客户情况。客户名称“××钢铁集团矿业有限公司”，大工业用电，运行容量12 650kVA，基本电费按需量计收，在超容量专项稽查活动中，稽查人员发现该户2013年12月当月用电量超过理论最大用电量，于是对该户进行详细系统核查。

（2）系统分析。查询SG186营销业务应用系统可知，该客户自2010年1月25日立户以来无业务变更流程。系统中“客户统一视图”显示该户电共有3台变压器（两台6300kVA，一台50kVA），运行容量共12 650kVA。受电点信息显示该户为单电源，基本电费计算方式按需量，需量核定值5467kVA，核定容量12 650kVA，经计算需量核定值是核定容量的43.22%，功率因数执行方式为“标准考核”，没有问题，如图5-2所示。

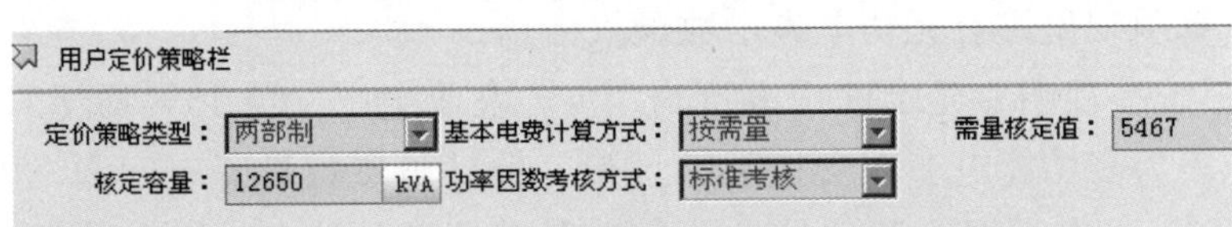

图5-2 客户基本电费计算参数设置系统截图

在“计费参数查看中”显示“特殊计费参数标识”中该户“计费参数类型”设为“转供需量扣减方式”，如图5-3所示。

特殊参数　趸售比例参数录入

特殊参数列表

	选择	特殊参数标识	计费参数类型	参数值
1	☐	2011000001270082	转供需量扣减方式	按转供表计需量扣减

图5-3 客户特殊计费参数设置系统截图

客户电价信息中显示功率因数执行0.9，执行峰谷标志为“是”，没有问题。计费主计量点执行35kV大工业非优待（征收公用事业附加）电价，另一个主计量点执行考核设备电价；计费主计量点 TV 变比 35kV/0.1kV，TA 变比 300/5，综合倍率 21000，电能表为三相三线智能电能表，设有无功示数、需量等示数段信息。该主计量点下设两个子计量点，其中一个子计量点执行 35kV 大工业非优待（征收公用事业附加）电价，装有三相三线智能电能表，组合互感器为 TV 变比 6kV/0.1kV，TA 变比 200/5，综合倍率 2400；另一个执行 35kV 一般工商业非居民照明（征收公用事业附加）电价，未安装电能表，计量方式为定量，定量定比值 8000，功率因数考核方式“电量参与电费不参与”。

查询该户电费计算明细发现该户当月 4 049 406kWh，最大需量示数为 0，当月基本电费是按需量核定值 5467kVA 计算的，如图 5-4 所示。营销稽查系统按照 5467×30×24 计算，该客户当月理论最大用电量为 3 936 240kWh，因而系统提示疑似超容量用电。

示数类型	上次示数	本次示数	综合倍率	抄见电量	退补电量	抄表日期
有功（谷）	1562.68	1627.79	21000	1367310	0	20131225
有功（平）	1496.22	1568.98	21000	1527960	0	20131225
无功（总）	802.3	850.01	21000	1001910	0	20131225
最大需量	0	0	21000	0	0	20131225
				9977730	0	

功线损	无功线损	扣减有功电量	扣减无功电量	有功结算电量	无功结算电量	年
0	0	149808	0	1442832	0	
0	0	147213	107904	1380747	894006	
0	0	149483	0	1217827	0	
0	0	0	0	2856	0	
0	0	446504	107904	4049406	894006	

目录电度电费	容量/需量	基本电价	基本电费	参与力调金额	力率标准值	力
0	0	0	0	0		
1035809.09	0	0	0	0		
669248.07	5467	35	191345	2304825.74	0.9	
327595.46	0	0	0	0		
2038308.54	5467.00		191345.00	2304825.74		

图 5-4　客户算费情况系统截图

通过上述异常，又对该客户历史需量示数进行逐月核查，发现 10 月份也存在一次漏抄情况。

（3）现场稽查。稽查人员对该户现场计量信息进行了核对，现场没有超容量用电违约用电情况，计量装置准确无问题，只是漏抄需量示数。经查 10 月、12 月，共计少计需量 1163.95kWh，需补收基本电费共计

$$1163.95\times35=40\ 738.25\ (\text{元})$$

（4）综合研判。

1）抄表员责任心不强，管理不严，该户两次漏抄电能表需量示数，造成 10 月、11 月电费计算差错。

2）电费审核不严，该户 10 月、11 月两次算费最大需量为 0，审核没有发现问题。

(5) 整改措施。

1) 追收10月和12月少计的差错电费。

2) 对责任人进行经济责任制考核。

3) 加强抄表、核算的管理考核，每月对按需量计收基本电费客户的电表需量示数的进行重点核查，完善系统校验规则，及时发现问题并督促相关部门进行处理。

5.4 电价执行异常的稽查关键点

(1) 检查客户用电分类和执行电价标准的正确性。

1) 客户用电类别与所执行电价是否存在不一致情况。

2) 是否按照物价部门文件，正确执行用电分类和电价标准。

3) 是否准确区分城市、农村电价执行范围。

4) 是否存在扩大居民生活用电、农业生产用电和优惠电价用电的执行范围的情形。

(2) 检查基本电费执行及计费参数设置是否存在下述不正确情况：

1) 受电变压器总容量315kVA以上的普通工业客户未执行大工业电价或315kVA以下的工业客户执行了大工业电价。此规则重点针对办理增、减容后可能导致电价发生变化的客户。

2) 参与基本电费计算容量是否与运行容量不一致。

3) 热备用或未加封的变压器容量没有计入基本电费计费容量。

4) 冷备用的变压器容量计入了基本电费计费容量。

5) 在受电装置一次侧装有联锁装置互为备用的变压器（含高压电动机），未按可能同时使用的变压器（含高压电机）容量之和的最大值计算基本电费的。

6) 不通过专用变压器接用的高压电动机没有参与基本电费计算的。

7) 对特种有多挡可调容量的变压器，未按额定最大容量计收基本电费的。

8) 新装、增容、变更与终止用电客户当月的基本电费，未按实用天数计算基本电费的。

9) 客户暂停时间少于15天者，暂停期间基本电费未收取的。

10) 客户1年累计暂停时间超过6个月或超过两次暂停的，未按暂停前实际容量计收基本电费的。

11) 客户申明为永久性减容的或从加封之日起期满两年又不办理恢复用电手续的，其减容后的容量已经达不到实施两部制电价规定容量标准时，未改为

单一制电价计费的。

12）减容期满后的客户以及新装、增容客户，两年内确需继续办理减容或暂停的，按容量收取基本电费的客户减少或暂停部分容量的基本电费，未按50%计算收取。

13）减容期满后的客户以及新装、增容客户，两年内确需继续办理减容或暂停的，按需量收取基本电费的客户未按需量下限收取基本电费。

14）对于执行两部制电价的客户，营销业务应用系统中“基本电费计算方式”设置为“不计算”。

15）按需量收取基本电费的客户，在供电部门没有限制客户的最大需量要低于容量的40%的条件下，最大需量核定值低于容量40%的。

16）对两路及以上进线的用电客户，各路进线没有分别计算最大需量的。如一路常用一路备用，基本电费未按需量值取最大计算的。

17）基本电费计收方式在一年之内发生变更的。

（3）检查功率因数标准是否存在下列执行异常情况：

1）160kVA以上的高压供电工业客户（包括社队工业客户）、装有带负荷调整电压装置的高压供电电力客户和3200kVA及以上的高压供电电力排灌站客户没有执行功率因数标准或功率因数标准不为0.9。

2）100kVA（kW）及以上的其他工业客户（包括社队工业客户）、100kVA（kW）及以上的非工业客户和100kVA（kW）及以上电力排灌站客户没有执行功率因数标准的或功率因数标准不为0.85的。

3）100kVA（kW）及以上的农业客户和趸售客户，但大工业客户未划由电力直接管理的趸售客户，没有执行功率因数标准的或功率因数标准不为0.80的。

4）100kVA（kW）以下的客户执行功率因数标准的。

5）增容或变更用电引起用电客户执行的功率因数标准发生变化时，没有根据变化前后的电量数据分段进行计算的。

6）执行功率因数标准的用电客户系统中电能表“示数类型”中没有“无功总”的，或装有无功补偿设备且有可能向电网倒送无功电量的用电客户电能表“示数类型”中没有“反向无功总”的。

7）执行功率因数标准的用电客户，当月实际功率因数值等于1且没有无功电量。

8）执行功率因数标准的用电客户，功率因数考核方式为“只罚不奖”或“只奖不罚”没有政策文件依据的。

(4) 检查分时电价是否存在下列执行异常情况：

1) 行政机关、学校（不含校办工厂）、部队（不含生产企业）、医院、地铁、无轨电车、自来水、煤气、居民用电、农业生产、铁路牵引站、广播电视站无线发射台（站）、转播台（站）、差转台（站）、监测台（站）等客户，包括趸售转供单位执行了峰谷分时电价的。

2) 除行政机关、学校（不含校办工厂）、部队（不含生产企业）、医院、地铁、无轨电车、自来水、煤气及居民、农业生产用电等客户以外，包括趸售转供单位未执行峰谷分时电价的。

3) 大工业（受电变压器容量在 315kVA 及以上的工业客户）和受电变压器容量 100kVA 及以上的非普工业客户未实行尖峰电价的。

4) 执行峰谷分时电价的客户营销业务系统中“是否执行峰谷标志”选“否”或电能表“示数类型”中没有设置“有功峰”、“有功谷”示数段的或执行尖峰电价的客户系统中电能表“示数类型”中没有设置“有功尖峰”示数段。

5) 非 7～10 月份出现尖峰电量的或执行尖峰电价的正常用电客户 7～10 月份无尖峰电量的。

6) 应执行尖峰电价的客户在暂停、减容期间运行容量不足 100kVA，没有执行尖峰电价的。

7) 执行峰谷分时电价的客户现场电能表为单一费率电能表的，或执行尖峰电价的客户现场电能表为三费率电能表的，或执行峰谷分时电价但不执行尖峰电价的客户现场电能表为四费电能表的。

(5) 检查代征费执行是否存在下列异常情况：

1) 未按照物价部门文件规定计收价外基金及附加。

2) 除贫困县农业生产用电外，未按规定收取国家重大水利工程建设基金的客户。

3) 除农业生产、大工业优待、中小化肥生产用电外，已开征城市公用事业附加费的地区客户未按规定收取城市公用事业附加费的。

4) 除农业生产用电客户外，没有收取大中型水库移民后期扶持基金的和地方水库库区移民后期扶持基金附加费的。

5) 除农业生产用电客户外，没有收取可再生能源电价附加费的或农业生产收取了可再生能源电价附加费的。

(6) 检查变损、线损执行是否存在下列异常情况：

1) 高供高计客户收取了变损。

2）高供低计客户除农村一般工商业（无论是否套表）以外未收取变损。

3）高供高计客户执行了免征变损电价。

4）专变高供低计客户，变压器产权维护成“供电企业”。

5）高供低计农村一般工商业没有执行免征变线损及低压电价。

6）高供高计农村一般工商业执行高压电价，用电计量装置未装在供电设施的产权分界处，未收取线损。

7）高供低计，居民生活用电（执行居民照明电价的学校、部队、养老院等用电除外）征收了变损或执行居民照明电价的学校、部队、养老院等用电未征收变损的。

8）变压器下存在多个一级高供低计主表，变压器损耗电量未按每个表计的抄见电量比例分摊的。

9）高供低计，一级主表下存在分表时，当前分表的损耗未按抄见电量和主表抄见电量比分摊的。

10）高供低计，一级主表下存在分表时，定量计量点分摊变损的。

11）高供低计，一级主表下存在分表时，定比计量点未按定比电量分摊的。

12）高供低计，变压器有功损耗未按各时段抄见电量比例进行分摊的。

（7）阶梯电价、多人口电价、电采暖电价是否存在未按规定范围和标准执行下列异常情况：

1）电网企业直接抄表到户的居民客户未实施阶梯电价的。

2）城乡居民小区执行居民电价的公共设施（指电梯、楼道灯、车库、小区庭院照明、居民生活用水的二次加压、居民供暖热交换站等）用电，以及执行居民电价的非居民客户（指学校、部队营房、农村饮水工程，福利性和非营利性养老服务机构，博物馆、纪念馆和全国爱国主义示范教育基地等免费开放的公益性文化单位，城市社区居民委员会和农村村委会的公益性服务设施用电，宗教界依法设立的公益慈善组织、社会福利机构的生活用电等）执行了居民阶梯电价的。

3）没有申请多人口电价的客户执行了多人口电价或家庭常住人口不为 5 人及以上的“一户一表”居民用电户执行了多人口电价的。

4）居民小区整体或整栋楼统一建设安装电采暖设施，且不具备集中供暖条件的居民客户（不含小区管理单位按住房面积计收电采暖费的居民客户），生活用电与电采暖用电实行分表计量的，其生活用电未执行居民阶梯电价的；生活用电与电采暖用电未实行分表计量的，每年 11 月至次年 3 月采暖期用电未按照和表客户电价执行或其他月份没有执行居民阶梯电价。

5）具备集中供暖条件的居民客户选择电采暖电价。

（8）特殊电价政策的执行有下列异常的：

1）应执行差别电价政策的高耗能企业未按价格主管部门文件要求及生产装备名单核实的用电量，及时足额收缴差别电费的。

2）符合惩罚性执行电价政策的客户未执行惩罚性电价策略的。

（9）业务费收取是否存在下列异常：

1）对于申请新装及增加用电容量的两路及以上多回路供电（含备用电源、保安电源）用电客户，除供电容量最大的一路供电回路外，对其余供电回路未按规定征收高可靠性供电费用。

2）符合高可靠性供电费用收取标准的用电客户在送电之日前，未足额收取高可靠性供电费用。

3）基建工地、农田水利、市政建设和其他临时性用电场所（含商业、会议、文艺、展览等场所）的临时性用电未按规定收取临时接电费。

4）临时用电期限未按规定的起止日期（从临时用电送电之日起，到受理客户拆除临时用电申请之日止）进行计算的。

5）与电网连接的所有企业自备电厂（含资源综合利用、热电联产电厂）没有足额计收系统备用费的。

（10）档案信息是否存在下列异常：

1）所执行电价未正确设置计费参数。

2）修改计费信息、追退电量、电费未按规定履行审批程序。

3）非政策性退补流程无计算公式或文字说明。

4）非政策性退补审批一～四级中两个环节为同一人。

5）不走相关业务流程通过档案信息修改更改计费参数。

6）客户供电合同中有关计费的档案信息与营销业务信息系统中基础档案信息不符。

5.5 电价执行异常的种类、特点及分析方法

5.5.1 电价执行异常的种类

（1）未按物价部门电价政策执行正确分类。

（2）未按物价部门的电价标准和执行范围执行相关电价。

（3）不满足国家电价优惠政策规定条件执行了相关优惠政策。

（4）执行了正确电价不能正确设置系统有关电价计费参数。

（5）计量装置不支持所执行电价的计量要求。

5.5.2 电价执行异常客户的特点

（1）客户用电性质与用电类别不一致。

（2）客户电量与该用电类别客户特征明显不同。

（3）客户电费构成与同类别用电户电费构成出现多项或少项。

（4）客户均价或单价与同电压等级该用电类别客户均价存在较大差异。

5.5.3 电价执行异常的分析方法

（1）比较法：常用于客户电量、均价、电费构成等出现异常波动或变动时，进行历史数据或同类别客户分析比较。

（2）现场核实法：常用于客户实际用电情况不能确定或客户发生用电变更或档案相互矛盾时，需现场确认实际用电性质、容量等影响电价执行的因素等情况。

5.5.4 电价执行异常系统稽查要点

（1）重点检查营销业务应用系统中有关客户用电类别、合同容量、运行容量、行业分类、计量方式、电能表类型、电能表示数类型、电压等级、电价码、功率因数标准、基本电费计算方式、是否执行峰谷标志、变损标志、需量核定值等是否与所执行电价策略存在算费参数不对应的信息。

（2）检查客户业务变更后相关计费参数信息设置是否与之存在不匹配的情况。

（3）重点检查营销业务应用系统中有关客户电费计算明细与该户基本信息和所执行电价是否存在不对应的信息项。

（4）比较相同地区、相同容量、同行业类别客户的用电量判断客户是否存在电量电价异常。

（5）检查营销稽查系统中非两部制电价客户单户均价波动较大的客户。

（6）通过“SG186营销业务应用系统＞客户档案资料管理”菜单下的“客户日志管理”功能可进行客户档案信息修改前后的查询及比对，具体操作如图5-5所示。

任意输入一个客户可以查询该户所选时间内所有的档案修改记录，选取任一条记录进行档案比对，比对结果如图5-6所示。

5.5.5 与电价执行异常相关联的稽查主题

经营成果监控＞电价执行＞售电均价波动

经营成果监控＞电价执行＞特殊电价执行异常

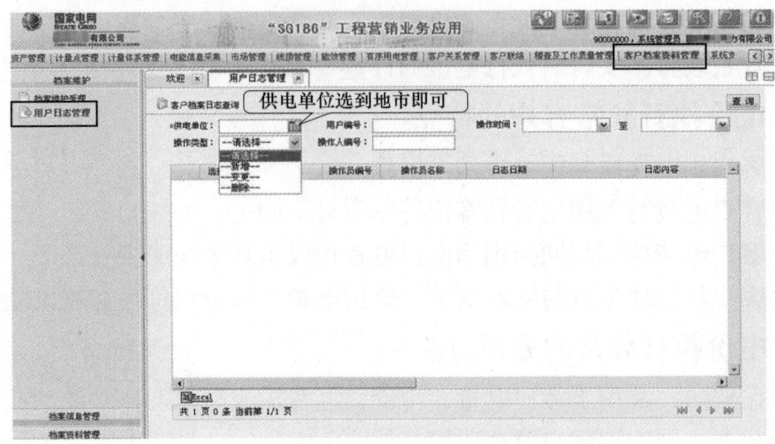

图 5-5　客户档案修改信息系统查询界面截图

图 5-6　系统查询客户档案修改信息对比截图

经营成果监控＞电价执行＞功率因数执行异常

经营成果监控＞电价执行＞超容量用电

经营成果监控＞电价执行＞居民大电量

经营成果监控＞电价执行＞化肥大电量

经营成果监控＞电价执行＞农排大电量

经营成果监控＞电价执行＞分时电价执行异常

经营成果监控＞电价执行＞变损电量执行异常

经营成果监控＞电价执行＞两部制电价执行异常

经营成果监控＞电费及业务费＞基本电费收取异常（自定义主题）

经营成果监控＞电费及业务费＞自备电厂容量费及基金收取情况

经营成果监控＞电费及业务费＞业务费收取情况

经营成果监控＞电费及业务费＞计费参数变动

经营成果监控＞电费及业务费＞电量电费退补

经营成果监控＞电费及业务费＞零电费异常

5.5.6　电价执行异常现场稽查重点

重点核对客户原始档案信息、合同、业务变更记录是否与营销业务应用系

统电费计算参数相符。

重点核对客户实际用电容量、用电性质、计量装置是否与营销业务应用系统电费计算参数相符。

重点核对物价部门电价政策文件标准、范围及相关电价政策中客户备案明细、电价执行期限与所执行电价是否相符。

5.5.7 电价执行异常现场稽查辅助设备

变压器容量测试仪：用于对现场变压器铭牌缺失或容量无法判断情况下进行辅助测量。

5.6 电价执行异常的稽查案例分析

【案例一】 阶梯电价执行错误导致电费计算差错

（1）客户情况。客户名称“××热力总公司”，非居类居民照明，报装容量8kVA。2012年底在公司阶梯电价执行专项稽查活动中，稽查人员通过筛查执行了第三阶梯用电客户明细，发现该户用电类别不为居民生活用电，于是对该户进行详细系统核查。

（2）系统分析。查询SG186营销业务应用系统可知，该客户是2012年7月由氵售县营业旧系统导入到营销业务应用系统的客户。系统中“客户统一视图”显示：该客户在营销业务应用系统中的电价码为“低压城镇居民照明抄表到户”，低供低计，单相电能表，用电类别为“非居类照明”与电价码不一致。

查询客户电费发行信息发现该户在非供暖月份电量只有几十千瓦时，2012年12月电费明细显示该户超过3阶梯电量，如图5-7所示。

电价名称	时段	级数	结算电量	阶梯递增电量	目录电度电价	目录电度电费	容
低压城镇居民照明抄表到户（免征公用事业附加）	平	1	1418	0	0.473	670.71	
低压城镇居民照明抄表到户（免征公用事业附加）	平	2	0	600	0.05	30	
低压城镇居民照明抄表到户（免征公用事业附加）	平	3	0	290	0.3	87	

图5-7 客户电费算费明细系统截图

（3）现场稽查。稽查人员对该户进行了现场情况核查，该户的实际用电性质为居民小区换热站（二次加压设备），电能表计量正常，不存在电能表走字异常情况。经查该客户由于导入系统时电价码维护错误导致电费计算差错。

（4）综合研判。

1）客户档案信息管理不规范，系统数据导入未进行用电类别与电价码不一致的核对，导致计费参数错误。

2）电费审核不严，该户供暖季节电量大幅增加超过 3 阶梯，没有审核出电价执行异常。

（5）整改措施。

1）退补历史月份低压城镇非居类居民照明与低压城镇居民照明抄表到户电量电价差额电费和阶梯电费。

2）电费退补后，更改为非居类居民照明电价。

3）加强电价执行和电费核算管理考核，对于超阶梯的执行居民电价的大电量客户，要按月进行稽核，减少电费差错产生。

【案例二】 电采暖电价执行错误导致电费计算差错

（1）客户情况。客户名称“李××”，乡村居民生活用电，报装容量及运行容量 5kVA。在电采暖电价执行规范性专项稽查活动中，稽查人员通过筛查电价为电采暖而电采暖档案信息为空的规则，发现有异常客户，于是逐户进行详细系统核查，以其中一户作为分析案例。

（2）系统分析。查询 SG186 营销业务应用系统可知，该客户的历史工单显示，该客户于 2013 年 9 月份申请新装并完成装表接电，无电采暖电价申请业务流程。

系统中“客户统一视图”显示该户运行容量 5kVA，低供低计，电能表类型为单相电子式，电价码为“低压农村电采暖居民用电”与执行电采暖电价正常业务申请流程的计费参数设置存在不一致。通过电采暖电价申请业务流程审批归档后的电采暖客户，系统中电价码应显示“居民生活用电”抄表到户电价的其中一种，且电采暖档案应有相关信息，而该户没有电采暖档案信息，如图 5-8 所示。

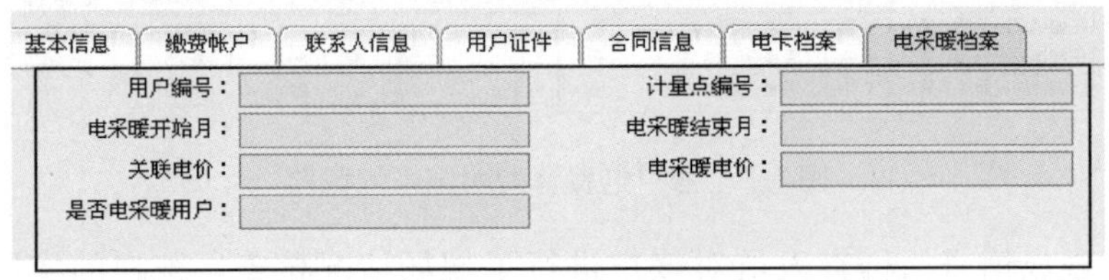

图 5-8 客户电采暖档案系统截图

查询客户电费发行信息，自立户以来执行的都是低压农村电采暖居民用电电价，比低压农村居民生活用电电价低，如图 5-9 所示。

电价名称	时段	级数	结算电量	阶梯递增电量	目录电度电价	目录电度电费
低压农村电采暖居民用...	平	1	80	0	0.3142	25.14

图 5-9 客户电费算费明细系统截图

（3）现场稽查。稽查人员对该户业务报装档案和现场情况进行核查，该客户为农村低压居民生活用电，不符合低压农村电采暖居民用电电价执行标准，客户也没有提交过低压农村电采暖居民用电申请。经调查该户是由于业务人员电价执行错误导致电费计算差错。

（4）综合研判。

1）业务流程操作不规范，在新装流程中选错电价，电价审批人员也没有发现。

2）电费审核不严，非电采暖客户执行了电采暖电价多月电费审核没有审核出来。

（5）整改措施。

1）追收立户以来执行低压农村电采暖居民用电错误电价与低压农村居民生活用电电价的电量电费差额。

2）电费退补后，对该户进行电价码更正，执行居民电价。

3）加强电价执行和电费核算管理考核，严格执行低压电采暖电价标准和业务审批流程，对于执行低压电采暖电价的客户，要按月进行稽核，减少电费差错产生。

【案例三】 客户不同电价类别设置错误导致单户均价异常的电费计算差错

（1）客户情况。客户名称“一条街南赵××”，商业用电，报装容量及运行容量 12kVA。稽查人员在售电均价单户环比异常分析中，发现 2013 年 2 月该户售电均价为 515.31 元/MWh，比上月 735.06 元/MWh，降低 29.9%，于是对该户进行详细系统核查。

（2）系统分析。查询 SG186 营销业务应用系统可知，该客户的历史工单显示，该客户没有用电性质变更业务工单信息，有档案修改业务流程。

系统中“客户统一视图”显示该户为一个主计量点，一个子计量点，其中主计量点为低供低计，安装三个单相电子式电能表进行计量，执行低压一般工商业城镇商业；子计量点未安装电能表，定量定比值为“60”，计算方式为“定量”执行低压城镇居民照明抄表到户，如图 5-10 所示。

仔细查询核对客户电费发行信息发现 2 月份该户不同用电类别的电费结构

较之前的电费构成正好相反，低压一般工商业变成了提定量 60kWh，低压城镇居民照明抄表到户电价按实抄电量进行计算，主计量点与子计量点的电价关系颠倒，如图 5-11 所示。

图 5-10　客户电费算费定量设置系统截图

电价名称	时段	级数	结算电量	阶梯递增电量	目录电度电价	目录电度电费
低压城镇居民照明抄表到户（免征公用事业附加）	平	1	1351	0	0.473	639.03
低压城镇居民照明抄表到户（免征公用事业附加）	平	1	0	0	0	0
低压城镇居民照明抄表到户（免征公用事业附加）	平	1	0	0	0	0
低压一般工商业城镇商业（免征公用事业附加）	平	1	60	0	0.7083	42.5
			1411	0		681.53

图 5-11　客户电费算费明细系统截图

（3）现场稽查。稽查人员对该户档案原始信息进行了核对，与营销业务信息系统并无不一致情况；逐又对该户现场情况进行核查，客户主要为综合零售业务，一小部分负荷用于居民照明用途，定量设置比例没有问题，并且计量正常。经了解业务人员 2 月份进行档案修改时，误改了计费参数，导致当月电费出现差错，后又在档案核查中发现上次档案修改错误又改回原来的信息，而没有更正电费差错。

（4）综合研判。

1）档案管理不规范，该户没有相关业务流程就进行档案计费参数信息修改，导致套减关系和所执行电价颠倒，出现电费差错。

2）电费审核不严，该户计费参数变动造成均价波动较大，电费审核人员没有发现并进行原因查找。

3）计量配置不合格，用三只单相电表代替三相电能表的计量装置配置不符合技术规程要求。

（5）整改措施。

1）追补 2 月份差错电费金额。

2）规范系统档案修改业务流程管理。

3）配置低压三相四线电能表更换三只单相电能表。

4）加强单户均价异常波动的稽核分析，避免此类问题发生。

【案例四】　农村低压电网维护费地区选择错误导致电费计算差错

（1）客户情况。客户名称“××修理”，商业用电，报装容量及运行容量7.5kVA。在农村低压电网维护费执行专项稽查活动中，稽查人员通过分地区筛查当地所有执行电价代码明细规则，发现有“××县”地区执行的农村低压电网维护电价码中存在“××市”地区农村低压电网维护电价码，于是对该电价码进行了客户查找，并进行系统详细分析。

（2）系统分析。查询SG186营销业务应用系统可知，该客户的历史工单显示2013年8月进行过改类，将低压农业生产（收低维费）改为低压一般工商业农村商业（免征公用事业附加，收低维费）。

系统中“客户统一视图”显示该户为“××县”客户，地址为“××庄”，客户分类“农网低压非居民”，供电电压380V，电价为“低压一般工商业农村商业（免征公用事业附加，收低维费，××市）”与所在地区不一致，运行容量7.5kVA，计量方式为“低供低计”，三只单相电能表代替一只三相电能表，计量装置配置不合格，3只电表位数分别为6.2、6.2、4.2，TA变比40/5。

查询客户电费计算明细，9月以前执行低压农业生产（收低维费）与所在地区一致，没有问题。

9月该户电价与所在地低压一般工商业农村商业（免征公用事业附加，收低维费）电价的目录电度电价应为0.5193元/kWh存在不一致情况，如图5-12所示。

电价名称	时段	级数	结算电量	阶梯递增电量	目录电度电价	目录电度电费	容
低压一般工商业农村商业（免征公用事业附加）（收低维费）（唐山）	平	1	48	0	0.5463	26.23	
低压一般工商业农村商业（免征公用事业附加）（收低维费）（唐山）	平	1	0	0	0	0	
低压一般工商业农村商业（免征公用事业附加）（收低维费）（唐山）	平	1	0	0	0	0	
			48	0		26.23	

图5-12　客户电费算费明细系统截图

查询该户电费计算明细代征费各项如图5-13所示。

图5-13显示该户农村低压维护费为0.173元/kWh，而该地区的农村低压电网维护费应该执行0.2元/kWh。

（3）现场稽查。稽查人员对该户档案原始信息进行了核对，地址、台区与营销业务信息系统并无不一致情况。现场计量装置配置不符合规范，三只单相电能表代替一只三相电能表。经调查该户是由于改类时选错电价码，后经电费审核未及时发现，虽然到户电价没有影响，但导致目录电费多收，低维费少收。

代征电费 关闭

	代征项	代征电量	代征单价	代征电费	是否参与力调
1	农网还贷	48	0.02	0.96	是
2	库区移民基金	48	0.004	0.19	否
3	可再生能源附加	48	0.008	0.38	否
4	农村低压电网维护费	48	0.173	8.3	否
5	重大水利工程建设...	48	0.007	0.34	否

图 5-13　客户电费附加费算费明细系统截图

(4) 综合研判。

1) 业务改类不规范，改类过程中没有仔细将电价码括号中的信息全部核对一致就选择了电价码，导致电价执行错误。

2) 电费审核不细，没有及时发现问题，虽然到户电价没有影响，但导致目录电费多收，低维费少收。

(5) 整改措施。

1) 对电价进行更正，对当月电费进行全减另发，按正确的电价重新发行当月电费。

2) 对此类问题进行全面筛查，加强客户业务变更后计费参数的审核，对于发现的问题户及时督促相关部门处理。

【案例五】 错误征收公用事业附加造成的电费差错

(1) 客户情况。客户名称“××大酒店”，商业用电，报装容量及运行容量400kVA。在2013年9月份电价执行专项稽查活动中，稽查人员通过分地区筛查工业集中的县镇所有执行电价代码明细，发现该地区存在不该执行的10kV一般工商业商业（征收公用事业附加）电价的客户，逐对客户进行了筛查，并进行系统详细分析。

(2) 系统分析。查询SG186营销业务应用系统可知，该客户的历史工单显示，该客户2013年9月份进行计费参数更改电价码，将“10kV一般工商业农村商业（免征变损，免征公用事业附加）”改为“10kV一般工商业商业（征收公用事业附加）”，与该地区一般工商业不征收公用事业附加存在不一致。

系统中“客户统一视图”显示该户为“××县”电力客户，客户分类“商业用电”，供电电压10kV，电价为“10kV一般工商业商业（征收公用事业附加）”与所在地附加执行政策文件不一致；该户运行容量400kVA，计量方式为“高供高计”，与之前执行的“10kV一般工商业农村商业（免征变损，免征公用

事业附加)”电价存在矛盾。该户装有三相三线智能电能表，电表位数分别为6.2，设有尖、峰、平、谷、总有功、总无功示数段，TV 变比 10kV/0.1kV，TA 变比 30/5，设置尖峰时段不正确。

查询客户电费计算明细，该户高供高计 9 月以前执行“10kV 一般工商业农村商业（免征变损，免征公用事业附加)”电价存在问题，应执行“10kV 一般工商业商业（免征公用事业附加)”电价。9 月改为执行“10kV 一般工商业商业（征收公用事业附加)”电价仍存在问题，如图 5-14 所示，该户应执行“10kV 一般工商业商业（免征收公用事业附加)”电价。

代征电费　　关闭

	代征项	代征电量	代征单价	代征电费	是否参与力调
1	农网还贷	58062	0.02	1161.24	是
2	城市附加	58062	0.011	638.68	否
3	库区移民基金	58062	0.004	232.25	否
4	可再生能源附加	58062	0.008	464.5	否
5	重大水利工程建设...	58062	0.007	406.43	否

图 5-14　客户电费附加费算费明细系统截图

（3）现场稽查。稽查人员对该户档案原始信息进行了核对，除电价码存在问题外与营销业务信息系统并无不一致情况。现场核实的情况为计费电能表实为三费率，与系统中维护的四费率不符。经查该户是由于发现原执行电价码错误进行改错时，再次选错电价码，后经电费审核未及时发现，虽然目录电价没有影响，但导致多收客户附加电费。

（4）综合研判。

1）电价变更流程不规范，在发现电价执行错误后改正仍选择了错误电价。

2）系统档案管理混乱，电价代码错误，电能表多设置尖峰时段多处计费参数设置出现问题，均没有及时发现。

3）电费审核不细，在第一次发现电价错误进行改正后，审核人员并未仔细核对是否更改正确，电价码仍然出现错误。

（5）整改措施。

1）对电价进行更正，对当月电费进行全减另发，按正确的电价重新发行当月电费。

2）对此类问题进行全面筛查，加强业务人员培训，特别要加强对计费参数的审核，不能只核对目录电价不核对附加设置审核。对于发现的问题户及时督促相关部门处理。

3）修改客户计量装置费率设置为三费率，规范营销业务应用信息系统档案管理，确保现场与系统一致。

4）加强培训和考核，杜绝此类问题再次发生。

【案例六】 力调标准执行错误导致电费计算差错

（1）客户情况。客户名称“××鱼粉厂”，10kV供电高压客户，普通工业用电，报装容量及运行容量285kVA。2012年8月，在功率因数执行异常主题中，稽查人员发现该户功率因数考核标准执行的为0.85，于是对该户进行了系统详细分析。

（2）系统分析。查询SG186营销业务应用系统中该户的历史工单显示该户于2012年7月，也就是发现功率因数执行标准异常的上个月，申请办理增容，由原来的125kVA增加一台160kVA，总容量增至285kVA。

系统中“客户统一视图”显示该户电价为“10kV一般工商业普通工业（征收公用事业附加）”电价，运行容量285kVA，高供高计，三相三线电能表，位数6.2，设有无功总示数段，TA变比10/5，TV变比10kV/0.1kV，电能表为四费率智能电表，功率因数考核方式为标准考核，除功率因数执行标准0.85存在问题外，计费参数与电表参数均未发现其他问题。

查询客户电费发行信息从立户至2012年8月均按0.85功率因数标准执行。

（3）现场稽查。稽查人员对该户档案原始信息、业务变更信息进行了核对，与营销业务信息系统功率因数执行标准不一致，纸质增容供电方案中功率因数标准执行0.9，并无差错。经查该户是由于工作人员疏忽，在系统中为客户办理增容流程时，未按规定进行功率因数考核标准调整，电费人员也未审核出来，造成功率因数电费计算错误。

（4）综合研判。

1）增容业务流程不规范，增容后，该户容量由125kVA升至285kVA，功率因数执行标准已经提高到0.9，没有进行更正。

2）审核不严，对业务变更后计费参数未进行仔细核对，没有及时发现功率因数标准执行错误问题。

（5）整改措施。

1）执行正确功率因数考核标准，由原来的0.85调整为0.9，按正确的功

率因数标准重新计算功率因数电费，并进行相应退补。

2）加强业务人员考核与系统培训，重点对当月完成业务变更的客户进行电费核算，减少电费差错。

【案例七】 高供低计漏收变损导致电费计算差错

（1）客户情况。客户名称“××生态养殖有限公司”，农业生产用电，报装容量及运行容量100kVA。2013年2月稽查人员通过变损执行异常稽查主题发现该户高供低计未执行变损，于是进行系统详细分析。

（2）系统分析。查询SG186营销业务应用系统中该户的历史工单显示该户于2012年6月立户并接电，无其他业务变更工单。

系统中“客户统一视图”显示该户为专变客户，运行容量100kVA，供电电压为10kV，电价为“10kV农业生产（不免损耗）”电价，计量方式为高供低计，TA变比100/5，电能表为三相四线智能电能表，变压器主备性质为“主用”，铭牌容量100kVA，设备型号“S9”，运行状态“运行”，变损计费标志为“否”，特殊参数列表中没有“变损计算方式”相关参数设置，变损算法分类中无相关算法设置，变损计费标志和变损算法参数设置存在问题。

查询电费发行信息发现客户自2012年6月份立户以来只有三个月份有抄见电量，这三个月均没有计收变损电量电费。

（3）现场稽查。稽查人员对该户档案原始信息进行了核对，除计费参数不一致外，与营销业务信息系统无其他不一致情况。

（4）综合研判。

1）未能在新装流程中对电费参数进行正确设置，电费审核不严格，导致变损电量电费漏收，功率因数电费计算错误。

2）抄表不规范，该户新装后多月电量为零，难以引起电费审核人员注意。

（5）整改措施。

1）通知相关业务人员进行系统计费参数更正，将变损计费标志改为“是”，在设置特殊参数列表中，补充设置相关参数。

2）追收立户以来的变损电量电费。

3）加强电费稽核，提高工作质量。

【案例八】 对于农村范围内，高供低计执行居民电价的非居民客户漏收变损

（1）客户情况。客户名称“××养老院”，非居民照明用电，报装容量及运行容量30kVA。稽查人员通过变损执行异常稽查主题发现该户高供低计未执行变损，于是进行系统详细分析。

（2）系统分析。查询 SG186 营销业务应用系统中该户的历史工单显示该户于 2009 年 8 月立户并接电，至今无其他业务变更工单。

系统中“客户统一视图”显示该户为专变客户，用电地址为“××县”，运行容量 30kVA，供电电压为 10kV，电价为“低压农村非居类居民照明（除学校、部队）”，没有执行“10kV 居民照明［农村非居民性质（除学校、部队）用电］”，电价执行存在问题。该户计量方式为高供低计，TA 变比 50/5，电能表为三相四线智能电能表，变压器主备性质为“主用”，铭牌容量 30kVA，设备型号“SJ”，运行状态“运行”，变损计费标志为“否”，特殊参数列表中没有“变损计算方式”相关参数设置，变损算法分类中无相关算法设置，变损计费标志及变损算法分类参数缺失。

查询电费发行信息发现客户自立户以来均没有计收变损电量电费。

（3）现场稽查。稽查人员对该户档案原始信息进行了核对，与营销业务信息系统无不一致情况。现场与核算人员了解情况，得知该县对电价政策的理解出现偏差，认为农村范围内，高供低计执行居民电价的非居民客户均执行低压居民照明电价且不收取变损。

（4）综合研判。业务人员未能正确理解电价政策，导致电价执行上出现偏差，造成变损电量电费漏收，应执行 10kV 居民照明［农村非居民性质（除学校、部队）用电］电价，而错误执行了低压电价。

（5）整改措施。

1）更改“低压农村非居类居民照明（除学校、部队）”电价为“10kV 居民照明［农村非居民性质（除学校、部队）用电］”电价。

2）更正系统变损计费参数，将变损计费标志改为“是”，设置特殊参数列表中相关算费参数。

3）追收立户以来的变损电量电费和电价差额电费。

4）对该县范围内此类客户进行筛查，并进行整改。

5）加强业务人员考核与系统培训，加强电费核算管理，系统内增加相应稽核规则，减少电费差错。

【案例九】 高供低计无抄见电量有铜损的信息档案异常

（1）客户情况。客户名称“××村旅游公司”，商业用电，报装容量及运行容量 315kVA。稽查人员通过变损执行异常稽查主题时发现该户无抄见电量确有铜损，于是进行系统详细分析。

（2）系统分析。查询 SG186 营销业务应用系统中该户的历史工单显示该户

于2008年9月立户并接电，曾有档案维护工单，无其他业务变更工单。

系统中“客户统一视图”显示该户为专变客户，运行容量315kVA，供电电压为10kV，该户为两个主计量点，其中一个计量点维护为“高供高计”，三只低压TA变比500/5，无TV，该计量点计量装置配置与计量方式高供高计信息存在矛盾，该计量点执行考核设备电价，计量点下“计费参数信息”中“变损分摊标志”为“是”，“变损计费标志”维护为“是”；另一个计量点维护为“高供低计”，三只低压TA变比500/5，无TV，电能表为三相四线智能电能表，该计量点执行“10kV一般工商业农村商业（免征变损，征收公用事业附加）”电价，计量点下“计费参数信息”中“变损分摊标志”和“变损计费标志”均维护为“否”；该户变压器主备性质为“主用”，铭牌容量315kVA，设备型号“S7”，运行状态“运行”，变损编号“160”，变损算法分类“按标准公式”算法设置与免征变损电价码存在矛盾。

查询电费发行信息发现客户自2011年1月份系统上线以来到2011年10月一直为一个计量点，均未计收变损；2011年11月增加考核计量点以后每月有功变损电量均为490kWh，变损电量计入考核计量点不参与电费计算，如图5-15所示。

时段	抄见有功电量	抄见无功电量	抄见需量	有功变损	无功变损	有功线损	无功线损	扣减有功电量
平	0	0	0	490	3629	0	0	0
峰	2100	0	0	0	0	0	0	0
平	2100	1000	0	0	0	0	0	0
谷	1800	0	0	0	0	0	0	0
	6000	1000	0	490	3629	0	0	0

电价名称	时段	级数	结算电量	阶梯递增电量	目录电度电价	目录电度电费	容
考核设备	平	1	490	0	0	0	
10KV一般工商业农村商...	尖峰	1	0	0	0	0	
10KV一般工商业农村商...	峰	1	2100	0	1.1477	2410.17	
10KV一般工商业农村商...	平	1	2100	0	0.7083	1487.43	
			6490	0		4425.36	

图5-15 客户电费算费明细系统截图

（3）现场稽查。稽查人员对该户档案原始信息进行了核对，与营销业务信息系统不一致。经核实考核计量装置为高供低计，而非高供高计。在系统中工作人员错误的将不参与电费计量的考核计量点变损标志和分摊标志参数设置成

"是"，导致出现高供低计无抄见电量有铜损的变损异常现象。

(4) 综合研判。

1) 原始档案与营销业务应用系统存在计量点信息不一致情况，系统档案维护错误，考核计量装置为高供低计，维护为高供高计。

2) 计费参数设置错误，计费计量点下执行"10kV 一般工商业农村商业(免征变损，征收公用事业附加)"电价，不收取变损，不应设置变损计费参数。

(5) 整改措施。

1) 更改变损计费参数设置，设置考核计量点变损计算标志和变损分摊标志为"否"。

2) 清除计费计量点变损编号、变损计算分类等其他变损计费参数设置。

【案例十】 高供高计客户执行免征变损电价造成电费差错

(1) 客户情况。2013 年 8 月在公司电价执行专项稽查中，稽查人员通过筛查高供高计电力客户执行了免征变损电价码的规则，发现存在异常客户，于是进行系统详细分析。以其中一户为例详述分析过程，客户名称"××石灰岩矿"，普通工业用电，报装容量及运行容量 160kVA。

(2) 系统分析。查询 SG186 营销业务应用系统中该户的历史工单显示该户于 2010 年 5 月份立户并接电，历史业务工单有档案维护工单，无其他业务变更工单。

系统中"客户统一视图"显示该户为专变客户，运行容量 160kVA，供电电压为 10kV，该户两个主计量点，其中一个计量点计量方式维护为"高供高计"，组合互感器，TV 变比 10kV/0.1kV、TA 变比 15/5，该计量点执行 10kV 一般工商业农村普通工业（免征变损，征收公用事业附加）电价，免征变损电价码用于高供高计的客户存在问题；该计量点"计费参数信息"中"变损分摊标志"为"否"，"变损计费标志"维护为"否"没有问题；另一个考核计量点维护为"高供低计"，三只低压 TA 变比 300/5，无 TV，电能表为三相四线智能电能表，该计量点执行"考核设备"电价，计量点下"计费参数信息"中"变损分摊标志"和"变损计费标志"均维护为"否"；该户变压器主备性质为"主用"，铭牌容量 160kVA，设备型号"S7"，运行状态"运行"，无变损编号，特殊参数列表中无相关参数设置，变损算法分类"不计算"设置，变损计费标志和变损算法参数设置无问题，特殊参数类表中无特殊参数标识及相关参数设置。

查询电费发行信息发现客户自 2011 年 1 月系统上线以来执行 10kV 一般工

商业农村普通工业（免征变损，征收公用事业附加）电价，而按该户的系统信息情况，应该执行10kV一般工商业普通工业（征收公用事业附加）电价，需要现场进行核实。

（3）现场稽查。稽查人员对该户档案原始信息及现场情况进行了核对，确认客户不属于执行10kV一般工商业农村普通工业（免征变损，征收公用事业附加）电价。经查该户电价执行错误，是由于业务人员误将电价码选错，导致电费差错。

（4）综合研判。

1）业务管理不规范，高供高计执行免征变损电价错误，造成电费差错。

2）审核不严，该户电价码从系统上线一直执行错误，没有及时发现。

（5）整改措施。

1）更改10kV一般工商业农村普通工业（免征变损，征收公用事业附加）电价为10kV一般工商业普通工业（征收公用事业附加）电价。

2）按正确的电价码计算追收往月电量电费差额。

3）加强电费稽查，提高工作质量。

【案例十一】 电表示数类型设置不正确导致尖峰电价执行不到位

2013年10月，省级客户服务中心开展尖峰电价执行情况专项稽查，通过"100kVA以上普通工业或大工业客户未执行尖峰电价"筛查规则，发现该客户应执行尖峰电价但SG186系统中7～9月份一直未计收尖峰时段电量电费，存在分时电价执行不到位，电量、电费漏计情况。随后展开对该户问题的详细分析。

（1）客户情况。客户名称为"××塑料包装厂"，电压等级为交流10kV，合同容量为315kVA，一台315kVA变压器在用。该客户用电类别为大工业用电，行业分类为塑料薄膜制造。两个计量点为主分关系，子计量点定比值为0.1，主计量点计量方式为高供低计，配置三相四线三费率电能表，综合倍率为80。

（2）系统分析。该户为315kVA大工业客户，在2012年7月-2013年4月，SG186系统能够正常计量该客户总、尖、峰、平、谷、无功各时段的电量电费。2013年5月7日，该户进行正常轮换，更换1只三相四线智能电能表，2013年7～10月无尖峰时段，如图5-16所示，少计收该客户7～9月份尖峰电量电费。

（3）现场稽查。2013年10月，省级客户服务中心稽查人员对该户展开现场稽查，发现该户现场电能表为三相四线四费率表计，且电能表能够计量客户有功（总）、有功（尖）、有功（峰）、有功（平）、有功（谷）、无功（总）的电量。经现场稽查工作人员了解，该户在 2013 年 5 月初更换过电能表，由于系统操作人员失误，电能表示数类型中未添加“有功（尖）”示数段，使得该大工业客户 7～9 月份都未计收尖峰电量电费。

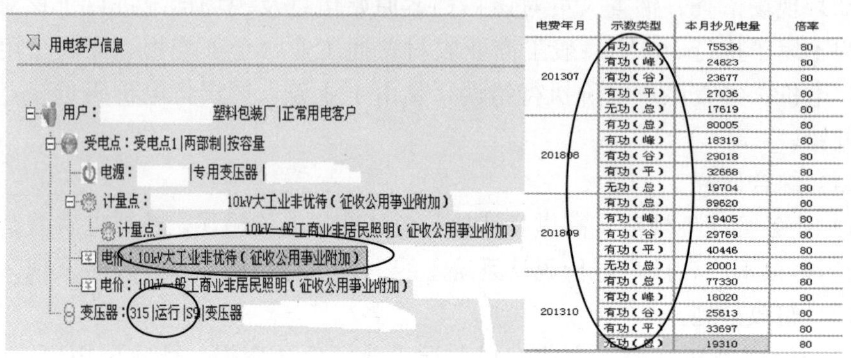

电费年月	示数类型	本月抄见电量	倍率
201307	有功（总）	75536	80
	有功（峰）	24823	80
	有功（谷）	23677	80
	有功（平）	27036	80
	无功（总）	17619	80
201308	有功（总）	80005	80
	有功（峰）	18319	80
	有功（谷）	29018	80
	有功（平）	32668	80
	无功（总）	19704	80
201309	有功（总）	89620	80
	有功（峰）	19405	80
	有功（谷）	29769	80
	有功（平）	40446	80
	无功（总）	20001	80
201310	有功（总）	77330	80
	有功（峰）	18020	80
	有功（谷）	25613	80
	有功（平）	33697	80
	无功（总）	19310	80

图 5-16　客户历史抄见电量系统截图

（4）综合研判。

1）业务人员未设置 SG186 系统“有功（尖）”示数段，造成少计尖峰电量电费现象。

2）电费审核不严，大工业客户三个月没有尖峰电量没有进行核查。

（5）整改措施。

1）安排系统操作人员按正确的分时示数段进行维护，按正确的分时电量，追收差错电费。

2）加强电费稽查，提高工作质量。

6 电能计量稽查的稽核要点及案例分析

6.1 电能计量异常稽查的关键点

电能计量装置包括为计量电能所必需的计量器具和辅助设备的总体（包括电能表和电压、电流互感器及二次回路等）。在对计量装置进行稽查时，要重点稽查下列内容是否符合国家及行业的运行和管理要求。

6.1.1 电能计量装置选型配置是否符合要求

电能计量装置选型、配置主要是指电能计量装置的类别和准确度选择和配置。

（1）电能计量装置的分类选择和配置是否符合 DL/T 448—2000《电能计量装置技术管理规程》相关要求，如偏差过大，会导致计量装置损坏、漏计电量、增加线损等情况出现。

1）运行中的电能计量装置按其所计量电能多少和计量对象的重要性分类见表 6-1。

表 6-1 电能计量装置分类

类别	适用范围	校验周期	轮换周期（年）
Ⅰ类	（1）月平均用电量 500 万 kWh 及以上或受电变压器容量为 10MVA 以上的高压计费客户。 （2）200MW 及以上的发电机（发电量）、跨省（市）高压电网经营企业之间的互馈电量交换点，省级电网经营与市（县）供电企业的供电关口计电量点的计量装置	（1）新投运或改造后的高压计量装置应在 1 个月内进行首次现场检验。 （2）运行中的电能表至少每 3 个月现场检验一次	3～4
Ⅱ类	（1）月平均用电量 100 万 kWh 及以上或受电变压器容量为 2MVA 及以上高压计费客户。 （2）100MW 及以上发电机（发电量）供电企业之间的电量交换点的计量装置	（1）新投运或改造后的高压计量装置应在 1 个月内进行首次现场检验。 （2）运行中的电能表至少每 6 个月现场检验一次	

续表

类别	适用范围	校验周期	轮换周期（年）
Ⅲ类	(1) 月平均用电量10万kWh及以上或受电变压器容量315kVA及以上计费客户。 (2) 100MW以下发电机（发电量）、发电厂（大型变电所）厂用电、站用电和供电企业内部客户承包考核的计量点。 (3) 考核有功电量平衡的110kV及以上的送电线路计量装置	(1) 新投运或改造后的高压计量装置应在1个月内进行首次现场检验。 (2) 运行中的电能表至少每12个月现场校验一次	3～4
Ⅳ类	(1) 用电负荷容量为315kVA以下的计费客户。 (2) 发供电企业内部经济指标分析、考核用的计量装置	—	4～6
Ⅴ类	单相供电的电力客户计费用的计量装置（住宅小区照明用电）	—	5

2）根据DL/T 448—2000《电能计量装置技术管理规程》、Q/GDW 347—2009《国家电网公司电能计量装置通用设计》以及用电信息采集、智能电能表系列技术标准的要求，对表6-1中的Ⅳ类与Ⅴ类进行细化：将原Ⅳ类内容进行细化对应本表Ⅳ、Ⅴ、Ⅵ类内容，将原Ⅴ类内容进行细化对应本表的Ⅶ、Ⅷ类内容，各类客户的电能计量装置配置原则详见表6-2。

表6-2　　电能计量装置配置原则

客户类别	设备类型	准确度等级	配置原则	规格	技术要求
Ⅰ类用户（专变客户）	电能表	0.2S级有功 2.0级无功	1+0	三相三线、三相四线：3×100V、3×57.7/100V、3×0.3(1.2)A/1.5(6)A。 单相两线：1×100V（用于电气化铁路）	执行Q/GDW 356—2009《三相智能电能表型式规范》、Q/GDW 357—2009《0.2S级三相智能电能表技术规范》，同时要求具有失压报警、失压记录、失压计时和对时的功能

续表

客户类别	设备类型	准确度等级	配置原则	规　格	技术要求
Ⅰ类客户（专变客户）	电压互感器	0.2	计量回路专用	二次电压：100V或57.7V	二次回路导线截面积不小于2.5mm²，接线端子应能加封满足防窃电要求
	电流互感器	0.2S	计量回路专用	根据计量点的实际情况选择一次电流和二次电流	二次回路导线截面积不小于4mm²，接线端子应能加封满足防窃电要求
	计量屏（柜、箱）	—	专用	—	全封闭防窃电，安装负荷管理终端或电能量远方终端
	专变采集终端	—	专用	专变采集终端Ⅰ型	执行Q/GDW 374.1《专变采集终端技术规范》、Q/GDW 375.1《专变采集终端形式规范》、Q/GDW 376.1《主站与采集终端通信协议》
Ⅱ类客户（专变客户）	电能表	0.5S级有功 2.0级无功	1+0	三相三线、三相四线：3×100V、3×57.7/100V、3×0.3(1.2)A/1.5(6)A	执行Q/GDW 356—2009《三相智能电能表型式规范》、Q/GDW 358—2009《0.5S级三相智能电能表技术规范》、Q/GDW 359—2009《0.5S级三相费控智能电能表（无线）技术规范》同时要求具有失压报警、失压记录、失压计时和对时的功能
	电压互感器	0.2	计量回路专用	二次电压：100V或57.7V	二次回路导线截面积不小于2.5mm²，接线端子应能加封满足防窃电要求
	电流互感器	0.2S	计量回路专用	根据计量点的实际情况选择一次电流和二次电流	二次回路导线截面积不小于4mm²，接线端子应能加封满足防窃电要求
	计量屏（柜、箱）	—	专用	—	全封闭防窃电，安装负荷管理终端或电能量远方终端

续表

客户类别	设备类型	准确度等级	配置原则	规　格	技术要求
Ⅱ类客户（专变客户）	专变采集终端	—	专用	三相三线、三相四线：3×100V、3×57.7/100V、3×220V/380V	执行Q/GDW 374.1《专变采集终端技术规范》、Q/GDW 375.1《专变采集终端形式规范》、Q/GDW 376.1《主站与采集终端通信协议》
Ⅲ类客户（专变客户）	电能表	0.5S级有功 2.0级无功	1+0	三相三线、三相四线：3×100V、3×57.7/100V、3×220/380V、3×0.3（1.2）A/1.5（6）A	执行Q/GDW 356—2009《三相智能电能表型式规范》、Q/GDW 358—2009《0.5S级三相智能电能表技术规范》、Q/GDW 359—2009《0.5S级三相费控智能电能表（无线）技术规范》，同时要求具有失压报警、失压记录、失压计时和对时的功能
	电压互感器	0.2	计量回路专用	二次电压：三相四线：57.7V、220V。三相三线：100V	二次回路导线截面积不小于2.5mm^2，接线端子应能加封满足防窃电要求
	电流互感器	0.2S	计量回路专用	根据计量点的实际情况选择一次电流和二次电流	二次回路导线截面积不小于4mm^2，接线端子应能加封满足防窃电要求
	计量屏（柜、箱）	—	专用	—	全封闭防窃电，安装负荷管理终端
	专变采集终端	—	专用	—	执行Q/GDW 374.1《专变采集终端技术规范》、Q/GDW 375.1《专变采集终端形式规范》、Q/GDW 376.1《主站与采集终端通信协议》
Ⅳ类客户（专变客户）	电能表	0.5S级、1级有功 2.0级无功	1+0	电压：3×100V、3×57.7/100V、3×220/380V。电流：3×0.3（1.2）A/1.5（6）A	执行《智能电能表功能规范》、Q/GDW 356—2009《三相智能电能表型式规范》、Q/GDW 358—2009《0.5S级三相智能电能表技术规范》、Q/GDW 359—2009《0.5S级三相费控智能电能表（无线）技术规范》《1级三相费控智能电能表（无线）技术规范》、《1级三相智能电能表技术规范》

续表

客户类别	设备类型	准确度等级	配置原则	规　格	技术要求
Ⅳ类客户（专变客户）	电压互感器	0.2	计量回路专用	二次电压：三相四线：57.7V、220V。三相三线：100V	二次回路导线截面积不小于 $2.5mm^2$，接线端子应能加封满足防窃电要求
	电流互感器	0.5S	计量回路专用	根据计量点的实际情况选择一次电流和二次电流	二次回路导线截面积不小于 $4mm^2$，接线端子应能加封满足防窃电要求
	计量屏（柜、箱）	—	专用	—	全封闭防窃电，考虑安装负荷管理终端
	专变采集终端	—	专用	专变采集终端Ⅲ型	执行 Q/GDW 374.1《专变采集终端技术规范》、Q/GDW 375.1《专变采集终端形式规范》、Q/GDW 376.1《主站与采集终端通信协议》
Ⅴ类客户（专变客户）	电能表	1级有功、2.0级无功	1+0	电压：3×100V、3×57.7/100V、3×220/380V 电流：3×0.3（1.2）A/1.5（6）A	执行《智能电能表功能规范》、Q/GDW 356—2009《三相智能电能表型式规范》、Q/GDW 358—2009《0.5S级三相智能电能表技术规范》、Q/GDW 359—2009《0.5S级三相费控智能电能表（无线）技术规范》、《1级三相费控智能电能表（无线）技术规范》、《1级三相智能电能表技术规范》
	电压互感器	0.5	计量回路专用	二次电压：三相四线：57.7V、220V。三相三线：100V	二次回路导线截面积不小于 $2.5mm^2$，接线端子应能加封满足防窃电要求
	电流互感器	0.5S	计量回路专用	根据计量点的实际情况选择一次电流和二次电流	二次回路导线截面积不小于 $4mm^2$，接线端子应能加封满足防窃电要求
	计量屏（柜、箱）	—	专用	—	全封闭防窃电，安装GPRS电能表

续表

客户类别	设备类型	准确度等级	配置原则	规格	技术要求
Ⅵ类客户（三相一般工商业客户）	电能表	有功：1.0	1+0	电压：3×220/380V。 电流：3×1.5（6）A/5（60）A/10（100）A	执行《智能电能表功能规范》、Q/GDW 356—2009《三相智能电能表型式规范》、《1级三相费控智能电能表技术规范》、《1级三相费控智能电能表（载波）技术规范》
	电流互感器	0.5S	计量回路专用	根据计量点的实际情况选择一次电流和二次电流	二次回路导线截面积不小于 $4mm^2$，接线端子应能加封满足防窃电要求
	计量屏（柜、箱）	—	专用、公用	—	全封闭防窃电，安装三相电能计量箱
	集中器	—	公用	集中器Ⅰ型	执行 Q/GDW 374.2《集中抄表终端技术规范》、Q/GDW 375.2《集中抄表终端形式规范》、Q/GDW 376.1《主站与采集终端通信协议》、Q/GDW 376.2《集中器本地通信模块接口协议》
Ⅶ类客户（单相一般工商业客户）	电能表	有功：2.0	1+0	电压：220V。 电流：10（100）A	执行《智能电能表功能规范》、《单相智能电能表型式规范》、《单相智能电能表技术规范》
	计量屏（柜、箱）	—	公用	—	全封闭防窃电，安装单相电能计量箱
	集中器	—	公用	集中器Ⅰ型	执行 Q/GDW 374.2《集中抄表终端技术规范》、Q/GDW 375.2《集中抄表终端形式规范》、Q/GDW 376.1《主站与采集终端通信协议》、Q/GDW 376.2《集中器本地通信模块接口协议》
Ⅷ类客户（居民客户）	电能表	有功：2.0	1+0	电压：220V。 电流：5（60）A	执行《智能电能表功能规范》、《单相智能电能表型式规范》、《单相智能电能表技术规范》

续表

客户类别	设备类型	准确度等级	配置原则	规　格	技术要求
Ⅷ类客户（居民客户）	计量屏（柜、箱）	—	公用	—	全封闭防窃电，安装单相电能计量箱
	集中器	—	公用	集中器Ⅰ型	执行 Q/GDW 374.2《集中抄表终端技术规范》、Q/GDW 375.2《集中抄表终端形式规范》、Q/GDW 376.1《主站与采集终端通信协议》、Q/GDW 376.2《集中器本地通信模块接口协议》

（2）电流互感器选型配置是否合理。

1）Ⅰ类、Ⅱ类、Ⅲ类贸易与结算用电能计量装置应按计量点配置计量专用电压、电流互感器或专用二次绕组。

2）互感器二次回路的连接导线应采用铜质单芯绝缘线。对电流二次回路连接导线截面积应按电流互感器的额定二次负荷计算确定，至少不应小于 $4mm^2$。对电压二次回路，连接导线截面积应按允许的电压降计算确定，至少应不小于 $2.5mm^2$。

3）互感器实际二次负荷应在25%～100%额定二次负荷范围内；电流互感器额定二次负荷的功率因数应为0.8～1.0；电压互感器额定二次负荷的功率因数应与实际二次负荷的功率因数接近。

4）电流互感器额定一次电流的确定，应保证其在正常运行中的实际负荷电流达到额定值的60%左右，至少不应小于30%。

5）经电流互感器接入的电能表，其标定电流宜不超过电流互感器额定二次电流30%，其额定最大电流应为电流互感器额定二次电流的120%左右。

如果电流互感器变比过小，会导致负误差越来越大，即电能表越来越慢等问题；如果电流互感器变比过大，在负载小时可能会导致电能表走字慢或不计量；也不宜于电能表现场检验的准确性。

6.1.2 电能计量装置的接线是否正确

（1）现场计量装置接线是否正确。如是否有逆相序、极性反、短接、错接、虚接、不接等现象，从而导致少计、漏计电量等影响计量准确性的情况，易引发用电客户对供电服务工作的不满。

1）电能表的常用接线见表6-3所示。

表 6-3 电能表常用接线图

类别	接入方式	接线原理图
单相电能表	直接接入	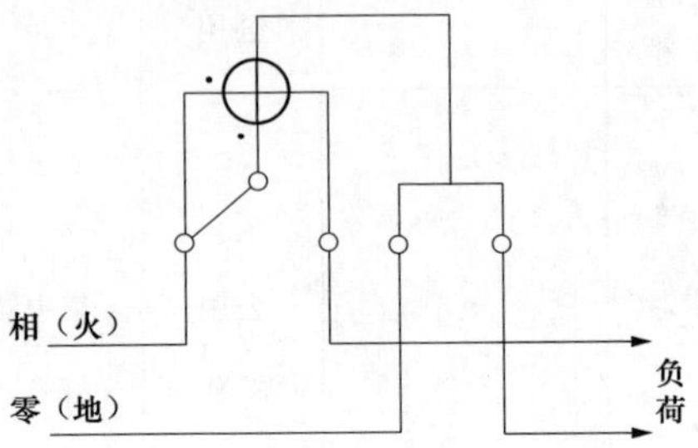 相（火） 零（地） 负荷
	经电流互感器接入	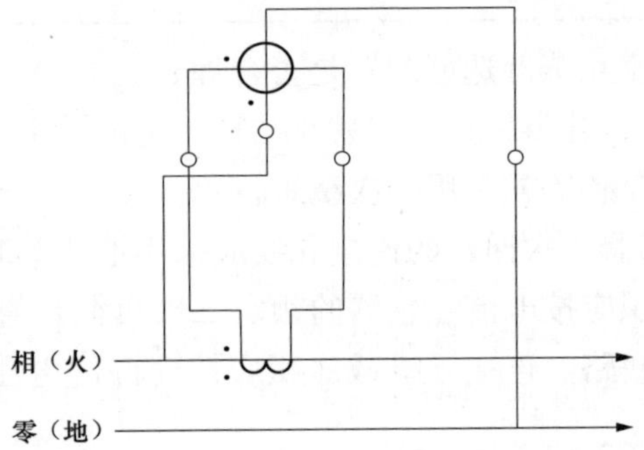 相（火） 零（地） 负荷
三相三线电能表	经电流互感器接入	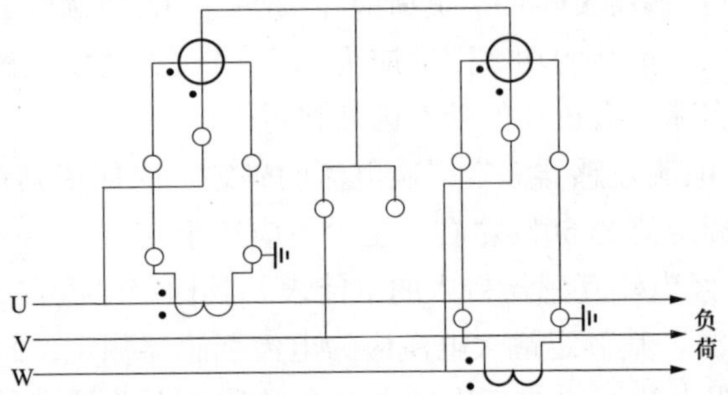 U V W 负荷
	经电压、电流互感器接入	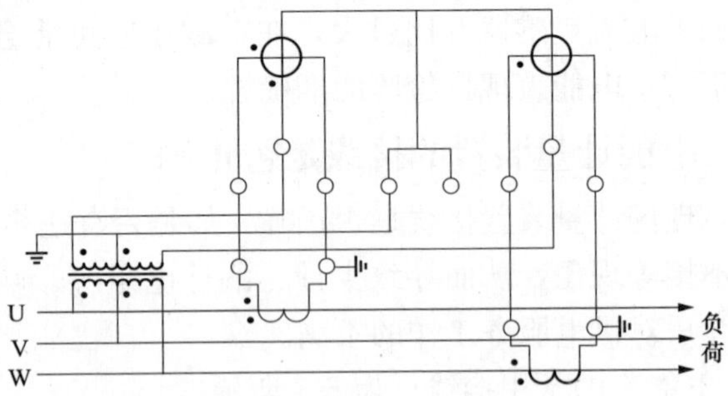 U V W 负荷

续表

类别	接入方式	接线原理图
三相四线电能表	经电流互感器接入	U V W N 负荷
	经电压、电流互感器接入	U V W N 负荷

2）互感器常用接线见表6-4。

表6-4　常用电流、电压互感器接线图

类别	接线图形	备注说明
电流互感器	A B C Wh $\dot{I}_a$ l $\dot{I}_c$ A $\dot{I}_b$	不完全星形接线（V）图
	A B C A A A l	完全星形接线（Y）图
电压互感器	A B C Q 1FU V Wh a b c 2FU	电容分压式单只电压互感器不完全三角形接线图

续表

类别	接线图形	备注说明
	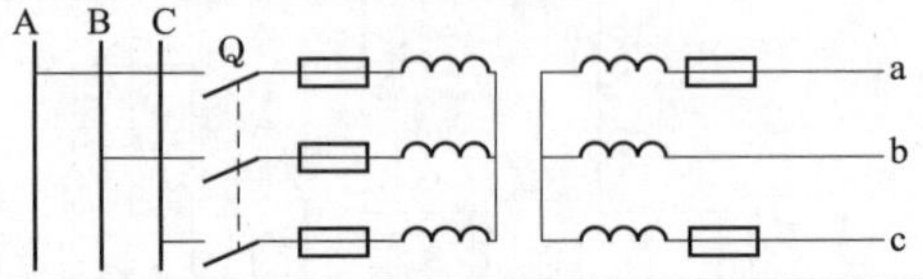	三相三柱式电压互感器接线图
电压互感器	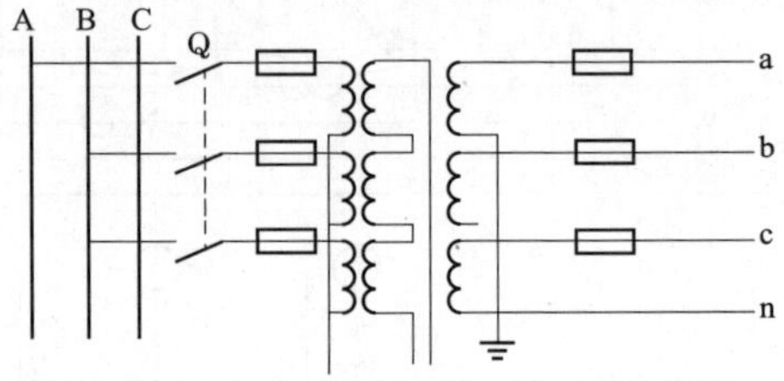	三个三绕组单相电压互感器星形接线图
	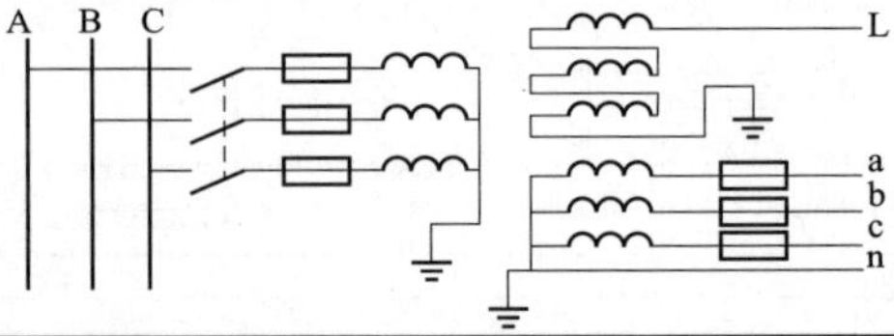	三相五芯柱电压互感器接线图

（2）计量装置安装接线工艺不符合 DL/T 825—2002《电能计量装置安装接线规则》相关要求。会导致计量失准、非主观窃电等现象，甚至危害供电网络安全。计量装置安装接线工艺基本要求如下。

1）按图施工、接线正确。

2）电气连接可靠、接触良好。

3）配线整齐美观。

4）导线无损伤、绝缘良好。

6.1.3 电能计量装置安装是否符合要求

（1）电能表。

1）电能表应安装在电能计量柜（屏）上，每一回路的有功和无功电能表应垂直排列或水平排列，电能表下端应加有回路名称的标签，两只三相电能表相距的最小距离应大于 80mm，单相表相距的最小距离为 30mm，电能表与屏边的最小距离应大于 40mm。

2）室内电能表宜装在 0.8～1.8m 的高度（表水平中心线距地面尺寸）。

3）电能表安装必须垂直牢固，表中心线向各方向的倾斜不大于 1°。

（2）互感器。

1）应考虑互感器合理匹配问题。

2）同一组的电流（电压）互感器应采用制造厂、型号、额定电流（电压）变比、准确度等级、二次容量均相同的互感器。

3）两只或三只电流（电压）互感器进线端极性符号应一致，以便确认该组电流（电压）互感器一次及二次回路电流（电压）的正方向。

4）互感器二次回路应安装试验接线盒，便于实负荷校表和带电换表。

5）低压穿芯式电流互感器应采用固定单一的变比，以防发生互感器倍率差错。

6.1.4 电能计量装置是否存在运行异常及故障

（1）电能计量装置本身设置及质量问题。如电能表时钟不准、费率设置有误、电能表误差不合格等，会导致现场计量差错，进一步影响电量、电费结算。单相电能表和平衡负载时三相电能表的基本误差限值见表 6-5，不平衡负载时三相电能表的基本误差限值见表 6-6，参比条件及其允许偏差见表 6-7，测量用电流互感器的误差限值见表 6-8，测量用电压互感器的误差限值见表 6-9。

表 6-5 单相电能表和平衡负载时三相电能表的基本误差限值

类别	直接接入	经互感器接入④	功率因数②		电能表准确度等级				
					0.2S③	0.5S③	1	2	3
	负载电流 I①				基本误差限（%）				
有功电能表	—	$0.01I_n \leqslant I < 0.05I_n$	$\cos\varphi$	1	±0.4	±1.0	—	—	—
	$0.01I_b \leqslant I < 0.1I_b$	$0.02I_n \leqslant I < 0.05I_n$		1	—	—	±1.5	±2.5	—
	$0.1I_b \leqslant I \leqslant I_{max}$	$0.05I_n \leqslant I \leqslant I_{max}$		1	±0.2	±0.5	±0.1	±2.0	—
	—	$0.02I_n \leqslant I < 0.1I_n$		0.5L	±0.5	±1.0	—	—	—
				0.8C	±0.5	±1.0	—	—	—
	$0.1I_b \leqslant I < 0.2I_b$	$0.05I_n \leqslant I < 0.1I_n$		0.5L	—	—	±1.5	±2.5	—
				0.8C	—	—	±1.5	—	—
	$0.2I_b \leqslant I \leqslant I_{max}$	$0.1I_n \leqslant I \leqslant I_{max}$		0.5L	±0.3	±0.6	±1.0	±2.0	—
				0.8C	±0.3	±0.6	±1.0	—	—
	当客户有特殊要求时			0.25L	±0.5	±1.0	±3.5	—	—
	$0.2I_b \leqslant I \leqslant I_{max}$	$0.1I_n \leqslant I \leqslant I_{max}$		0.5C	±0.5	±1.0	±2.5	—	—
无功电能表	$0.05I_b \leqslant I < 0.1I_b$	$0.02I_n \leqslant I < 0.05I_n$	$\sin\varphi$（L或C）	1	—	—	—	±2.5	±4.0
	$0.1I_b \leqslant I \leqslant I_{max}$	$0.05I_n \leqslant I \leqslant I_{max}$		1	—	—	—	±2.0	±3.0
	$0.1I_b \leqslant I < 0.2I_b$	$0.05I_n \leqslant I < 0.1I_n$		0.5	—	—	—	±2.5	±4.0
	$0.2I_b \leqslant I \leqslant I_{max}$	$0.1I_n \leqslant I \leqslant I_{max}$		0.5	—	—	—	±2.0	±3.0
	$0.2I_b \leqslant I \leqslant I_{max}$	$0.1I_n \leqslant I \leqslant I_{max}$		0.25	—	—	—	±2.5	±4.0

① I_b——基本电流；I_{max}——最大电流；I_n——经电流互感器接入的电能表额定电流，其值与电流互感器次级额定电流相同；经电流互感器接入的电能表最大电流 I_{max} 与互感器次级额定扩展电流（$1.2I_n$、$1.5I_n$ 或 $2I_n$）相同。

② φ 是星形负载支路相电压与相电流间的相位差；L——感性负载，C——容性负载

③ 对 0.2S 级、0.5S 级表只适用于经互感器接入的有功电能表。

④ 经互感器接入的宽负载电能表（$I_{max} \geqslant 4I_b$）[如 3×1.5（6）A]，其计量性能仍按 I_b 确定。

表 6-6　　不平衡负载①时三相电能表的基本误差限值

直接接入的电能表	经互感器接入的电能表	每组元件功率因数② $\cos\theta$（$\sin\theta$）	有功电能表准确度等级				无功电能表准确度等级	
负载电流 I			0.2S	0.5S	1	2	2	3
			基本误差限（%）					
$0.1I_b \leqslant I \leqslant I_{max}$	$0.05I_n \leqslant I \leqslant I_{max}$	1	±0.3	±0.6	±2.0	±3.0	—	—
$0.2I_b \leqslant I \leqslant I_{max}$	$0.1I_n \leqslant I \leqslant I_{max}$	0.5L	±0.4	±1.0	±2.0	±3.0	—	—
$0.1I_b \leqslant I \leqslant I_{max}$	$0.05I_n \leqslant I \leqslant I_{max}$	1（L或C）	—	—	—	—	±3.0	±4.0
$0.2I_b \leqslant I \leqslant I_{max}$	$0.1I_n \leqslant I \leqslant I_{max}$	0.5(L或C)	—	—	—	—	±3.0	±4.0
I_b	I_n	1	不平衡负载与平衡负载时的误差之差不超过（%）					
			±0.4	±1.0	±1.5	±2.5	±2.5	±3.5

① 不平衡负载是指三相电能表电压线路加对称的三相参比电压，任一相电流线路通电流，其余各相电流线路无电流。

② θ 是指加在同一组驱动元件的相（线）电压与电流间的相位差。

表 6-7　　参比条件及其允许偏差

参比条件	参比值	有功电能表准确度等级				无功电能表准确度等级	
		0.2S	0.5S	1	2	2	3
		允许偏差					
环境温度	参比温度	±2℃	±2℃	±2℃	±2℃	±2℃	±2℃
电压	参比电压	±1.0%	±1.0%	±1.0%	±1.0%	±1.0%	±1.0%
频率	参比频率	±0.3%	±0.3%	±0.3%	±0.5%	±0.5%	±0.5%
波形	正弦波	波形畸变因数小于（%）					
		2	2	2	3	2	3
参比频率的外部磁感应强度①	磁感应强度为零	磁感应强度使电能表误差变化不超过（%）					
		±0.1	±0.1	±0.2	±0.3	±0.3	±0.3

① 磁感应强度在任何情况下应小于 0.05mT。

表 6-8　　测量用电流互感器的误差限值

准确度级别	比差误差（±）					相位误差（±）				
	倍率因数	额定电流下的百分数值				倍率因数	额定电流下的百分数值			
		5	20	100	120		5	20	100	120
0.5	%	1.5	0.75	0.5	0.5		90	45	30	30
0.2		0.75	0.35	0.2	0.2		30	15	10	10
0.1		0.4	0.2	0.1	0.1		15	8	5	5
0.05		0.10	0.05	0.05	0.05		4	2	2	2
0.02		0.04	0.02	0.02	0.02		1.2	0.6	0.6	0.6
0.01		0.02	0.01	0.01	0.01		0.6	0.3	0.3	0.3

续表

准确度级别	比差误差（±）					相位误差（±）				
	倍率因数	额定电流下的百分数值				倍率因数	额定电流下的百分数值			
		5	20	100	120		5	20	100	120
0.005	×10⁻⁶	100	50	50	50	×10⁻⁶ (rad)	100	50	50	50
0.002		40	20	20	20		40	20	20	20
0.001		20	10	10	10		20	10	10	10

注：1. 额定二次电流5A，额定负荷7.5VA及以下的互感器，下限负荷由制造厂规定；制造厂未规定下限负荷的，下限负荷为2.5VA。

2. 额定负荷电阻小于0.2Ω的电流互感器下限负荷为0.1Ω。

3. 制造厂规定为固定负荷的电流互感器，在固定负荷的±10%范围内误差应满足本表要求

表6-9　　测量用电压互感器的误差限值

准确度级别	比值误差（±）						相位误差（±）					
	倍率因数	额定电压百分值					倍率因数	额定电压百分值				
		20	50	80	100	120		20	50	80	100	120
0.5	%	—	—	0.5	0.5	0.5		—	—	20	20	20
0.2		0.4	0.3	0.2	0.2	0.2		20	15	10	10	10
0.1		0.20	0.15	0.10	0.10	0.10		10.0	7.5	5.0	5.0	5.0
0.05		0.100	0.075	0.050	0.050	0.050		4.0	3.0	2.0	2.0	2.0
0.02		0.040	0.030	0.020	0.020	0.020		1.2	0.9	0.6	0.6	0.6
0.01		0.020	0.015	0.010	0.010	0.010		0.60	0.45	0.30	0.30	0.30
0.005	×10⁻⁶	100	75	50	50	50	×10⁻⁶ (rad)	100	75	50	50	50
0.002		40	30	20	20	20		40	30	20	20	20
0.001		20	15	10	10	10		20	15	10	10	10

注：额定二次负荷小于等于0.2VA时，下限负荷按0VA考核

（2）现场电能计量装置直观异常现象。如报警灯常亮、黑屏、轮显异常、停走、外观损坏（含TV、TA）、烧毁（含TV、TA）、丢失（含TV、TA）等情况，导致电量电费计收不准确、供电线路存在安全隐患等供电企业利益受损情况发生。国家电网公司智能电能表异常显示代码详解见表6-10。

表 6-10　　　国家电网公司智能电能表异常显示代码详解

异常名称	异常类型	异常代码	常见故障解释说明	备注
控制回路错误	电表故障	Err-01	当剩余金额为 0 元时，电表继电器断开，触发控制开关断电。当开关或电表出现异常电能表仍能继续用电时，当递减 1kWh 后，液晶显示“ERR-01”；此时断电后，“ERR-01”消失，再继续走 1kWh 后电表液晶显示“ERR-01”，当客户购电后，会自动扣除透支电费，“ERR-01”消失	单相表规范已定义
ESAM 错误		Err-02	安全芯片 ESAM 出现故障，需更换 ESAM 或电能表进行维修	单相表规范已定义
内卡初始化错误		Err-03	—	—
时钟电池电压低		Err-04	电池电压低，液晶有电池显示“ ”符号，如果停电后，电表时间会丢失，此时需要更换电能表	单相表规范已定义
内部程序错误		Err-05	—	无意义
存储器故障或损坏		Err-06	—	—
时钟故障		Err-08	时间错误，需要观察电表时间是否有问题	单相表规范已定义
认证错误	IC 卡相关提示	Err-10	没有加密成功或远程更新密钥失败	单相表规范已定义
ESAM 验证失败		Err-11	—	—
客户编号不匹配		Err-12	客户卡或远程下发参数，客户号错，会提示	—
充值次数错误		Err-13	客户卡或远程下发参数时，购电次数错，会提示	—
购电超囤积		Err-14	设置成“999 999.99”为最大值，超购电囤积（购电时如果：剩余金额＋本次购电金额>囤积进金额限值，则出现该提示）	有液晶提示符号

续表

异常名称	异常类型	异常代码	常见故障解释说明	备注
现场参数设置卡对本表已经失效	IC卡相关提示	Err-15	连着多次对一只表插一张现场参数卡则第二次就会出现该提示或者先插入一张现场参数设置卡版本号大的卡，再插入一张比上次的版本号小的卡，就会出现该提示 或者 现场参数卡的次数用光了	—
修改密钥错误		Err-16	正式密钥下的ESAM，插入测试密钥下的修改、密钥卡出现该错误	单相表规范已定义
未按铅封键		Err-17	编程时，未按编程键	—
提前拔卡		Err-18	插卡时，拔卡过快	—
修改表号卡满（该卡无空余表号分配）		Err-19	表号卡次数已满	—
修改密钥卡次数为0		Err-20	修改密钥次数为0（修改密钥次数用完）	—
表计已开户（客户卡插入已经开过户的表计）		Err-21	已经开过户的表，再插一次新做好的开户卡	—
表计未开户（客户卡插入还未开过户的表计）		Err-22	已经用过的购电卡，插入未开户的表中，要求两只表的表号一致	—
卡损坏或不明类型卡（如反插卡，插铁片等）		Err-23	反插卡、插铁片	—
表计电压过低（此时表计操作IC卡可能会导致表计复位或损害IC卡）		Err-24	表计电压过低，此时插卡会出现该提示	—
卡文件格式不合法（包括帧头错，帧尾错，效验错）		Err-25	—	—
卡类型错		Err-26	如果客户卡或者现场参数卡的客户类型与参数预制卡的客户类型不一致，插入客户卡或者现场参数卡会出现该提示	—

续表

异常名称	异常类型	异常代码	常见故障解释说明	备注
已经开过户的新开户卡（新开户卡回写区有数据）	IC卡相关提示	Err-27	已经开过户的新开户卡（已经用过的开户卡，插入未开户的表中，要求两只表的表号一致）	—
其他错误（卡片选择文件错，读文件错，些文件错等）		Err-28	表号错、购电次数不为1的开户卡等会出现“ERR-28”	—
过载	事件类异常	Err-51	客户使用负荷大于的1.2倍的最大电流时，电表轮显“Err-51”	
电流严重不平衡		Err-52	对单相表无意义	—
过压		Err-53	电压大于1.15倍U_n	—
功率因数超限		Err-54	客户环境功率因数小于0.2，电表轮显“Err-54”	—
超有功需量报警事件	事件类异常	Err-55	—	—
有功电能方向改变（双向计量除外）		Err-56	进出线反了，会提示“Err-56”，液晶有“⬅”闪烁	—

（3）现场电能计量装置其他异常。如天线缺失/损坏、采集装置通道异常、芯片版本低、系统配置不正确等，均会导致电能量采集出现问题。

6.1.5 封印的安装及应用是否规范

电能计量封印是指具有自锁、防撬、防伪等功能，用来防止未授权的人员非法开启电能计量装置及相关设备，或确保电能计量装置不被随意开启，且具有法定效力的一次性使用的专用标识物体。

（1）根据封印的不同使用环节，封印类别及适用范围见表6-11。

表6-11 封印类别及适用范围

封印类别	适用范围
出厂封印	电能表、采集终端等设备出厂时加封
检定封印	电能表、采集终端等设备室内检定/检测后加封
现场封印	电能表、采集终端、互感器二次端子盒、联合试验接线盒、计量箱（柜）等设备的安装维护、现场检验、用电检查等环节加封

(2) 封印颜色配置见表 6-12。

(3) 封印对其加装位置及其个数均有相应要求，避免不封、少封、错封情况发生。封印加装位置及对应个数明细见表 6-13。

表 6-12 封印颜色配置

序号	封印类型	使用环节	封印颜色
1	出厂封印	出厂	冷灰色
2	检定封印	检定	绿色
3	现场封印	安装维护	黄色
		现场检验	蓝色
		用电检查	红色

表 6-13 封印加装位置及对应个数明细

电能计量器具分类	加封位置	加封位置数（个）
电能表	表耳	2
	表尾	2
	联合接线盒	2
互感器	接线盒	2
计量箱（柜）	计量箱（柜）门	3
刀闸	刀闸开关	2

6.1.6 其他计量问题

(1) 计量资产档案信息不准确。如现场与系统不一致、计量档案信息之间矛盾、计量基础信息与计费参数信息不一致，导致营销电费差错。

(2) 计量故障差错工单处理问题。如电量退补计算错误、工单手续流转不规范、工单超期等，影响电量、电费结算及供电企业内部管控指标。

(3) 计量装置周期检验、轮换计划执行不到位。如周期检验、轮换计划制定不符合 DL/T 448—2000《电能计量装置技术管理规程》规定、工单填写不规范/超期等，影响供电企业内部考核指标及管理水平。

(4) 计量装置库房管理问题。如未进行状态分区、检定合格计量装置超过 6 个月未出库安装，出入库工单不规范，账、卡、物不对应等，将导致计量装置精度失准、计量资产管理不规范等，影响电量准确计量及资产完整性和准确性。

(5) 计量标准体系建标、授权不及时。

1) 被授权单位计量标准的建立不符合下列条件：①计量标准量值能够溯源至相应的计量基准或者社会公用计量标准。②计量标准的计量性能符合要求。③具备开展量值传递工作的技术规范。④具有职称的保存、维护、使用人员。⑤具有满足计量标准正常工作所需的环境条件。⑥具有完善的运行、维护制度。

2) 计量基准证书、计量标准证书、社会公用计量标准证书到期未复查：计量基准证书、计量标准证书、社会公用计量标准证书有效期为 5 年。需要延续的，持证者应当于证书有效期满 6 个月前，向原发证机关提出延续申请。计量基准证书、计量标准证书、社会公用计量标准证书有效期到期，未按照规定申请复查或者经复查不合格，不得继续开展量值传递工作。

3）申请授权不具备下列条件：①具有法人资格，或者有独立建制，其负责人应当有法人代表的委托书，能独立公正地开展工作。②有取得计量检定职业资格的计量检定和管理人员。③具备相应的计量装置、配套设施和工作环境。④其相应的计量标准应当经考核合格，并具有计量标准证书。⑤具有保证计量检定、测试结果公正、准确的工作制度和管理制度。

4）计量授权证书到期未复查：计量授权证书有效期为 5 年。有效期届满，需要延续的，持证者应当于计量授权证书有效期满 6 个月前，向原发证机关提出复查申请。

5）计量专业的人员不符要求：未取得计量检定执业资格的人员不得从事计量器具检定和商品量计量检验工作。

6.2 电能计量异常问题的特点及稽查的方法

6.2.1 电能计量异常问题的特点

（1）系统内：计量不准确；与采集系统不对应；电量突增/突减；客户档案与计费档案不一致，资产账、卡、物不对应，资产状态异常。

（2）现场：现场装置外观损坏；运行异常、报警、接线不正确；配置有误；资产账卡物不对应；计量管理不规范。

6.2.2 电能计量异常的稽查分析方法

（1）现场分析法：当发生电能计量装置警灯常亮、黑屏、轮显异常、停走等情况时，则对计量器具接线、失压、失流情况、用电负荷等方面进行初步分析判断。

（2）实验法：对于怀疑现场表计不准、逆相序、极性反、功率因数执行异常、封印被破坏、TA 铭牌模糊不清时，可以考虑使用现场校验仪对电流、电压、功率、角度、相序、功率因数、变比等进行检测。

比对法：通过现场示数与 SG186 算费示数/用电信息采集系统实时示数进行对比，判断电能表示数的正确性。

6.2.3　电能计量异常系统稽查要点

6.2.3.1　SG186 系统

6.2.3.1.1　计量点设置是否正确

（1）对【计量点信息】下的“计量方式”、“计量装置分类”、“接线方式”、“计量点容量”、“是否安装负控”等主要字段进行核查。

（2）对【计量参数信息】下的“计算方式”、“定量定比值”、“变损分摊标志”、“变损分摊协议值”、“变损计费标志”、“线损分摊标志”、“线损分摊协议值”、“线损计费标志”等主要字段进行核查。

（3）对【电能表信息】下的“资产类别”、“资产类型”、“条码号”、“相线”、电压”、“电流”、“综合倍率”、“安装日期”、“上次检验日期”等主要字段进行核查。

（4）对【互感器信息】下的“资产类别”、“资产类型”、“条码号”、“相别”、“在用电流变比”、“在用电压变比”、“安装日期”、“上次检验日期”等主要字段进行核查。

6.2.3.1.2　重点核查是否因业务变更进行计量装置更换等业务操作。

（1）核查是否有增容、减容、暂停、销户等业务变更流程工单。

（2）核查是否有更换计量装置流程工单。

6.2.3.2　采集系统

（1）电能表采集数据是否存在异常，如采集不成功、采错电能表等。

（2）核查电能表抄表日的结算示数、倍率与算费系统的一致性。

6.2.4　与电能计量异常关联的稽查主题

经营成果监控>售电量>售电量波动

经营成果监控>售电量>客户用电异常

经营成果监控>售电量>客户小电量

经营成果监控>售电量>电量电费退补

工作质量监控>资产管理>电能表库存超期情况

工作质量监控>资产管理>电能计量器具检定工作情况

工作质量监控>计量点管理>计量故障差错情况

工作质量监控>计量点管理>计量器具周期检验情况

工作质量监控>计量点管理>电能计量器具周期轮换情况

工作质量监控>计量体系管理>标准设备周期检定情况

数据质量监控>用电客户类数据完整性>计量点相关信息

数据质量监控>用电客户类数据完整性>采集点相关信息

数据质量监控>资产类数据完整性>电能表资产信息

数据质量监控>资产类数据完整性>电能表运行信息

数据质量监控>资产类数据完整性>互感器资产信息

数据质量监控>资产类数据完整性>互感器运行信息

数据质量监控>资产类数据完整性>负控设备信息

数据质量监控>资产类数据完整性>计量标准器/设备

数据质量监控>资产类数据完整性>计量标准装置

数据质量监控>资产类数据完整性>计量箱/柜

数据质量监控>用电客户类数据准确性>计量点相关信息

数据质量监控>资产类数据准确性>电能表相关信息

数据质量监控>资产类数据准确性>互感器相关信息

6.2.5 电能计量异常现场稽查重点

现场运行的计量装置均为带电装置，在现场稽查时注意戴好安全帽、绝缘手套、工作服，不触碰变压器、接线端子、导线头、电缆头等设备。

（1）对现场运行的计量装置进行外观检查。查看计量箱门锁、封印有无撬动痕迹；计量装置铭牌是否清晰可见，是否有更换痕迹；电能表是否垂直安装，表计安装封、接线盒（表尾盖）封印是否齐全完整；同组电流互感器变比、穿芯匝数是否一致；计量装置外观是否完整、是否变形、破坏甚至烧毁。

（2）如无明显外观问题，则对电能表运行状况进行核查。记录电能表即时示数，如有负控装置，则与负控示数和用电采集系统数据进行比对，现场电能表示数与该户抄表卡数据进行比对，是否有少抄、漏抄、不抄、错抄等现象；核查电能表上是否有失压、失流、逆相序、极性反、三相不平衡等报警显示。

（3）对现场计量装置接线情况进行核查，由计量人员对计量装置封印进行拆除；使用绝缘工具核查线路是否有短接、虚接、不接等现象；线路上是否有可疑胶布、套管、电线、电阻或其他不明装置（倒表仪、“节能器”、遥控继电器）等。

（4）对实施用电信息采集的客户来说，需要核查现场计量装置信息与用电信息采集系统档案是否一致；采集装置外观是否完整；天线或其他信号接收装

置是否完好；采集装置是否正常运行等。

(5) 对外围现场进行调查。重点检查有无绕越计量装置直接搭线、变压器运行情况（私增容、浸水/吹风等物理降温）等。

6.2.6 电能计量异常现场稽查常用的仪器仪表

(1) 电能表现场校验仪：可以测量电能表的三相电参数、相序，来判断接线错误和进行谐波分析。

(2) 高低压 TA 变比测试仪：可以测量高低压 TA 变比、比差、角差等。

(3) 数字信号测试仪：可以检测负控终端信号传输情况。

6.3 电能计量异常稽查案例分析

【案例一】 电能表时钟异常导致的电费差错

2013 年 9 月，省级客户服务中心开展尖峰电价执行情况专项稽查，通过“客户有尖峰电价无尖峰电量”筛查规则，发现有客户应执行尖峰电价但 7～9 月无尖峰电量，存在分时电价执行不到位，电量、电费漏计情况。随后展开对该户问题的详细分析。

(1) 客户情况。客户名称为“××食品有限公司”，电压等级为交流 10kV，合同容量为 200kVA，一台 200kVA 变压器在用，两个计量点为主分关系，子计量点定比 0.05。用电类别为普通工业，行业分类为其他食品制造，分别执行 10kV 一般工商业普通工业电价。主计量点计量方式为高供低计，配置为三相四线四费率电能表，综合倍率为 80。

(2) 系统分析。该户为用电容量 200kVA 的普通工业客户，应执行分时电价且计收尖峰电费，经查询 SG186 系统该户安装三相四线多功能电能表，自 2012 年 7 月算费以来，只计收有功（总）和无功（总），未按分时电价计收相应电量电费，计费倍率为 60，如图 6-1、图 6-2 及表 6-14 所示。

图 6-1 客户计量资产信息系统截图

电能表编号	示数类型	上次示数	本次示数	综合倍率	抄见电量	退补电量	抄表日期
67406-2-04...	有功（总）	18285	19112	60	49620	0	20131008
67406-2-04...	无功（总）	13296	13919	60	37380	0	20131008
QHDFNB0152...	有功（总）	0	0	60	0	0	20131008

图 6-2 客户系统算费明细截图

表 6-14　　　　2013 年 7～9 月客户抄表示数情况表

电费年月	资产编号	示数类型	上月抄见示数	本月抄见示数	本月抄见电量	倍率
201307	6××…1	有功（总）	17 173	17 223	3000	60
		无功（总）	12 531	12 565	2040	
201308	6××…1	有功（总）	17 223	17 295	4320	60
		无功（总）	12 565	12 612	2820	
201309	6××…1	有功（总）	17 295	18 285	59 400	60
		无功（总）	12 612	12 612	0	

采集系统中该户于 2013 年 7 月底调试成功，由采集系统中上传数据能够看出，现场电能表具备四费率分时计量功能。但与 SG186 算费信息比对后，发现该户抄见示数与倍率存在较大出入，详见表 6-15。

表 6-15　　　　客户用电信息采集系统抄表数据表

电费年月	资产编号	示数类型	上月抄见示数	本月抄见示数	本月抄见电量	倍率
2013.08	6××…1	总	无	17 375.57	—	80
		尖	无	508.33	—	
		峰	无	6560.35	—	
		平	无	6658.27	—	
		谷	无	3648.62	—	
		无功	无	12 666.16	—	
2013.09	6××…1	总	17 375.57	18 475.38	87 984.8	80
		尖	508.33	653.68	11 628	
		峰	6560.35	6806.48	19 690.4	
		平	6658.27	7056.99	31 873.6	
		谷	3648.62	3958.23	24 768.8	
		无功	12 666.16	13 434.26	61 448	

登录用电信息采集系统后，单击右上【统计查询】模块，在【数据查询分析】菜单下，单击【抄表数据查询】，如图 6-3 所示。

图 6-3　用电信息采集系统抄表数据查询界面截图

在左侧输入客户名或户号后，选择客户供电单位，查询所需时间，即可看到该客户电能表采集数据，详如图 6-4 所示。

图 6-4　客户用电信息采集系统抄表数据查询截图

基础档案中该客户为单班生产，通过分析用电信息采集系统中客户 8、9 月份实时功率曲线，如图 6-5 所示，可发现该客户用电每天 04：00～21：00 进行生产，共计 17 个小时。用电功率峰值多集中在 05：00～14：00，15：00 之后客户用电量逐渐降低，直至结束生产。

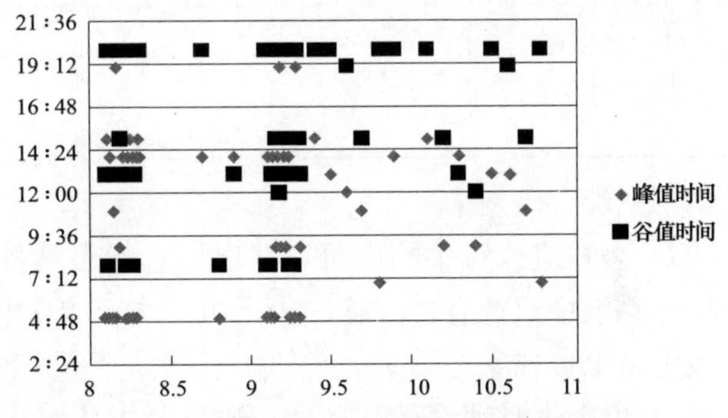

图 6-5　客户生产峰谷时间分布

（3）现场稽查。2013 年 9 月，省级客户服务中心稽查人员对该户展开现场稽查，现场计量装置为三相四线四费率多功能电子表配置一组 400/5 低压电流互感器，与 SG186 系统中算费信息中仅计有功（总）和无功（总）且倍率为 60 不符，存在电量、电费少计收情况。

同时，经现场查看，客户电能表时钟提前 3h。通过分析采集系统该客户实时功率曲线可得知，该客户每日生产时间为 04：00～21：00，由于电能表时钟提前 3h，则该户生产高峰用电时间（05：00～14：00）内大部分走字记录在谷段与平段，详见表 6-16，导致分时电价执行有误；在客户生产高峰用电时间内峰、平、谷时段记录交叉混乱，规避全部尖峰时段且将部分平段记录到谷段，详见表 6-17，存在少计收电费情况。

表 6-16　用户电能表正常时段与现场时钟时段对应示数类型对比表

正常时钟时间段	对应示数类型	现场时钟对应时间段	对应示数类型
04：00～07：00	谷	01：00～04：00	谷
07：00～08：00	平	04：00～05：00	谷
08：00～10：00	峰	05：00～07：00	谷
10：00～11：00	峰	07：00～08：00	平
11：00～14：00	平	08：00～11：00	峰
14：00～18：00	平	11：00～15：00	平
18：00～21：00	尖	15：00～18：00	平
停止生产	—	18：00～21：00	尖

表 6-17　用户电能表正常时钟与现场时钟各示数类型时段生产小时数对比表

示数类型	全天每时段生产小时数		高峰用电时间段生产小时数	
	正常时钟	现场时钟	正常时钟	现场时钟
尖	3	0	0	0
峰	3	3	3	3
平	8	8	8	5
谷	3	6	3	6

（4）综合研判。

1）客户应执行尖峰电价，且现场电能表具备记录分时用电信息功能，但SG186 系统中只按有功（总）和无功（总）计算电量电费，存在漏计其他分时时段电量电费现象。

2）电能表时钟设置提前 3h，通过分析该客户实际生产时间周期及用电曲线特点，发现如按提前 3h 记录分时信息，则客户可以规避大部分尖峰时间和高峰时段电价，导致分时计量不准。

3）档案信息的综合倍率为 60，现场低压电流互感器的变比为 400/5，导致现场与 SG186 系统算费信息不一致，存在少计电量、电费现象。

（5）整改措施。

1）按客户现场计量装置实际配置情况，正确维护 SG186 系统中计量装置信息、算费倍率、电能表示数类型并执行尖峰电价，追收客户少计的电量电费和差错电费。

2）现场更换时钟不准电能表，确保客户分时计量准确性。

【案例二】 电能表费率配置错误导致尖峰电量电费漏收

2013 年 9 月，省级客户服务中心开展尖峰电价执行情况专项稽查，通过“大工业客户无尖峰电价”筛查规则，发现该户执行大工业电价但 SG186 系统中计费电能表为三费率，存在电能表配置、分时电价执行不到位及电量、电费漏计情况。随后展开对该户问题的详细分析。

（1）客户情况。客户名称“××造纸装备有限公司××分公司”，电压等级为交流 10kV，合同容量为 5430kVA，一台 5430kVA 变压器在用。用电类别为大工业，行业分类为通用零部件制造及机械修理。两个计量点为主分关系，子计量点定比值为 0.2，主计量点计量方式均为高供高计，配置三相三线三费率电能表，综合倍率为 12 000。

（2）系统分析。该户用电容量为 5430kVA 的大工业客户，应执行分时电价且计收尖峰电费，经查询 SG186 系统该户自 2012 年 7 月算费以来，无尖峰电价，也未计收尖峰电量，该户计费倍率为 1200 与系统档案信息综合倍率不符。详见表 6-18。

表 6-18 客户抄表示数情况表

电费年月	资产编号	示数类型	上月抄见示数	本月抄见示数	本月抄见电量（kWh）	倍率
201307	Y××…4	有功（总）	2203.4	2418.5	258 120	1200
		有功（峰）	796.3	876	95 640	
		有功（谷）	548.5	596.2	57 240	
		有功（平）	858.6	946.3	105 240	
		无功（总）	462.9	506.1	51 840	
201308	Y××…4	有功（总）	2418.5	2676.3	309 360	1200
		有功（峰）	876	973.2	116 640	
		有功（谷）	596.2	651.4	66 240	
		有功（平）	946.3	1051.7	126 480	
		无功（总）	506.1	556.8	60 840	
201309	Y××…4	有功（总）	2676.3	2940	316 440	1200
		有功（峰）	973.2	1074.8	121 920	
		有功（谷）	651.4	710.2	70 560	
		有功（平）	1051.7	1155	123 960	
		无功（总）	556.8	610.5	64 440	

（3）现场稽查。2013 年 9 月，省级客户服务中心稽查人员对该户展开现场稽查，发现该户为某 110kV 变电站 10kV 出口计费的大工业客户，现场电能表为三相三线、资产号 4××…9；系统算费电能表为三相四线、资产号 Y××…

4，计量方式和资产条码号均不一致，且现场电能表无尖峰时段类型，不具备四费率计量功能，一直以来该大工业客户都未计收尖峰电量电费。

另外该户现场运行电能表底示数位数与系统抄录示数位数相差一位，现场电能表示数为三位整数两位小数（总 321.10、峰 117.97、平 126.91、谷 76.28、无功 66.31）与系统中算费示数四位整数一位小数严重不符，同时现场实际倍率 12 000 与系统算费的 1200 综合倍率出入较大。经稽查工作人员了解，该客户在 SG186 系统中综合倍率维护错误，算费倍率为实际倍率的 1/10，抄表员发现问题后未通知业扩人员更正，为使算费正确，擅自将算费示数小数点往右移动一位。

（4）综合研判。

1）是现场运行电能表与系统算费电能表资产条码、接线方式、计量倍率不一致，存在现场与系统基础档案不符情况，导致客户基础信息错误。

2）电能计量装置配置错误。该客户为大工业客户，现场运行表计与系统算费表计均无尖峰示数类型，不具备四费率计量功能，导致该客户 7～9 月份尖峰电量电费漏计。

3）抄表不规范，发现现场计量倍率与系统不符，没有及时进行更正，为使客户算费正确，擅自更改抄表示数小数位。

（5）整改措施。

1）安排计量人员将客户现场三费率电能表轮换为四费率，并按要求结存表底，根据实际用电情况追收客户尖峰电量电费。

2）按现场实际运行计量装置的资产号、接线方式、倍率仔细核对 SG186 系统中该客户稽查档案信息，保证系统计量装置信息维护与现场一致。

3）规范抄核收管理。

【案例三】 倍率错误导致电量电费计收错误

2013 年 9 月，省级客户服务中心开展综合倍率执行情况专项稽查，通过“综合倍率与电流互感器和电压互感器变比乘积不相等”筛查规则，发现该户系统综合倍率与计量倍率不符，存在算费信息与计量档案不符现象，漏计电量、电费。随后展开对该户问题的详细分析。

（1）客户情况。客户名称“××仪器厂”电压等级为交流 10kV，合同容量为 800kVA，两台 400 kVA 在用变压器为双电源，互为备用。该户 2007 年第一路电源开始供电，配置高供高计三费率电子多功能电能表 1 只、40/5 高压互感器一组。2011 年该户申请双电源，新上一台 400kVA 变压器，在 SG186 系统中，配置高供高计三费率电子式多功能电能表 1 只、50/5 高压互感器一组，并

通过增容方案，将先投运的第一路电源高压电流互感器调整为50/5。该客户用电类别为城镇居民生活用电，行业分类为城镇居民。

（2）系统分析。该户为两台400kVA变压器的双电源客户，其中一路电源SG186系统综合倍率为800，基础档案信息中该路电源配置电流变比为50/5、电压变比为10kV/0.1kV，即计量装置倍率为50A/5A×10kV/0.1kV＝1000≠综合倍率800。SG186系统中有漏收该客户电量电费风险。

（3）现场稽查。2013年9月，省级客户服务中心稽查人员对该户展开现场稽查，发现该户先投运的第一路电源现场计量配置与系统档案不一致。经现场稽查工作人员了解，该户在立户时配置的是40/5高压电流互感器，在2011年申请双电源时，供电公司在供电方案中已将先投运的第一路电源配置的电流互感器变更为50/5，且现场也按照供电方案更换原有40/5电流互感器，但SG186系统增容方案未做电能表“虚拆”步骤，计量与用电检查人员亦未发现该问题，将工单归档，导致综合倍率不能在系统流程中自动修正。该客户现场后投运的第二路电源运行正常，现场计量装置信息与SG186系统基础档案一致。

（4）综合研判。

1）SG186系统中算费倍率较现场实际运行计量倍率小，存在电量电费少计收情况。

2）业务人员的SG186系统中流程操作不规范，在只换电流互感器，不换电表的情况下，没有进行电能表虚拆，导致系统算费倍率没有进行更新，与计量倍率不符。

（5）整改措施。

1）将SG186系统内该客户档案中综合倍率进行正确维护，保证客户基础档案信息一致性和电量电费计收的正确性。

2）对该客户少发行的电量进行追补。

3）加强对营业人员营销专业知识与系统流程操作培训，提高业务数据的维护质量。

【案例四】 现场表计故障长期未换表导致电量电费计收错误

2013年9月，省级客户服务中心开展综合倍率执行情况专项稽查，通过“综合倍率与电流互感器和电压互感器变比乘积不相等”筛查规则，发现该户系统综合倍率与系统实际倍率不符，存在算费信息与计量档案不符现象，漏计电量、电费。随后展开对该户问题的详细分析。

（1）客户情况。客户名称“××建材有限公司”，电压等级为交流10kV，合同容量为1345kVA，一台100kVA变压器和两台最大功率分别为770kW、475kW的高压电机在用。该客户用电类别为大工业用电，行业分类为非金属废料和碎屑的加工处理。一个主计量点，计量方式为高供高计，配置三相三线四费率电能表，综合倍率为2000。

（2）系统分析。该户为1345kVA大工业客户，SG186系统综合倍率为2000，基础档案信息中该计量点配置电流变比为100/5，无高压电压互感器，系统默认电压变比为1，即计量装置倍率为100A/5A×1＝20≠综合倍率2000。

将该客户月度用电量与同一地区、同一行业类别、同一用电容量其他客户月度用电量相比较发现，该客户（总电量1）不论是月度用电量还是用电特征曲线，都和其他客户差距较大，异常情况较严重，如图6-6所示。

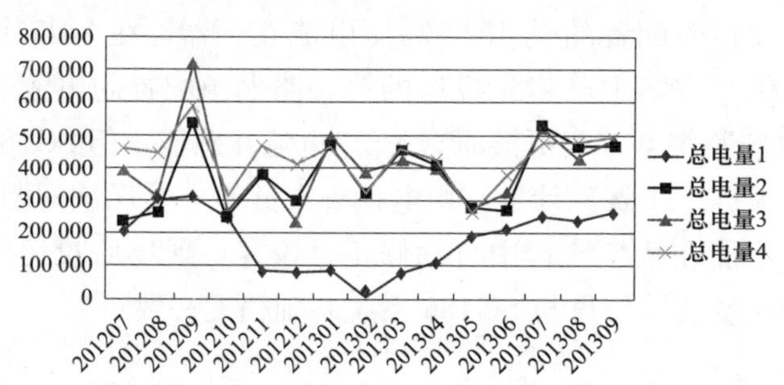

图6-6　相同地区、相同类别、相同容量月用电量对比图

（3）现场稽查。2013年9月，省级客户服务中心稽查人员对该户展开现场稽查，到达现场后发现，现场配置的高压电流/电压互感器正确，SG186系统中综合倍率不正确是由于操作人员未配置系统相应的10kV/0.1kV高压电压互感器导致。

另外还发现，现场计费电能表为某厂家2003年出厂的3×100/3×1.5(6)/1.0规格的三相三线多功能电能表，设备已经老化，按键失效且无正常轮功能，并且现场的负控终端也不能正常采集表指数。稽查人员要求抄表员现场使用抄表器进行电表示数采集，发现该户2013年9月10日在SG186系统中发行电量的电能表示数：总7693.26、尖1348.85、峰3061.35、平6036.77、谷7246.29、无功6366，与2013年9月12日现场稽查时抄表器抄表底数：总8142.51、尖1421.2、峰3165.21、平6219.59、谷7336.5、无功6579.39差距较大，与现场考核表示数（总8123.8）也不一致。

（4）综合研判。

1）现场电能表轮显故障，长期不更换故障表，造成电量电费差错。

2）该户为远采集抄客户，系统档案中是否安装负控为“否”，现场安装负控装置但无法正常进行采集，未能及时发现轮显故障。

3）现场电能表2003年出厂至今已有10年，期间运行至少7年，一直未按规定对运行电能表进行周期轮换，导致表计老化，部分功能不能使用。

4）抄表不规范，现场电表已经出现故障，没有及时反映问题并更换电表，长期进行估抄。

（5）整改措施。

1）追收抄表器抄见电能表示数与系统电能表示数差额电度电费。

2）正确维护SG186系统和用电信息采集系统档案，调试现场采集终端设备，实现客户远采集抄。

3）更换故障电能表。

4）加强抄表核算的管理考核，及时发现问题并督促相关部门进行处理。

【案例五】　电能表虚接导致电量电费计收错误

2013年9月，省级客户服务中心在例行异常数据监控工作中，通过“营销稽查系统>经营成果监控>售电量>客户用电异常”主题，发现该客户8月用电量突减明显，随后展开对该户问题的详细分析。

（1）客户情况。客户名称“××房地产开发有限责任公司”，电压等级为交流10kV，合同容量为200kVA，一台200kVA变压器在用。该客户用电类别为非工业用电，行业分类为房屋工程建筑。一个计量点，其计量方式为高供低计，配置三相四线三费率电能表，综合倍率为60。

（2）系统分析。该户为200kVA非工业客户，图6-7所示为该客户在2012年、2013年1～8月的实际用电量曲线。图中可看出，该客户2012年和2013年一季度用电趋势基本一致；二季度用电相对平稳，但2012年用电量较2013年高；2012年6月以后用电量持续上扬，2013年6月电量突增，7月用电量回落，8月电量突减到4000度以下，与2012年同期用电量相比波动明显。

（3）现场稽查。2013年9月，省级客户服务中心稽查人员对该户展开现场稽查，在检查计量箱及计费电能表时发现电能表导线端头插入电能表接线孔中深度不够，只有一个紧固螺钉，没有足够的接触面，导致现场电能表C

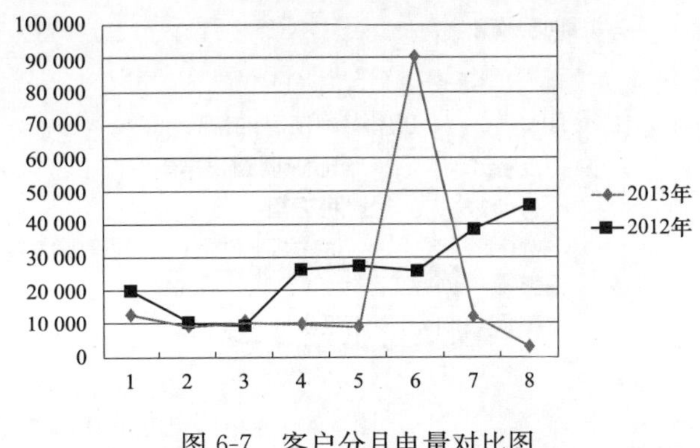

图6-7　客户分月电量对比图

相导线虚接，造成少计电量。且虚接处绝缘物质已有融化迹象，如不及时处理，极易造成计量装置烧毁。

（4）综合研判。

1）现场电能表C相虚接，且虚接处已出现绝缘物融化现象。

2）计量表计安装工艺不规范。

（5）整改措施。

1）安排计量工作人员按正确规范的接线方式及工艺排除现场电能表虚接故障。

2）以实际记录电量为基数，按正确与错误的差额率追补该客户少计电量电费。

【案例六】 电能表逆相序导致功率因数计算错误

2013年10月，省级客户服务中心开展尖峰电价执行情况专项稽查，通过“100kVA以上普通工业或大工业客户未执行尖峰电价”筛查规则，发现该客户应执行尖峰电价但SG186系统中7～9月未计收尖峰时段电量电费，存在分时电价执行不到位，电量、电费漏计情况。随后展开对该户问题的详细分析。

（1）客户情况。客户名称“××工贸有限公司”，电压等级为交流10kV，合同容量为315kVA，一台315kVA变压器在用。该客户用电类别为大工业用电，行业分类为锅炉及原动机制造。一个计量点，其计量方式为高供高计，配置三相三线电能表，综合倍率为300。

（2）系统分析。该户为315kVA大工业客户，在7～9月期间，SG186系统中未计收有功（尖）的电量电费，如图6-8所示。在采集系统中该客户尖峰时段采集示数为0，少计收该客户7、8、9月尖峰电量电费。

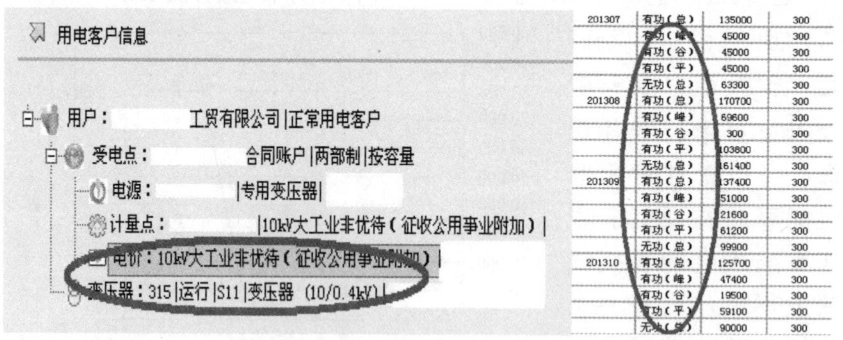

201307	有功（总）	135000	300
	有功（峰）	45000	300
	有功（谷）	45000	300
	有功（平）	45000	300
	无功（总）	63300	300
201308	有功（总）	170700	300
	有功（峰）	69600	300
	有功（谷）	300	300
	有功（平）	103800	300
	无功（总）	161400	300
201309	有功（总）	137400	300
	有功（峰）	51000	300
	有功（谷）	21600	300
	有功（平）	61200	300
	无功（总）	99900	300
201310	有功（总）	125700	300
	有功（峰）	47400	300
	有功（谷）	19500	300
	有功（平）	59100	300
	无功（总）	90000	300

图6-8 客户历史电量查询系统截图

(3) 现场稽查。2013年10月，省级客户服务中心稽查人员对该户展开现场稽查，发现该户现场电能表为三相四线四费率表计，且电能表能够计量客户有功（总）、有功（尖）、有功（峰）、有功（平）、有功（谷）、无功（总）的电量，但尖峰示数为0。经现场稽查工作人员了解，该户在2013年1月初更换过电能表，之前能够正确记录尖峰时段电量。表计轮换之后，由于系统操作人员失误，电能表示数类型中未添加“有功（尖）”示数段，使得该大工业客户7～9月都未计收尖峰电量电费。

另外现场电能表报警灯常亮，显示ERROR-51。电能表记录该表有失压记录，总失压电量为858.57kWh，且显示电能表逆相序。

(4) 综合研判。

1）现场电能表具备计量分时电量功能，但SG186系统“有功（尖）”示数段缺失，计费参数设置不正确。

2）现场尖峰电量始终为0，不符合该行业客户实际用电特征。

3）现场电能表报警灯常亮，报错代码为ERROR-51（该报警代码含义为：过载事件，即客户用电负荷大于1.2倍的最大电流）

4）该户有多次失压记录。

5）现场电能表显示该表逆相序，影响无功电量计量。

(5) 整改措施。

1）正确设置系统计量装置信息，增加尖峰示数段。

2）针对客户现场尖峰电量始终为0情况，需计量人员进一步进行查找原因。如有窃电或少计电量情况，按相关规定进行电量电费追补。

3）查找该客户过载报警和失压频繁的具体原因，追收该户失压电量电费。

4）表计逆相序对二元件电能表无功计量有一定影响，需现场检查客户电能表实际接线情况，并根据电压与电流的夹角变化，按照实际功率因数退、补无功电量，并按照《功率因数调整电费办法》的相关规定进行电费的退补或追缴。

【案例七】 现场互感器接线错误导致计量差错

监控2013年9月“营销稽查监控系统>经营成果监控>电价执行>超容量用电”主题下异常数据，发现某客户当月用电量超过理论最大用电量，超容率17.34%，随即对该户进行监控分析。

(1) 客户情况。客户名称“××选铁厂”，合同容量400kVA，客户分类为农网高压，行业分类为铁矿采选，用电类别大工业用电，执行电价为10kV大工业非优待，是否执行峰谷标志为“是”，功率因数考核标准0.9；一个高供高计计费计量点，综合倍率 600，在用电压互感器变比 10kV/0.1kV，在用电流互感器变比 30/5，安装三相三线电子式智能无费控电能表，电能表示数类型为有功（总）、有功（尖峰）、有功（峰）、有功（平）、有功（谷）、无功（总）、反向无功（总），一个虚拟于计量点，定比值为 0.1，执行电价为 10kV 一般工商业非居民照明。

（2）系统分析。查询 SG186 系统中该客户的业务流程，发现该客户 2013 年 7 月 10 日申请高压新装一台 400kVA 变压器，高压新装流程于 2013 年 8 月 1 日完成。

客户理论最大用电量为 297 600kWh/月，经查询 SG186 系统该客户电量电费信息，客户各月计费倍率 600，9、10 月两个月用电量超过理论最大用电量，超容率分别为 17.34%、51.56%，具体见表 6-19。

表 6-19　　客户电量电费信息

电费年月	总电量（kVA）	理论最大用电量（kVA）	超容率
201308	25 200	297 600	—
201309	349 200	297 600	17.34%
201310	451 050	297 600	51.56%

（3）现场稽查。了解系统客户情况后，稽查人员到营业厅及客户现场开展现场稽查。

经查阅客户业扩档案，核实纸质供电方案，客户计量方案为计量方式高供高计，安装一只三相三线电能表，计量综合倍率 600。

经现场核实，客户现场安装一台 400kVA 变压器，2013 年 8 月初投入运行，计量点为高供高计，安装一只三相三线电能表，安装的一组高压组合互感器有 15/5、30/5 两个挡位，挡位接线应接在 30/5 挡，现场实际误接在 15/5 挡。

（4）综合研判。经综合分析与现场稽查，该客户现场高压互感器接线错误，引起电量计量误差。

（5）整改措施。对客户现场高压互感器接线进行整改，并对计量差错电量、电费进行退补。

7 供电服务稽查的稽核要点及案例分析

7.1 供电服务异常稽查的关键点

(1) 供电营业厅功能是否满足《国家电网公司供电客户服务提供标准》规定的要求。

1) A、B级营业厅实行无周休日营业。

2) A、B、C级营业厅应具备业务办理、收费、告示、引导、洽谈5项服务功能。

3) D级营业厅应具备电费收取、发票打印，以及服务信息公示等服务功能。

供电营业厅的A、B、C、D四级设置，参见表7-1。

表7-1　营业厅等级设置要求表

营业厅等级	设置要求
A	为地区中心营业厅，兼本地区供电营业厅服务人员的实训基地，设置于地级及以上城市，每个地区范围内最多只能设置1个
B	为区县中心营业厅，设置于县级及以上城市，每个区县范围内最多只能设置1个
C	为区县的非中心营业厅，可视当地服务需求，设置于城市区域、郊区，乡镇
D	为单一功能收费厅或者自助营业厅，可视当地服务需求，设置于城市区域、郊区，乡镇

(2) 各级供电营业厅是否具备下面所必需的服务方式：

1) A、B、C级营业厅：面对面、电话、书面留言、传真、客户自助5种服务方式。

2) D级营业厅：面对面、书面留言、客户自助3种服务方式。

(3) 各级供电营业厅是否具备下面必须配备的服务人员：

1) A级营业厅：营业厅主管、业务受理员、收费员、保安员、引导员、保洁员6类服务人员。

2) B级营业厅：营业厅主管、业务受理员、收费员、保安员、引导员5类服务人员。

3）C级营业厅：营业厅主管、业务受理员、收费员3类服务人员。

4）D级营业厅：收费员、保安员2类服务人员。

（4）各级供电营业厅服务环境是否符合设置标准：

1）供电营业厅的服务环境应具备统一的国家电网公司VI标识，符合《国家电网品牌推广应用手册》、《国家电网公司视觉识别系统推广应用试点工作意见》的要求，整体风格应力求鲜明、统一、醒目。

2）各级供电营业厅是否具备下面必需的功能分区。

- A、B级营业厅：业务办理区、收费区、业务待办区、展示区、洽谈区、引导区、客户自助区7个功能区。
- C级营业厅：业务办理区、收费区、业务待办区、展示区4个功能区。
- D级营业厅：收费区、业务待办区、展示区3个功能区。

3）供电营业厅各功能区是否符合表7-2的设置标准。

表7-2　　营业厅各功能区设置标准表

功能区	设置标准
业务办理区	一般设置在面向大厅主要入口的位置，其受理台应为半开放式
收费区	一般与业务办理区相邻，应采取相应的保安措施。收费区地面应有一米线，遇客流量大时应设置引导护栏，合理疏导人流
业务待办区	应配设与营业厅整体环境相协调且使用舒适的桌椅，配备客户书写台、宣传资料架、报刊架、饮水机、意见箱（簿）等。客户书写台上应有书写工具、登记表书写示范样本等；放置免费赠送的宣传资料
展示区	通过宣传手册、广告展板、电子多媒体、实物展示等多种形式，向客户宣传科学用电知识，介绍服务功能和方式，公布岗位纪律、服务承诺、服务及投诉电话，公示、公告各类服务信息，展示节能设备、用电设施等
洽谈区	一般为半封闭或全封闭的空间，应配设与营业厅整体环境相协调且使用舒适的桌椅，以及饮水机、宣传资料架等
引导区	应设置在大厅入口旁，并配设排队机
客户自助区	应配设相应的自助终端设施，包括触摸屏、多媒体查询设备、自助缴费终端等

4）供电营业厅应整洁明亮、布局合理、舒适安全，做到“四净四无”，即“地面净、桌面净、墙面净、门面净；无灰尘、无纸屑、无杂物、无异味”。营业厅门前无垃圾、杂物，不随意张贴印刷品。

5）供电营业场所应按照“十项承诺”的要求公开电价、收费标准和服务程序。

（5）各级营业厅服务设施及用品是否符合规范：

1）各级供电营业厅必须具备的服务设施及用品见表7-3。

表7-3 营业厅服务设施及用品列表

营业厅等级	服务设施及用品要求
A	营业厅门楣、营业厅铭牌、营业时间牌、营业厅背景板、防撞条、时钟日历牌、“营业中”、“休息中”标志牌、95598双面小型灯箱、功能区指示牌、禁烟标志、营业人员岗位牌、“暂停服务”标志牌、员工介绍栏、展示牌、意见箱（簿）、服务台（填单台）及书写工具、登记表示范样本、客户座椅、宣传资料及宣传资料架、饮水机、报刊及报刊架、垃圾筒（可回收、不可回收）、“小心地滑”标志牌、便民伞、护栏、自助缴费终端、显示屏、多媒体查询设备、排队机、竖式广告灯箱、平板电视、无障碍设施
B	营业厅门楣、营业厅铭牌、营业时间牌、营业厅背景板、防撞条、时钟日历牌、“营业中”、“休息中”标志牌、95598双面小型灯箱、功能区指示牌、禁烟标志、营业人员岗位牌、“暂停服务”标志牌、员工介绍栏、展示牌、意见箱（簿）、服务台（填单台）及书写工具、登记表示范样本、客户座椅、宣传资料及宣传资料架、饮水机、报刊及报刊架、垃圾筒（可回收、不可回收）、“小心地滑”标志牌、便民伞、护栏、自助缴费终端、显示屏、多媒体查询设备、排队机
C	营业厅门楣、营业厅铭牌、营业时间牌、营业厅背景板、防撞条、时钟日历牌、“营业中”、“休息中”标志牌、95598双面小型灯箱、功能区指示牌、禁烟标志、营业人员岗位牌、“暂停服务”标志牌、员工介绍栏、展示牌、意见箱（簿）、服务台（填单台）及书写工具、登记表示范样本、客户座椅、宣传资料及宣传资料架、饮水机、报刊及报刊架、垃圾筒（可回收、不可回收）、“小心地滑”标志牌
D	营业厅铭牌、营业时间牌、防撞条、“营业中”、“休息中”标志牌、95598双面小型灯箱、营业人员岗位牌、“暂停服务”标志牌、展示牌、意见箱、宣传资料及宣传资料架、饮水机、垃圾筒（可回收、不可回收）、“小心地滑”标志牌、自助缴费终端

2）所有服务设施及物品均应符合视觉识别系统及品牌元素应用规范，部分设施及用品的具体标准应符合《国家电网品牌推广应用手册》要求。

3）各项设施及用品摆放整齐、清洁完好、适时消毒。

4）夜间应保证国家电网徽标及95598双面小型灯箱明亮易辨。

5）供电营业厅入口处应配有“营业中”或“休息中”标志牌，营业柜台应配有“暂停服务”标志牌。

6）功能区指示牌应醒目。

7）供客户操作使用的服务设施，如临时发生故障，应有明显的提示性语言，并及时修复。

（6）是否有表7-4“十个不准”的服务行为发生：

表 7-4　　员工服务“十个不准”

序号	“十个不准”内容
1	不准违反规定停电、无故拖延送电
2	不准违反政府部门批准的收费项目和标准向客户收费
3	不准为客户指定设计、施工、供货单位
4	不准违反业务办理告知要求，造成客户重复往返
5	不准违反首问负责制，推诿、搪塞、怠慢客户
6	不准对外泄漏客户个人信息及商业秘密
7	不准工作时间饮酒及酒后上岗
8	不准营业窗口擅自离岗或做与工作无关的事
9	不准接受客户吃请和收受客户礼品、礼金、有价证券等
10	不准利用岗位与工作之便谋取不正当利益

(7）供电服务行为是否存在不按国家电网公司《供电服务规范》开展的下列情形：

1）用手托腮或趴在工作台上、抖动腿和跷二郎腿。在营业场所抽烟、奔跑追逐、边走边大声谈笑喧哗。在客户面前打哈欠、打喷嚏，没有侧面回避并向对方致歉。

2）为客户提供服务时，不礼貌、不谦和、不热情。接待客户时，没有做到来有迎声、去有送声。与客户会话时，没有做到有问必答。工作发生差错时，没有及时更正并向客户道歉。

3）当客户的要求与政策、法律、法规及本企业制度相悖时，没有向客户耐心解释并争取客户理解，做到有理有节。遇有客户提出不合理要求时，没有向客户委婉说明。与客户发生争吵等。

4）为行动不便的客户提供服务时，没有主动给予特别照顾和帮助。对听力不好的客户，没有适当提高语音，放慢语速。

5）与客户交接钱物时，未做到唱收唱付、轻拿轻放和不抛不丢。

6）没有准点上岗并做好营业前的各项准备工作。

7）未实行首问负责制。当办理业务不对口时，接待人员没有做到认真倾听，热心引导，快速衔接，并为客户提供准确的联系人、联系电话和地址。

8）未实行限时办结制。无特殊情况，办理居民客户收费业务的时间每件超过 5min，办理客户用电业务的时间每件超过 20min。

9）受理用电业务时，没有主动向客户说明该项业务需客户提供的相关资料、办理的基本流程、相关的收费项目和标准，并提供业务咨询和投诉电话号码。

10）客户填写业务登记表时，营业人员没有给予热情的指导和帮助，并认真审核，发现填写有误，没有及时向客户指出。

11）客户来办理业务时，没有主动接待，遇见熟人或接听电话而怠慢客户。当前一位客户业务办理时间过长，没有礼貌地向下一位客户致歉。

12）因计算机系统出现故障而影响业务办理时，短时间内可以恢复的，没有请客户稍候并致歉；需较长时间恢复的，没有向客户说明情况并道歉，且未请客户留下联系电话，以便另约服务时间。

13）当有特殊情况必须暂时停办业务时，没有列示“暂停营业”标牌。

14）临下班时，对于正在处理中的业务没有照常办理完毕后下班。下班时有等候办理业务的客户，没有继续办理。

15）值班主任对业务受理中的疑难问题未及时进行协调处理。

16）仪容仪表不符合规范，供电服务人员上岗没有统一着装，并佩戴工号牌或供电服务人员浓妆艳抹，敞怀、将长裤卷起、戴墨镜等。

17）采用自助终端收费方式时，工作人员不进行正确引导。

（8）95598 服务行为是否存在工单处理不规范情形：

1）95598 各类工单是否未按表 7-5 时限要求完成转派及处理。

表 7-5　　95598 各类工单处理单位及时限要求

<table>
<tr><th colspan="2" rowspan="2">业务类型</th><th colspan="3">业务处理单位</th></tr>
<tr><th>省客户服务中心</th><th>市（县）客户服务中心</th><th>省、市（县）业务处理部门</th></tr>
<tr><td colspan="2">投诉</td><td rowspan="6">2h 完成接单分理或退单</td><td rowspan="6">2h 完成接单分理或退单</td><td>接到诉求后，1 个工作日内联系客户（保密、匿名工单不执行），6 个工作日内处理、答复客户并审核、反馈处理意见</td></tr>
<tr><td rowspan="5">一般诉求</td><td>咨询</td><td>接到诉求后，4 个工作日内处理、答复客户并审核、反馈处理意见</td></tr>
<tr><td>举报</td><td rowspan="4">接到诉求后，9 个工作日内处理、答复客户并审核、反馈处理意见</td></tr>
<tr><td>意见</td></tr>
<tr><td>建议</td></tr>
<tr><td>表扬</td></tr>
<tr><td colspan="2">客户催办</td><td>10min 内完成派单至业务处理部门</td><td></td><td></td></tr>
</table>

2）省公司，地市、县供电企业是否在国家电网客服中心受理客户诉求后，在规定的时限内完成处理、答复客户并审核、反馈处理意见，服务申请各子类业务处理时间是否超过下述时限要求。

- 欠费复电登记业务 24 小时内办结并回复工单。
- 电器损坏核损业务 24 小时内到达现场并回复工单。
- 电能表异常业务 4 个工作日内处理并回复工单。

- 抄表数据异常业务 6 个工作日内核实并回复工单。
- 居民客户报装业务 3 个工作日内向客户答复供电方案并回复工单。
- 其他服务申请类业务 5 个工作日内处理完毕并回复工单。

（9）是否存在下列违反现场服务纪律情形：

1）进入客户现场时，不出示工作证件，不进行自我介绍。进入居民室内时，不按门铃或轻轻敲门，不主动出示工作证件，没有征得同意，就进入室内。

2）到客户现场工作时，不遵守客户内部有关规章制度，不尊重客户的风俗习惯。

3）到客户现场工作时。工具、材料乱堆乱放。需借用客户物品，没有征得客户同意。

4）在工作中损坏了客户原有设施，没有尽量恢复原状或等价赔偿。

5）在公共场所施工，没有安全措施，不悬挂施工单位标志、安全标志，不说礼貌用语。在道路两旁施工时，没在在恰当位置摆放醒目的告示牌。

6）现场工作结束后，不立即清扫，留有废料和污迹。不向客户交代有关注意事项，不主动征求客户意见。电力电缆沟道等作业完成后，不立即盖好所有盖板，无法确保行人、车辆通行。

7）在客户处住宿、就餐，如因特殊情况确需在客户处住宿、就餐的，未按价付费。

8）“现场走收”环节中，没有根据客户清单严格按电费发票金额准确收费，收费时没有核对客户信息与电费发票信息，不告知客户电费金额及收费明细。

9）现场抄表时，抄表员不出示工作证件，不能准确使用抄表卡或抄表机逐户对客户端用电计量装置的用电计费数据进行抄录。抄表时，没有认真核对客户用电信息和电能表信息，未做好核对记录并检查电能计量装置运行是否正常，封印是否完好。

10）供电企业在新装、换装及现场校验后未对电能计量装置加封，并请客户在工作凭证上签章。当居民客户不在家时，没有以其他方式通知其电表底数。拆回的电能计量装置未按要求在表库存放 1 个月以上，以便客户提出异议时进行复核的。

11）对客户受电工程的中间检查和竣工检验，不以有关的法律法规、技术规范、技术标准、施工设计为依据，提出不合理要求。对检查或检验不合

格的，不向客户耐心说明，并留下书面整改意见。客户改正后不予以再次检验，直至合格。

12）用电检查人员依法到客户用电现场执行用电检查任务时，没有按照《用电检查管理办法》的规定，主动向被检查客户出示《用电检查证》，并按“用电检查工作单”确定的项目和内容进行检查。

13）用电检查人员在检查现场替代客户进行电工作业的。

14）供电企业没有按规程规定的周期检验或检定、轮换计费电能表，并对电能计量装置进行不定期检查的。发现计量装置失常时，没有及时查明原因并按规定处理的。

15）发现因客户责任引起的电能计量装置损坏，没有按规定礼貌地与客户分析损坏原因，由客户确认，并在工作单上签字的。

16）因故对客户实施停电时，没有严格按照《供电营业规则》规定的程序办理的；引起停电的原因消除后没有及时恢复供电的；不能及时恢复供电的，没有向客户说明原因。

（10）是否存在违反表 7-6 国家电网公司社会公开“十项承诺”的情形：

表 7-6　　国家电网供电服务“十项承诺”

序号	“十项承诺”内容
1	城市地区：供电可靠率不低于 99.90%，居民客户端电压合格率 96%。 农村地区：供电可靠率和居民客户电压合格率，经国家电网公司核定后，由各省电力公司公布承诺指标
2	提供 24h 电力故障报修服务，供电抢修人员到达现场的时间：城区范围一般不超过 45min；农村地区一般不超过 90min；特殊边远地区一般不超过 2h
3	供电设施计划检修停电，提前 7 天向社会公告。对欠电费客户依法采取停电措施，提前 7 天送达停电通知书，费用结清后 24 小时内恢复供电
4	严格执行价格主管部门制定的电价和收费政策，及时在供电营业场所和网站公开电价、收费标准和服务程序
5	供电方案答复期限：居民客户不超过 3 个工作日，低压电力客户不超过 7 个工作日，高压单电源客户不超过 15 个工作日，高压双电源客户不超过 30 个工作日
6	装表接电期限：受电工程检验合格并办结相关手续后，居民客户 3 个工作日内送电，非居民客户 5 个工作日内送电
7	受理客户计费电能表校验申请后，5 个工作日内出具检测结果。客户提出抄表数据异常后，7 个工作日内核实并答复

续表

序号	“十项承诺”内容
8	当电力供应不足，不能保证连续供电时，严格按照政府批准的有序用电方案实施错避峰、停限电
9	供电服务热线“95598”24h受理业务咨询、信息查询、服务投诉和电力故障报修
10	受理客户投诉后，1个工作日内联系客户，7个工作日内答复处理意见

7.2 供电服务异常的特点及稽查的方法

7.2.1 供电服务异常问题的特点

（1）供电服务营业厅没有满足国家电网公司关于服务功能、服务方式、服务环境、服务人员、服务设施及用品的必须配置需求。

（2）供电服务工作中存在违反《国家电网公司供电服务规范》的情形。

（3）供电服务员工存在违反国家电网公司“十个不准”的情形。

（4）供电服务存在违反国家电网公司向社会公开的“十项承诺”的情形。

7.2.2 供电服务常用的稽查分析方法

（1）明察暗访法：可用于供电营业厅服务是否标准规范的检查，也比较适合于投诉举报类服务事件的调查和供电服务日常工作检查。

（2）走访客户法：适用于供电服务事件的调查、客户服务满意度的核查、供电服务意见、建议的收集等。

（3）影像录音核查法：适用于可调取95598通话的录音、供电营业服务现场录像等服务事件的起因、过程核查。

（4）情景模拟法：适用于没有现场视频等记录的服务事件，通过模拟当时的服务环境或情形推敲事件解释的原因、过程是否具有合理性的验证方法。

（5）舆情搜索法：适用于对突出的或群众关注的服务问题进行收集并开展稽查。

（6）远程在线监控法：适用于有远程在线监控平台的有关服务渠道、营业场所视频、缴费终端等的运行和服务情况的在线检查、抽查。

（7）投诉举报：通过95598热线、95598互动网站、12398等多种渠道受理的投诉举报。

7.2.3 与供电服务异常相关的稽查主题

供电质量及应急处置监控＞供电质量及停复电情况＞典型客户停电情况

供电质量及应急处置监控>供电质量及停复电情况>客户供电电压异常情况

供电质量及应急处置监控>供电质量及停复电情况>停电恢复及时率

供电质量及应急处置监控>重大事件及紧急情况处理>媒体曝光事件监控

供电质量及应急处置监控>重大事件及紧急情况处理>高危及重要客户停电事件监控

工作质量监控>95598业务处理>95598业务受理情况

工作质量监控>95598业务处理>95598工单处理情况

工作质量监控>95598业务处理>投诉处理情况

工作质量监控>95598业务处理>抢修到达现场及时情况

服务资源监控>现场视频监控>95598视频监控

服务资源监控>现场视频监控>营业场所视频监控

服务资源监控>营销自动化系统监控>自助缴费终端监控

服务资源监控>营销自动化系统监控>电动汽车充电设施监控

7.2.4 供电服务异常现场稽查的重点

供电服务稽查更应注重现场稽查，现场稽查时应重点对供电服务环境、设施及用品、服务人员仪表和仪容、服务人员礼貌用语、举止行为、服务流程、收费标准、服务时限等的规范性进行检查。

7.2.5 供电服务异常稽查的辅助设备

录像机、照相机：用于对违反供电服务规范的情况进行取证。

7.3 供电服务稽查案例分析

【案例一】 自助缴费服务终端运行情况稽查实例

（1）基本情况。通过“一体化缴费接入管理平台>实时监控管理>监控分析>应用情况>终端运行工况”功能监控到“××供电公司”调试在运的自助缴费服务终端46台，其中穿墙式自助缴费服务终端7台、柜式自助缴费服务终端39台，目前正常在线运行台数28台，未在线台数18台，未在线终端明细详见表7-7。随即发起对该供电公司供电营业厅自动缴费服务终端运行情况的专项稽查。

表 7-7　　　　　　未在线自助缴费服务终端明细表

<table>
<tr><th>序号</th><th>终端类型</th><th>终端编号</th><th>终端位置</th><th>是否正在使用</th></tr>
<tr><td>1</td><td>标配大堂式</td><td>0××…57</td><td>××1 营业站</td><td>否</td></tr>
<tr><td>2</td><td>标配大堂式</td><td>0××…76</td><td>××1 城郊供电所</td><td>否</td></tr>
<tr><td>3</td><td>标配大堂式</td><td>0××…84</td><td rowspan="3">××2 城郊供电所</td><td>否</td></tr>
<tr><td>4</td><td>标配大堂式</td><td>0××…85</td><td>否</td></tr>
<tr><td>5</td><td>标配大堂式</td><td>0××…86</td><td>否</td></tr>
<tr><td>6</td><td>标配大堂式</td><td>0××…54</td><td>××3 城郊供电所</td><td>否</td></tr>
<tr><td>7</td><td>标配大堂式</td><td>0××…77</td><td rowspan="2">××本部</td><td>否</td></tr>
<tr><td>8</td><td>标配大堂式</td><td>0××…93</td><td>否</td></tr>
<tr><td>9</td><td>标配大堂式</td><td>0××…78</td><td rowspan="2">××2 营业站
××4 城郊供电所</td><td>否</td></tr>
<tr><td>10</td><td>标配大堂式</td><td>0××…81</td><td>否</td></tr>
<tr><td>11</td><td>标配穿墙式</td><td>0××…83</td><td>××3 营业站</td><td>否</td></tr>
<tr><td>12</td><td>标配大堂式</td><td>0××…98</td><td rowspan="2">××4 营业站</td><td>否</td></tr>
<tr><td>13</td><td>标配大堂式</td><td>0××…99</td><td>否</td></tr>
<tr><td>14</td><td>标配大堂式</td><td>0××…94</td><td>××5 营业站</td><td>否</td></tr>
<tr><td>15</td><td>标配大堂式</td><td>0××…69</td><td>××5 郊供电所</td><td>否</td></tr>
<tr><td>16</td><td>标配大堂式</td><td>1××…100</td><td rowspan="2">××市电力公司</td><td>否</td></tr>
<tr><td>17</td><td>标配大堂式</td><td>1××…200</td><td>否</td></tr>
<tr><td>18</td><td>标配大堂式</td><td>1××…800</td><td>××1 供电所</td><td>否</td></tr>
</table>

(2) 调查过程。经赴 18 台未在线自助缴费服务终端所在的供电所、营业站进行现场稽查，18 台未在线自助缴费服务终端运行的现场运行情况分别如下。

情况一：目前仍处于未在线运行状态终端设备 6 台，其中 4 台因调剂给其他营业网点，目前尚未调试，暂未在线运行；2 台发生网络故障，目前正在处置过程中，暂未在线运行。

情况二：目前正常在线运行状态终端设备 12 台，其中 1 台因迁移安装位置，曾间断在线运行，目前已恢复在线运行；3 台处于关机状态，开机运行成功，目前已恢复在线运行；2 台由于软件故障、终端程序卡死问题运行异常，经重新启动运行成功，目前已恢复在线运行；2 台因网络故障导致未在线运行，经网络故障处置，目前已恢复在线运行；4 台现场在线运行正常，系统无相关监控信息，正在查找原因。

自助缴费服务终端专项现场稽查情况详见表7-8。

表 7-8　　自助缴费服务终端专项现场稽查情况明细

<table>
<tr><th>序号</th><th>终端类型</th><th>终端位置</th><th>现场稽查情况</th></tr>
<tr><td>1</td><td rowspan="18">标配大堂式</td><td>××1营业站</td><td>终端程序卡死，重启后已在线运行</td></tr>
<tr><td>2</td><td>××1城郊供电所</td><td>网络故障，正在处理</td></tr>
<tr><td>3</td><td rowspan="3">××2城郊供电所</td><td>调剂给新建营业站，尚未调试</td></tr>
<tr><td>4</td><td rowspan="2">网络故障，已经恢复使用</td></tr>
<tr><td>5</td></tr>
<tr><td>6</td><td>××3城郊供电所</td><td>网络故障，正在处理</td></tr>
<tr><td>7</td><td rowspan="2">××本部</td><td>终端正常，但无监控信息</td></tr>
<tr><td>8</td><td>调剂给便利店，尚未调试</td></tr>
<tr><td>9</td><td>××2营业站</td><td>软件故障，重启后已在线运行</td></tr>
<tr><td>10</td><td>××4城郊供电所</td><td>终端正常，但无监控信息</td></tr>
<tr><td>11</td><td>××1便利店</td><td>迁移安装位置，已恢复在线运行</td></tr>
<tr><td>12</td><td rowspan="2">××3营业站</td><td rowspan="2">营业站组织机构调整，该终端重新调配</td></tr>
<tr><td>13</td></tr>
<tr><td>14</td><td>××4营业站</td><td rowspan="2">终端正常，但无监控信息</td></tr>
<tr><td>15</td><td>××5郊供电所</td></tr>
<tr><td>16</td><td rowspan="2">××市电力公司</td><td rowspan="3">关机状态，开机运行成功</td></tr>
<tr><td>17</td></tr>
<tr><td>18</td><td>××1供电所</td></tr>
</table>

（3）综合研判。

1）自助缴费终端在线管理不到位，在线运行效率较低，没有及时进行在线监控与故障分析报送并联系相关部门进行协调处理。

2）自助缴费终端现场维护不到位，有3台未开机。

3）自助缴费终端安装计划不合理，需要设备调整时，没有及时报送终端重新调整计划。

（4）整改措施。

1）建设完善自助缴费终端管理制度，明确安装调试、现场维护、故障报修等管理细则。

2）各单位定期监测自助缴费服务终端在线运行情况，及时消缺和报修，提高终端设备使用率。

3）加强自助缴费终端现场维护，专人负责非故障类设备日常维护。

4）自助缴费终端出现故障不能使用时，要张贴醒目的故障标识。

【案例二】 供电营业厅明察暗访专项稽查实例

(1) 基本情况。根据公司营销稽查工作安排，特开展地市供电公司优质服务情况明察暗访专项稽查。本次专项稽查涉及两个地市公司，奔赴一个供电所与七个营业厅，通过对供电所、营业厅的实地走访及模拟业务咨询，检查了供电所、营业厅环境及业务人员工作态度、着装、服务用语等优质服务情况。

(2) 调查过程。

1) ××供电公司××街供电营业厅（C级）：营业厅内卫生环境较差；公示的营业时间不足8h/日；工作人员着装不规范，服务人员态度傲慢、纪律涣散，服务礼仪、仪容仪表不符合规范要求；该营业厅只受理收费业务，不受理业扩报装业务。

2) ××供电公司××县供电分公司××街供电所（C级）：工作人员未着工装，个别工作人员用语欠规范（以地方方言应答客户）；营业厅内未摆放12398监管热线公示牌；营业厅门口与供电所门口公示的营业时间不一致；营业厅大门损坏，修理不及时；供电所门口悬挂的单位标牌较为破旧，部分字迹已模糊不清。

3) ××客服分中心营业厅（C级）：工作人员服务态度不好，没有面带微笑且说话语气生硬；没有对排队等待的客户进行招呼安抚，来无迎声，去无送声。

4) ××供电所营业厅（C级）：正常上班时间营业厅无人值守，经呼唤1min后才有工作人出现；工作人员未佩戴工号牌，回答问题时倚靠在业务柜台上；营业厅业务受理区未设一米线，如图7-1所示。

5) ××供电××分公司营业厅（B级）：营业窗口摆放着业扩报装《申请书样本及相应材料》范本，但工作人员却告知该营业厅只受理收费及非居民客户业扩报装业务，不受理居民客户业扩报装业务；业务受理区地面烟头烟灰没能及时清理，如图7-2所示。

图7-1 营业厅业务受理区未设一米线

图7-2 业务受理区地面烟头烟灰没能及时清理

6）××供电营业厅（C级）：营业厅工作人员服务时面无表情，来无迎声，去无送声；个别工作人员头发散乱，佩戴的饰品十分夸张；营业厅自助查询机损坏不能操作，未贴出提示说明；营业厅公示的营业时间与实际营业时间不一致，公示下班时间为16：00，但实际下班时间为18：00。

7）××城郊供电营业厅（C级）：工作人员着装不统一且未佩戴工号牌，态度冷漠，未做到来有迎声去有送声；营业厅内环境较差，工作区域内各类物品摆放杂乱无序，随处可见工作人员私人物品；营业厅悬挂的现行电价表、供电服务“十项承诺”等被木箱遮挡，无法正常查看如图7-3；营业厅意见簿表面被尘土覆盖，如图7-4所示，休息区座椅靠背被尘土覆盖，如图7-5所示；饮水机没有开启，且没有配备一次性水杯，如图7-6所示；营业厅公示的营业时间与实际营业时间不一致，公示的下班时间16：00，但实际下班时间为18：00。

图7-3　营业厅悬挂的现行电价表、供电服务“十项承诺”等被木箱遮挡

图7-4　营业厅意见簿表面被尘土覆盖

图7-5　休息区座椅靠背被尘土覆盖

图7-6　饮水机没有开启，且没有配备一次性水杯

8）××供电营业厅（C级）：营业厅工作人员未佩戴工号牌，未做到来无迎声去无送声；营业窗口摆放着业扩报装《申请书样本及相应材料》范本，但工作人员却告知该营业厅只受理收费业务，不受理业扩报装业务；营业厅内物品放置杂乱无序，堆放橱柜、灶具、水壶等家居用品；营业厅垃圾桶脏乱未清理，如图7-7所示；营业厅公示的营业时间与实际营业时间不一致，公示下班时间为16：00，但实际下班时间为18：00。

图7-7　营业厅垃圾桶脏乱未清理

（3）综合研判。通过本次专项稽查，发现营业厅服务问题包含以下几类。

1）服务人员态度傲慢、纪律涣散，服务礼仪、仪容仪表不符合规范要求。服务人员未按规范进行着装，且未佩戴统一规范的工号牌，个别服务人员仪表仪容不够端庄；服务人员服务态度冷漠、语气生硬、面无表情，且不能做到“来有迎声去有送声”。

2）个别营业厅环境较差，便民设施配置不全。营业厅内物品摆放杂乱无章，随意堆放杂物及生活用品；营业厅内设施被尘土覆盖，垃圾桶垃圾满溢不清理；饮水机不能正常使用，且未配备一次性饮水纸杯；营业厅公示栏被物品遮挡，客户无法看清公示内容。

3）营业厅公示的营业时间错误或工作人员未按营业时间到岗。

4）供电营业厅受理业务推诿搪塞，未做到“首问负责”、“一口对外”、“限时办结”。

（4）整改措施。

1）提升服务人员精神面貌与服务态度。服务人员应着统一工装并佩戴统一规范的工号牌，仪表仪容要端庄得体；服务人员对待客户应友善招呼或面带微笑，当客户较多连续办理业务时不怠慢客户，遵守“来有迎声去有送声”。

2）改善营业厅环境与便民设施配备情况。

3）更换错误的营业时间公示牌。

4）工作人员受理业务要做到“首问负责”、“一口对外”、“限时办结”。

【案例三】 引发客户投诉的供电服务事件稽查实例

（1）基本情况。95598座席人员接到某客户投诉电话，该客户反映2013年10月28日在××市××县××营业厅进行卡表购电时，服务引导人员在业务办理过程中服务态度冷淡，回答客户问题敷衍现象严重，没有明确告知的自助缴费服务终端购电流程，导致客户未购电成功。客户回到家中在电能表插卡时发现购电失败，又再次返回营业厅进行读写卡，客户对此表示不满，特进行服务事件投诉。针对此次投诉事件，该市公司特委派营销稽查人员前往被投诉营业厅核实调查投诉处理结果。

（2）调查过程。营销稽查人员经与营业厅工作人员核实当时情况为：28日上午9时40分左右，投诉客户前往营业厅办理缴费业务，服务引导人员告知客户“为节约客户排队事件，办理缴费业务的客户可到自助缴费终端办理自助缴费，卡表客户年用电量如果超出年阶梯电量，可参照张贴的缴费操作说明进行操作”，该客户便到自助缴费终端进行缴费后，自行离开营业厅。1h后，该客户再次返回到营业厅表示在自助缴费终端购电失败。经业务人员核实发现，该客户2013年用电量超出年一阶梯电量数，且客户在自助缴费终端进行缴费时未按照张贴的操作说明提示进行正确操作，导致其所缴纳的电费未写入卡中。经

业务人员核实确认后，为客户重新进行了读写卡操作。在接到客投诉当日上午11时，营业厅负责人对当时服务引导人员进行了批评教育，并主动电话联系客户，对客户往返两次购电表示歉意，同时希望客户继续对营业厅的服务进行监督。客户表示对此次投诉处理的态度与结果表示满意。

稽查人员同时结合营业厅监控视频，对当时的情况进行查证，监控视频表明：投诉日上午该客户前往营业厅缴费，在排队过程中，客户向服务引导人员询问卡表购电的相关问题，由于当时大厅较为嘈杂，服务引导人员没有听清，便向客户告知“不想排队的客户可到自助缴费终端进行自助缴费”，客户随即通过自助缴费终端进行自助缴费，在无人指导的情况下自行完成缴费操作后，离开营业厅。

（3）综合研判。通过本次现场稽查，该投诉事件反映出的营业厅服务问题如下。

1）营业厅服务引导人员耐心、责任心较差，未能翔实听取客户提出的问题，并为客户作出解释说明，在客户使用自助缴费终端的过程中始终没有上前对客户进行指导和帮助，全程由客户自行完成缴费操作。

2）通过现场查看监控视频，均未看到相关业务人员引导协助客户完成办理购电，导致客户未能按照操作说明提示完成正确缴费操作。

（4）整改措施。

1）对责任人进行批评教育，增强营业厅服务引导人员的耐心与责任心，杜绝此类情况的再次发生。

2）在自助缴费终端附近张贴明显的自助缴费终端操作提示说明，对于自行操作存在困难的客户，服务引导人员应及时发现并进行指导与帮助，以防止客户在自助缴费终端购电或写卡失败。

【案例四】　远程视频监控供电营业厅服务问题的稽查实例

（1）基本情况。通过远程网络视频监控系统对地市公司供电所、营业厅、客服座席大厅进行实时监控，对发现的优质服务问题及时进行图片截取并派发稽查任务，要求问题相关单位核实处理。

（2）调查过程。

问题一：××1营业厅工作人员未着工装，如图7-8所示，日期2012年12月28日，星期三，时间14：17。

问题二：××2营业厅工作人员着装不统一，如图7-9所示，日期2013年1月1日，星期二，时间11：10。

问题三：××3营业厅工作人员着装不统一，有聊天现象，如图7-10所示，日期2013年1月5日，星期六，时间9：24。

图7-8 ××1营业厅工作人员未着工装

图7-9 ××2营业厅工作人员着装不统一

图7-10 ××3营业厅工作人员着装不统一，有聊天现象

图7-11 ××95598客服大厅外来人员长时间逗留

图7-12 ××95598座席工作期间玩手机

问题四：××95598客服大厅外来人员长时间逗留，如图7-11所示，日期2013年1月3日，星期四，时间9：10。

问题五：××95598座席工作期间玩手机，如图7-12所示，日期2013年3月22日，星期五，时间9：53。

（3）综合研判。通过本次视频监控，发现供电营业厅、95598客服大厅存在的服务问题如下。

1）供电营业厅工作人员未着工装或着装不统一，工作区域内秩序混乱，存在扎堆聊天现象。

2）95598座席人员座席未统一着客服人员工装，工作区域内秩序混乱，有工作时间玩手机及容留外来人员长时间逗留现象。

（4）整改措施。

1）提升营业厅工作人员、客服人员精神面貌，应着统一工装并佩戴统一规范的工号牌。

2）改善营业厅工作人员、客服人员工作秩序，工作期间禁止做与工作无关的事。

8 违约用电与窃电稽查的稽核要点及案例分析

随着经济的快速发展，各个行业对电力的需求量不断扩大，再加上政府对部分行业的节能减排要求。随之而来的反接、跨接、伪造铅封、超容量用电、私自启用暂停设备、私自转供电、私自更换变压器等窃电和违约用电问题变得越来越突出，窃电和违约用电技术日益智能化、产业化，窃电和违约用电行为更加隐蔽，电流分流、强磁铁窃电、改变电表参数、更换变压器铭牌、私自地埋电缆转供等行为很难监测，供电企业电量电费严重流失，每年蒙受巨大的经济损失。窃电和违约用电问题不仅影响了电力企业正常的供用电秩序、危害了供用电安全，也严重影响了经济发展建设以及社会稳定。

8.1 窃　　电

窃电是指以非法占用电能为目的，采用非法手段不计量或者少计量用电的行为。根据《供电营业规则》第九章对窃电的处理方法进行了详细的说明。营销稽查人员主要通过同行业电量对比分析、举报、电量突减、变压器利用率低等异常现象结合现场稽查，发现窃电问题。

窃电处理的主要依据有《中华人民共和国电力法》《中华人民共和国安全生产法》《电力供应与使用条例》《电力设施保护条例》《供电营业规则》。

8.1.1 窃电行为稽查的关键点

（1）检查客户现场是否有以下窃电行为：

1）在供电企业的供电设施上，擅自接线用电。

2）绕越供电企业的用电计量装置用电。

3）伪造或者开启法定的或者授权的计量检定机构加封的用电计量装置封印用电。

4）故意损坏供电企业用电计量装置。

5）故意使供电企业的用电计量装置计量不准或者失效。

6）采用其他方法窃电。

（2）有下列异常现象的客户应重点稽查是否存在窃电情况：

1）对同一地区同一行业的客户，某一时间段内用电量明显偏低或电量过于平稳与行业的用电特征不符。

2）正常生产的客户变压器长期利用率较低，一般长期低于30%客户有重点嫌疑。

3）被群众通过95598热线、网站或其他途径举报的客户。

4）在无暂停、减容等业务变更情况下，客户用电量环比突减50%以上，且电量绝对值较小。

5）电能表存在失压失流记录，且当前现场表计及二次回路未发现问题的客户。

6）正常用电客户长期用电量较小或为零。

7）正常用电情况下，对线损明显偏高的某台区或线路所带客户，有必要进行窃电分析及现场稽查。

8）用电量与用电容量明显不符。

9）有负荷电流无电量的客户。

8.1.2　窃电的异常特点

（1）窃电户的系统特征：

1）电量明显低于同一地区同一行业的客户、电量长期固定不变或电量长期较小。

2）无暂停、减容等原因客户电量突减。

3）长期零度户。

（2）窃电户的现场环境特征：

1）利用电力企业的柱上计量装置不便于进行直观检查的特点，在电能计量装置或二次回路上安装不明装置、串联电阻、连接不明导线、人为剪断接线、绕越电压或电流元件进行接线、破坏铅封，以达到窃电的目的。

2）在电力企业的计量装置附近设置抄表检查障碍物，如堆放杂物、拴/养大型犬等，阻挠供电企业职工对计量装置或其二次回路进行检查。

（3）窃电户常见的现场计量异常特征：

1）箱内存在计量装置以外的不明设备或存在计量装置改动、破坏的痕迹。

2）正在窃电的电能表显示失压或失流报警。

3）间断性窃电的应有历史报警记录。

8.1.3　窃电稽查的常用分析方法

窃电的前期分析主要是确定窃电疑似客户，最终通过现场稽查确定窃电客户。常用的前期分析方法如下：

(1) 对比分析法：分析同一地区、同一行业的客户1～2年内的电量波动情况，并分析该行业的经济形势变动情况，将电量波动明显有别于同行业客户且与经济形势相悖的客户，列为窃电疑似客户，进行进一步分析及现场稽查。

(2) 日常监测法：该方法需要有用电信息采集等系统的支持，监测或读取某个客户一周或一月的电量、电流等数据，如果与该户生产情况相悖，则将该户列为窃电疑似客户，进行进一步分析及现场稽查。

(3) 防窃电系统法：通过建立反窃电实验室或建设反窃电系统，实时监测变压器的实际负荷及客户的用电负荷，以高技术手段实现对各种形式的窃电行为实时监测。

(4) 网络信息验证法：通过互联网查询窃电疑似客户的生产经营情况，比较客户用电量与生产经营情况是否相符。

(5) 分压分线线损排查法：按电压等级、线路筛查高损线路及台区，对其下客户进行逐一排查以发现窃电客户。

8.1.4 窃电的系统稽查要点

(1) SG186营销业务应用系统：

1) 重点核对“电费计算明细”中客户历史电量电费计算明细数据，以实现对客户异常电量的分析。

2) 对“客户信息统一视图”中的客户档案、合同、计量装置、变更记录等信息进行核查，分析客户用电量波动变化。

(2) 用电信息采集系统：

1) 通过应用电表信息查询、统计等功能，与SG186营销业务应用系统和现场进行客户的日冻结抄表数据的分析比对。

2) 通过应用用电信息采集系统数据综合分析功能，查看分析客户实时电流、功率曲线。

8.1.5 窃电关联的稽查主题

经营成果监控＞售电量＞售电量波动

经营成果监控＞售电量＞零度户

经营成果监控＞售电量＞客户用电异常

经营成果监控＞售电量＞客户小电量

经营成果监控＞售电量＞客户变压器利用率异常

8.1.6 窃电的现场稽查注意事项

反窃电技术的关键是如何准确的区分计量元件故障和人为窃电，准确的判断窃电。所以窃电都需要进行现场稽查。现场稽查时要注意以下几项：

(1) 现场安全，现场稽查过程中要根据用电检查的相关规定进行，穿戴安全帽、绝缘鞋等安全设施，并需要用电检查人员配合，以保证电网安全和检查人员的人身安全。另外在社会环境较为恶劣的地区，需要联系公安机关并邀请公安人员共同参与。

(2) 现场需重点检查是否存在擅自接线、有无多余接线、电缆走线情况、计量箱内是否存在不明装置，检查计量装置外观、铅封是否完好、查看电能表是否存在失压失流记录及其他报警信息并记录失压失流详细信息。

(3) 现场稽查要取证完整，包括本次稽查的录像、照片、录音等，重点拍摄以下项目。

1）窃电点的电能表表号、用电设备等资产完整信息。

2）有擅自接线的点和电缆线路走线情况时，需拍摄接线点全图、细节图、线缆到客户用电设备现场图。

3）计量箱的外观及计量箱内的不明装置或多余接线。

4）计量装置的铅封、接线及报警信息。

5）其他窃电异常现场。

8.1.7 窃电现场稽查常用的辅助仪器

(1) 反遥控窃电检查仪：使用遥控编码扫描技术，在一定范围内（15m），通过强令采用遥控器窃电的装置强行动作，从而暴露其窃电行为，使现场稽查人员快速有效的查找客户窃电行为。

(2) 手持场强仪：可以对电源线、电缆、变压器、电力系统及其谐波以及各类工作频率达 30MHz 的用电设备进行电磁检测。

(3) 万用表：主要用于对电路中电压、电流和电阻等参数的测量。

(4) 现场稽查仪：可现场测量三相电压、电流、有功功率、相位及功率因数等参数，并能通过显示的向量图判断现场电能计量设备接线是否正确。

(5) 窃电电缆检查仪：主要用于带电电缆（如用于窃电的非法电缆）的查找。

(6) 变压器容量测试仪：用于现场测量变压器容量、型式、空载电流、空载损耗、短路（负载）损耗、阻抗电压等特性参数。

（7）红外热像仪：可以对目标设备进行温度测量。

8.2 窃电稽查的案例分析

【案例一】 通过遥控的通、断装置窃电

2013 年 1 月，省级供电服务中心接到 95598 电话，举报“××市××线材厂”存在窃电情况。省级稽查人员随后展开对该户问题的详细分析。

（1）客户情况。客户名称“××市××线材厂”，供电电压等级 10kV，合同容量与运行容量均为 315kVA。用电类别为大工业用电，行业分类为结构性金属制品制造，基本电费计算方式为按容量收取。该户计量方式高供高计，主计量点安装三相三线多功能电能表，综合倍率 400，执行 10kV 非优待大工业电价；子计量点执行 10kV 一般工商业非居民照明电价。

（2）系统分析。通过营销稽查监控系统，经营成果监控>售电量>客户变压器利用率异常，发现该客户变压器利用率 2012 年全年均低于 12%，详见表 8-1。

表 8-1　　客户 2012 年变压器利用率情况表

电费年月	本月抄见电量	功率因数	变压器利用率	电费年月	本月抄见电量	功率因数	变压器利用率
201201	5528	0.96	2.54%	201207	23 488	0.97	10.68%
201202	3640	0.96	1.67%	201208	20 588	0.96	9.46%
201203	22 396	0.96	10.29%	201209	22 296	0.93	10.57%
201204	21 356	0.94	10.02%	201210	19 756	0.95	9.17%
201205	24 832	0.95	11.53%	201211	21 480	0.93	10.18%
201206	24 108	0.95	11.19%	201212	22 252	0.96	10.22%

由表 8-1 可见，按 315kVA 容量计算，该客户理论最大用电量为 22.68 万 kWh/月，在 2012 年全年变压器利用率偏低，多数月份变压器利用率在 10%左右，最低变压器利用率为 1.67%，用电量在 0.36 万 kWh～2.48 万 kWh/月之间，与该客户正常生产运行情况不符。

随后，将该客户 2011～2012 年的月度用电量与同一地区、同一行业类别、同一用电容量其他客户月度用电量相比较发现，该客户（线材 5）不论是月度用电量还是用电特征曲线，都和其他与之比对的客户差距较大，异常情况较严重，如图 8-1 所示。

如图 8-1 所示，对比同一时间序列用电量可以发现，其他四家企业的用电量变

化曲线呈现出非常明显的同类特征，但唯独该企业（线材 5）用电量相对平稳，变化不大，用电特征异常明显。

该客户于 2011 年 3 月由负控系统割接入用电信息采集系统，但该客户采集终端长期不在线，无任何电量采集历史数据。

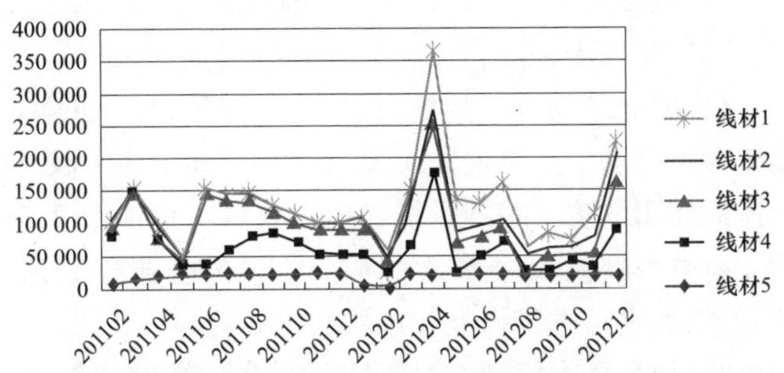

图 8-1 相同地区、相同类别、相同容量月用电量对比

（3）现场稽查。现场稽查人员分两路同时进行稽查，一路直接奔赴客户现场进行检查，一路直接赶赴营业厅进行客户卷宗核查。

通过对客户卷宗进行核查，自立户起多次换表，电流互感器变比几次变化，且换表工作票有涂改痕迹。但自 2010 年 3 月 25 日该客户最后一次换表后，计费表电流互感器变比均为 20/5，无任何减容、暂停方案或相关资料。

公司稽查及用电检查人员，对该厂进行现场检查，当检查人员进入厂区时，该户正在生产，产品为铁拔丝。检查人员对柱上高压组合计量装置登高检查，打开柱上计量电能表箱发现，电能表二次回路人为装有可遥控的通、断装置，当即对该户停电，并将高压组合计量装置落下进行检查，检查发现可遥控的通、断装置能够控制电能表 A、B 相电压的通、断，在断开方式下，可造成电能表 A、B 相电压失压，达到人为控制窃电目的。

图 8-2 客户窃电现场照片

此外，计量人员对柱上计量装置的 A、C 相电流互感器进行了变比试验，发现 A、C 相电流互感器一次匝间有短路情况，实际变比已无法测出，电流互感器实际运行时其倍率要大于 20/5A，即在电能表 A、B 相电压不人为造成失压的情况下，计量表计也不能正确计量。计量箱内部情况如图 8-2 所示。

（4）综合研判。

1）该客户利用可遥控的通、断装置控制电能表 A、B 相电压的通、断进行窃电。

2）采集终端长期不在线，用电信息采集系统无历史数据长达两年，采集故障一直未处理。

3）电流互感器 A、C 相一次匝间短路。

（5）整改措施。

1）根据《供电营业规则》第一百零二条“供电企业对查获的窃电者，应予制止并可当场中止供电。窃电者应按所窃电量补交电费，并承担补交电费三倍的违约使用电费。拒绝承担窃电责任的，供电企业应报请电力管理部门依法处理。窃电数额较大或情节严重的，供电企业应提请司法机关依法追究刑事责任。”的规定，进行窃电及违约用电处理。

2）加强抄表管理，对于未能采集成功的数据或采集与 SG186 系统不符的数据，应进一步进行核实，及时发现问题并进行处理。

3）加强专变客户变压器利用率分析，定期监控用电情况，及时发现异常。

【案例二】 通过使电能表失压进行窃电

通过营销稽查系统客户用电异常主题筛选，发现有客户电量突减连续超过三个月，环比突减电量在 31%～73%之间，于是对该户进行详细检查。

（1）客户情况。客户名称“××混凝土有限公司”，合同容量与运行容量均为 1840kVA。系统显示该户立户日期为 2009 年 6 月 2 日，用电类别为大工业用电，行业分类为砖瓦、石材及其他建筑材料制造，基本电费计算方式为按容量收取。

该户计量方式高供高计，配置三相三线多功能电能表，综合倍率 3000，执行 10kV 非优待大工业电价；子计量点执行 10kV 一般工商业非居民照明电价，电流变比 200/5。

（2）系统分析。通过系统筛查发现客户用电异常，电量由 376 023kWh 下降到 27 524kWh，用电量持续减少且幅度较大，该户 2012 年 9 月～2013 年 1 月份电量详见表 8-2 和图 8-3。

表 8-2　　客户历史电量电费明细表

电费年月	月电量（kWh）	月电费（元）	电量环比（%）
201209	311 605	198 663.15	—
201210	376 023	236 404.4	20.67
201211	259 277	170 030.4	−31.05
201212	70 781	84 365.43	−72.70
201301	27 524	58 376.85	−61.11

在SG186系统基础档案中，该客户为远采集抄客户并安装负控装置，如图8-4所示。实际该客户负控终端长期不在线，用电信息采集系统中无该户任何历史采集数据信息。

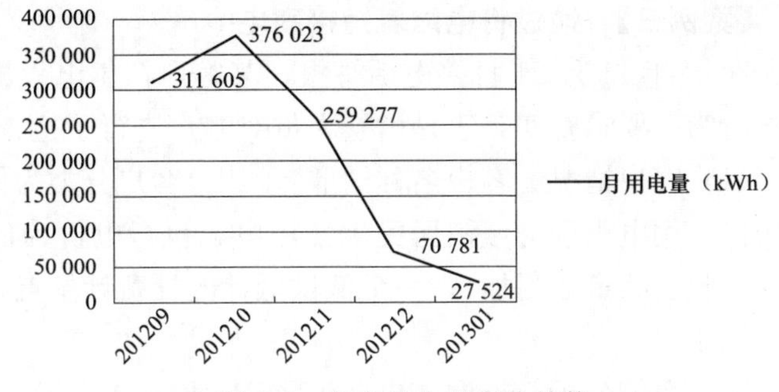

图8-3 客户月电量变化趋势

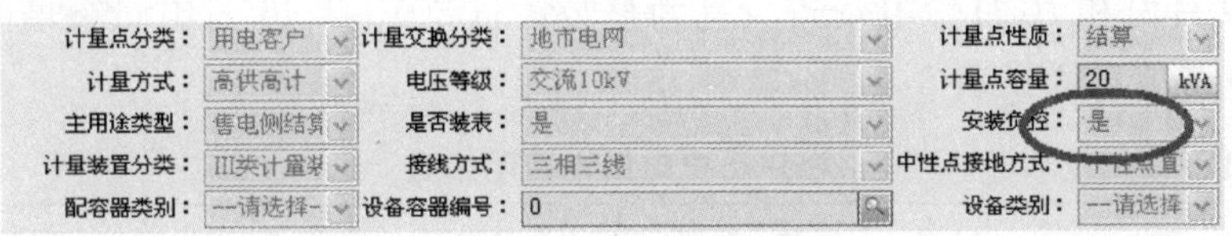

计量点分类：用电客户　计量交换分类：地市电网　计量点性质：结算
计量方式：高供高计　电压等级：交流10kV　计量点容量：20 kVA
主用途类型：售电侧结算　是否装表：是　安装负控：是
计量装置分类：III类计量装　接线方式：三相三线　中性点接地方式：
配容器类别：--请选择-　设备容器编号：0　设备类别：--请选择

图8-4 客户系统档案信息截图

（3）现场稽查。公司稽查及用电检查人员，对该厂进行现场突击检查，当检查人员进入厂区时，该户正在生产。客户电能计量箱锁封已被破坏，现场电能表的电压线被解开，造成电能表失压报警。经查明，该户在非抄表时间会解开一段时间的电能表电压线以窃取电量。

（4）综合研判。

1）客户破坏电力企业计量装置锁封，间歇性解开电能表电压线，已构成窃电事实。根据供用电营业规则第一百零一条故意使供电企业用电计量装置不准或者失效，属于窃电行为。

2）现场负控终端长期不在线，用电信息采集系统无历史数据，采集故障长期无人处理。

3）未对客户电量大幅下降及时进行分析。

（5）整改措施。

1）根据供用电营业规则第一百零二条供电企业对查获的窃电者，应予制止并可当场中止供电。窃电者应按所窃电量补交电费，并承担补交电费三倍的违约使用电费。拒绝承担窃电责任的，供电企业应报请电力管理部门依法处理。窃电数额较大或情节严重的，供电企业应提请司法机关依法追究刑事责任。

2）委派地市单位计量部外勤人员，赴现场排除客户负控终端故障。

3）加强电量突减客户的异常分析，及时发现问题并进行处理。

【案例三】 通过将电能表短接窃电

2013 年 11 月 21 日接电话举报，某客户在供电设施上擅自接线用电，存在窃电行为，要求查实，于是稽查人员对客户进行了检查。

(1) 客户情况。客户名称“邢××”，客户分类为低压居民，行业分类为城镇居民，用电类别为城镇居民生活用电，执行电价为低压城镇居民照明抄表到户（征收公共事业附加）；一个低供低计的计费计量点，安装单相电子式智能本地费控表。

(2) 系统分析。查询该户 2012 年 1 月～2013 年 11 月电量电费，发现该户 2013 年 9 月份和 10 月份电费较少且为整数，且 2013 年 11 月电量突增明显，客户电量电费信息详见表 8-3。

表 8-3　　客户历史电量电费明细表

电费月份	电量	电费	电费计算时间	电费月份	电量	电费	电费计算时间
201201	337	175.24	2012-1-6	201301	341	177.32	2013-1-6
201202	401	208.52	2012-2-8	201302	353	183.56	2013-2-5
201203	345	179.4	2012-3-8	201303	0	0	2013-3-6
201204	366	190.32	2012-4-10	201304	126	65.52	2013-4-4
201205	335	174.2	2012-5-9	201305	306	159.12	2013-5-4
201206	244	126.88	2012-6-11	201306	270	140.4	2013-6-4
201207	258	134.16	2012-7-12	201307	200	104	2013-7-11
201208	253	131.56	2012-8-7	201308	145	75.4	2013-8-5
201209	188	97.76	2012-9-7	201309	100	52	2013-9-5
201210	227	118.04	2012-10-5	201310	50	26	2013-10-8
201211	336	174.72	2012-11-6	201311	1176	656.87	2013-11-6
201212	308	160.16	2012-12-5				

因该户为预付费客户，所以整理该户的收费记录，截至举报日期该户还有预交电费 306.49 元。该户 2013 年具体收费记录详见表 8-4。

表 8-4　　客户预交电费明细表

记录日期	电费年月	摘　要	应收电费	实收电费	收款金额	预收费
20130101	201301	期初余额	0	0	0	360.88
20130106	201301	发行电费	177.32	0	0	0
20130106	201301	预收费自动冲抵电费	0	177.32	0	−177.32
20130128	201302	发行电费	14.2	0	0	0
20130128	201301	电力机构坐收现金缴费	0	14.2	400	385.8
20130205	201302	发行电费	183.56	0	0	0

续表

记录日期	电费年月	摘要	应收电费	实收电费	收款金额	预收费
20130205	201302	预收费自动冲抵电费	0	183.56	0	−183.56
20130306	201303	发行电费	0	0	0	0
20130404	201304	发行电费	65.52	0	0	0
20130404	201304	预收费自动冲抵电费	0	65.52	0	−65.52
20130504	201305	发行电费	159.12	0	0	0
20130504	201305	预收费自动冲抵电费	0	159.12	0	−159.12
20130531	201305	电力机构坐收现金缴费	0	0	300	300
20130604	201306	发行电费	140.4	0	0	0
20130604	201306	预收费自动冲抵电费	0	140.4	0	−140.4
20130711	201307	发行电费	104	0	0	0
20130711	201307	预收费自动冲抵电费	0	104	0	−104
20130805	201308	发行电费	75.4	0	0	0
20130805	201308	预收费自动冲抵电费	0	75.4	0	−75.4
20130805	201308	电力机构坐收现金缴费	0	0	300	300
20130905	201309	发行电费	52	0	0	0
20130905	201309	预收费自动冲抵电费	0	52	0	−52
20131003	201310	非金融机构自助缴费终端现金缴费	0	0	300	300
20131008	201310	发行电费	26	0	0	0
20131008	201310	预收费自动冲抵电费	0	26	0	−26
20131106	201311	发行电费	611.52	0	0	0
20131106	201311	预收费自动冲抵电费	0	611.52	0	−611.52
20131112	201311	发行电费	45.35	0	0	0
20131112	201311	金融机构代收转账缴费	0	45.35	300	254.65
合计						306.49

在SG186系统基础档案中，该客户为远采集抄客户并安装负控装置，如图8-5所示。核实用电信息采集系统，发现该户已在采集系统中建档，但无历史采集数据。

计量点分类：	用电客户	计量交换分类：	地市电网	计量点性质：	结算
计量方式：	低供低计	电压等级：	交流220V	计量点容量：	0.5 kVA
主用途类型：	售电侧结	是否装表：	是	安装负控：	是
计量装置分类：	V类计量装	接线方式：	单相	中性点接地方式：	中性点直接接

图8-5　客户档案信息系统截图

（3）现场稽查。经稽查人员与用电检查人员现场突击检查，发现客户电能

图 8-6　客户现场窃电图

表短接，电表报警灯、跳闸灯常亮。现场照片如图 8-6 所示。

经详细调查且与客户了解情况，该户于 2013 年 11 月 10 日周日晚到供电所自动柜员机购电未成功，客户为尽快用电，私自将电表短接。11 月 12 日到又供电所购电 300 元后未将电卡插入表计进行再次读卡，且短接线一直未拆除。11 月 22 日供电企业接到 95598 举报工单后到现场检查发现客户窃电的情况。

（4）综合研判。

1）该户将电能表短接后用电，造成电计量装置计量不准确，属于窃电行为。

2）电表恢复正常后核实以前月份的指数信息，发现该户存在估抄现象。

3）远采集抄客户，但采集系统无数据。

（5）整改措施。

1）根据《供电营业规则》第九章第一百零二条供电企业对查获的窃电者，应予制止并可当场中止供电。窃电者应按所窃电量补交电费，并承担补交电费三倍的违约使用电费。拒绝承担窃电责任的，供电企业应报请电力管理部门依法处理。

2）根据相关规定对抄表员的估抄行为进行处罚。

3）加强采集异常的分析与维护。

【案例四】　通过遥控的隐蔽分流装置进行窃电

某客户 2012 年 1～9 月电量电费均为 0，××市供电公司，通过在客户端安装反窃电远程稽查装置，进行远程反窃电在线稽查监测，发现该客户出现分流异常提示，随即开展分析调查。

（1）客户情况。客户名称“××恒温库”，客户分类为城网低压非居民，行业分类为谷物、棉花等农产品仓储，用电类别为一般工商业非工业，执行电价为低压一般工商业城镇非工业（免征公用事业附加）；一个低供低计的计费计量点，安装三相电子式智能本地费控表。

（2）系统分析。2012 年 9 月 6 日 6 时，远程稽查仪向工作室主站稽查系统及设定手机发出报警信息，提示“××恒温库”电能计量装置存在分流现象，直至 9 月 10 日，该现象多次出现。

根据反窃电远程稽查监测系统平台提示及该客户电量长期为零，怀疑该户存在窃电行为，需要进行现场检查。

（3）现场稽查。9 月 13 日，××市供电公司会同××市公安局刑警支队有关人员对该客户进行了现场检查。现场表封看似完好，检查人员仔细核对始终不能找出分流报警原因，随即请来厂家技术人员进行现场分析，也没有发现明显问题。最后厂家技术人员对计量装置进行拆解，并与同型号电能表进行元件比对，发现该表内多了继电器组成的分流装置。公安机关对企业负责人及电工进行了控制，客户承认窃电事实，为避免窃电被发现，客户剪断封印线又做了黏合处理，所以用肉眼很难发现，现场计量装置拆解照片，如图 8-7 所示。

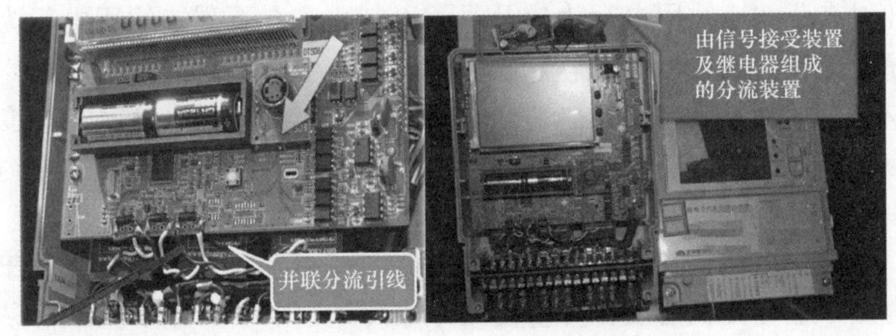

图 8-7 拆解后电能计量装置

经鉴定，该客户私自在电能计量装置 A、C 两相电流回路中并联由信号接收装置及继电器组成的分流装置，使用遥控器控制其通断进行窃电。

（4）综合研判。

1）该户开启铅封并通过对电表 A、C 分流造成电量计量不准，根据《供电营业规则》第一百零一条第 5 款“故意使供电企业用电计量装置不准或者失效”，属于窃电行为。

2）该户长期电量为零，工作人员没有及时发现问题。

（5）整改措施。

1）对客户的窃电行为，根据《供电营业规则》第九章“第一百零二条　供电企业对查获的窃电者，应予制止并可当场中止供电。窃电者应按所窃电量补交电费，并承担补交电费三倍的违约使用电费。拒绝承担窃电责任的，供电企业应报请电力管理部门依法处理。窃电数额较大或情节严重的，供电企业应提请司法机关依法追究刑事责任。”的规定，对客户采取停电处理，并追缴窃电电费及窃电的违约使用电费。

2）加强对零度户的系统监控与现场稽查，及时发现异常并进行处理。

8.3 违 约 用 电

违约用电是指危害供用电安全、扰乱正常供用电秩序的行为。违约用电的界定和处理依据有《中华人民共和国电力法》《中华人民共和国安全生产法》《电力供应与使用条例》《电力设施保护条例》《供电营业规则》。

8.3.1 违约用电行为稽查的关键点

（1）危害供用电安全、扰乱正常供用电秩序的行为，属于违约用电行为。供电企业对查获的违约用电行为应及时予以制止。有下列违约用电行为者，应承担其相应的违约责任：

1）在电价低的供电线路上，擅自接用电价高的用电设备或私自改变用电类别的，应按实际使用日期补交其差额电费，并承担两倍差额电费的违约使用电费。使用起讫日期难以确定的，实际使用时间按三个月计算。

2）私自超过合同约定的容量用电的，除应拆除私增容设备外，属于两部制电价的客户，应补交私增设备容量使用月数的基本电费，并承担三倍私增容量基本电费的违约使用电费；其他客户应承担私增容量每千瓦（千伏安）50 元的违约使用电费。如客户要求继续使用者，按新装增容办理手续。

3）擅自超过计划分配的用电指标的，应承担高峰超用电力每次每千瓦 1 元和超用电量与现行电价电费五倍的违约使用电费。

4）擅自使用已在供电企业办理暂停手续的电力设备或启用供电企业封存的电力设备的，应停用违约使用的设备。属于两部制电价的客户，应补交擅自使用或启用封存设备容量和使用月数的基本电费，并承担二倍补交基本电费的违约使用电费；其他客户应承担擅自使用或启用封存设备容量每次每千瓦（千伏安）30 元的违约使用电费。启用属于私增容被封存的设备的，违约使用者还应承担第 2 项规定的违约责任。

5）私自迁移、更动和擅自操作供电企业的用电计量装置、电力负荷管理装置、供电设施以及约定由供电企业调度的客户受电设备者，属于居民客户的，应承担每次 500 元的违约使用电费；属于其他客户的，应承担每次 5000 元的违约使用电费。

6）未经供电企业同意，擅自引入（供出）电源或将备用电源和其他电源私自并网的，除当即拆除接线外，应承担其引入（供出）或并网电源容量每千瓦

（千伏安）500元的违约使用电费。

（2）有下列异常现象的客户应重点稽查，是否存在违约用电情况：

1）检查月用电量明显突增的客户或超过合同容量用电的专变客户（包括低谷用电量超容的客户）。

2）在非农排季节，检查客户电价为农业生产且电量突增或电量长期比较高的客户；在非农业生产季节，检查农业客户电量较大，变压器利用率高于10％的客户；对电量大于5000kWh（或其他自定义值）的农业生产客户进行专项现场检查。

3）检查季节性用电在非用电高峰季度出现大电量的客户，如换热站非采暖季出现大电量的客户，排涝项目在非排涝季节出现大电量的客户。

4）检查执行居民照明电价且电量较大的客户，是否存在私自改变用电性质的情况。

5）专变客户有暂停的变压器或高压电动机，但电量出现异常增加，需要检查是否存在私自启用封停设备的违约用电行为。

6）用电检查人员应定期对高压专变客户进行巡视，及时发现“未经供电企业同意，擅自引入（供出）电源或将备用电源和其他电源私自并网”的行为。

7）抄表人员或用电检查人员应及时巡视计量箱等设备，及时发现“私自迁移、更动和擅自操作供电企业的用电计量装置、电力负荷管理装置、供电设施以及约定由供电企业调度的客户受电设备”的行为。

8.3.2 违约用电的几种形式

（1）客户超过合同约定容量用电。其中合同约定容量是指客户与供电企业签订的供用电合同中约定的用电容量。

（2）低价高接，客户在电价低的供电线路上，不通过用电变更擅自接用电价高的用电设备。

（3）不通过业务变更，擅自启用供电企业封停设备用电的。

（4）擅自操作供电企业的用电计量装置。

（5）不通过业务变更，擅自引入（供出）电源或私自并网。

8.3.3 违约用电的异常特点

违约用电的特点是，基本不会造成电量丢失，客户会存在违反合同约定的用电行为，如超过合同约定容量用电。表现形式有低价高接；私自超过合同约定容量用电；擅自超过计划分配的用电指标；擅自使用已在供电企业办理暂停手续的电力设备或启用供电企业封存的电力设备的；私自迁移、更动是擅自操作供电企业的用电计量装置、电力负荷管理装置、供电设施以及约定由供电企业调度的客户受电设备的；未经供电企业同意，擅自引入（供出）电源或将备用电源和其他电源私自并网的。

8.3.4 违约用电稽查的常用分析方法

（1）系统分析法：分析电量突增客户，监控暂停、减容客户的电量变动。

（2）现场核查法：用电检查人员定期现场巡视。凡是涉及超容、违约用电的必须到现场进行核实。

8.3.5 违约用电的系统稽查要点

（1）SG186 营销业务应用系统：稽查方法可通过“电费计算明细”、“客户信息统一视图”等功能，发现异常客户并分析电量电费及业务变更数据。重点稽查容量、电价、计量点、计费参数、电能表、互感器、算费明细等信息。

（2）用电信息采集系统：可重点关注电能表信息查询、统计等功能，分析客户的示数等计量信息。采集是否成功，电表示数与 186 系统电表示数是否一致，日冻结数据、SG186 系统抄表例日与集采例日是否一致等信息。

8.3.6 违约用电关联的稽查主题

经营成果监控>售电量>售电量波动

经营成果监控>售电量>客户用电异常

经营成果监控>电价执行>售电均价波动

经营成果监控>电价执行>特殊电价执行异常

经营成果监控>电价执行>超容量用电

经营成果监控>电价执行>居民大电量

经营成果监控>电价执行>农排大电量

经营成果监控>电价执行>化肥大电量

8.3.7 违约用电现场稽查的重点

违约用电均需要现场稽查确认，一个客户可能存在多种违约用电行为，所以需要准确的判断违约用电项目。现场稽查时要注意以下几项：

（1）要注意现场安全，可参考窃电的现场稽查重点。

（2）现场需重点检查：客户有哪些用电设备、现场客户的用电类别与系统是否一致、有无供出的电源点或多余接线、用电封存设备封条是否完好、变压器的外观及运行是否正常，变压器铭牌信息是否与系统一致等。

（3）现场稽查要取证完整。

8.3.8 违约用电稽查现场常用的辅助仪器

变压器容量测试仪：是专门用来在低电压、小电流情况下测试标准配电变压器容量的仪器，主要用来确认客户是否私自更换变压器铭牌。

8.4 违约用电稽查的案例分析

【案例一】 擅自使用已在供电企业办理暂停手续电力设备的违约用电

2013年5月，省级客户服务中心在例行异常数据监控工作中，通过“营销稽查系统>经营成果监控>电价执行>超容量用电”主题，发现该户存在月超容量用电现象，随即对其进行监控分析。

（1）客户情况。客户名称“××矿业发展有限责任公司”，电压等级为交流35kV，合同容量为6380kVA，运行容量3230kVA。该客户用电类别为大工业用电，行业分类为铁矿采选。两个计量点为主分关系，子计量点定比值为0.03，主计量点计量方式为高供高计，配置三相三线电子式智能电能表，综合倍率为7000。

（2）系统分析。该户为大工业客户，一共4台变压器，其中2台3150kVA，1台30kVA，1台50kVA，在2013年1月该户办理暂停1台3150kVA变压器手续，暂停时间半年。查询该户历史算费信息，2013年1～5月，基本电费均按3230kVA收取，如图8-8所示。

电价名称	时段	级数	结算电量	阶梯递增电量	目录电度电价	目录电度电费	容量/需量	基本电价	基本电费	参与力调金额
35KV大工业非优待（免...	峰	1	921060	0	0.7249	667676.39	0	0	0	0
35KV大工业非优待（免...	平	1	877675	0	0.4917	431552.8	3230	23.3	75259	1460062.23
35KV大工业非优待（免...	谷	1	843241	0	0.276	232734.52	0	0	0	0
35KV一般工商业非居民...	峰	1	26794	0	1.1077	29679.71	0	0	0	0
			5812972	0		1386016.71	3230.00		75259.00	1460062.23

图8-8 客户2013年1～5月电费明细系统截图

按该客户运行容量3230kVA计算，其月理论最大用电量为2 325 600kWh，通过对客户历史电量进行分析，发现该户2013年1～3月电量相对平稳，2013年4月电量开始增加但未超过理论最大用电量，5月电量增加至超过其月理论最大用电量，存在超容量用电现象，详见表8-5。

表8-5 客户历史电量及超容情况表

电费年月	总电量（kWh）	超容率（%）
201301	1 378 892	—
201302	1 154 831	—
201303	1 483 067	—
201304	2 262 185	—
201305	2 718 832	16.91

（3）现场稽查。2013年6月，省级客户服务中心稽查人员对该户展开现场稽查，到达现场后发现该户两台3150kVA变压器均为投运状态，现场如图8-9所示。

图8-9 客户现场照片

另经现场了解、核实，该户因追加生产，擅自启用办理暂停的3150kVA变压器用电，造成超容量用电。

（4）综合研判。

1）客户擅自使用已在供电企业办理暂停的变压器一台，造成超容量用电，属于违约用电行为。

2）电费审核不严，该户4月和5月电量出现波动没有及时发现客户私自使用办理暂停变压器的情况，漏收基本电费。

（5）整改措施。

1）依据《供电营业规则》第一百条规定，对客户擅自使用已在供电企业办理暂停手续的变压器情况进行处理，追收擅自使用设备容量和使用月数的基本电费，并承担两倍补交基本电费的违约使用电费。

2）加强电费核算管理，每月对抄表电量异常波动情况进行稽核，及时发现问题并整改。

【案例二】 私自转供电的违约用电行为

通过“营销稽查监控系统＞经营成果监控＞电价执行＞超容量用电”主题，发现该户变压器利用率接近100%，并且该户为农业客户，超容量月份为8月和10月，随即对其进行核查分析。

（1）客户情况。客户名称“××林场”，合同容量30kVA，运行容量30kVA，客户分类为农网高压，行业分类为林业，用电类别为农业生产用电，执行电价为10kV农业生产（不免损耗），是否执行峰谷标志为“否”；一个高供低计计费计量点，安装三相四线电子式电能表。

（2）系统分析。经查询该客户无增容、变更业务记录。

查询分析该户2012年8～11月电量电费记录，2012年8月、10月均有超容量用电现象，该户电量电费记录见表8-6。

（3）现场稽查。公司稽查及用电检查人员，对该厂进行现场检查，进入林场发现该户主要用电设备处在停用状态，后经排查该户低压线路，发现在低压

线路上有电缆接线，直接接入附近一小铁选厂。

表 8-6 客户历史电量及超容情况表

电费年月	用电量（kWh）	总电费（元）	运行容量（kVA）	变压器利用率
201208	29 808	14 586.55	30	138%
201209	18 506	9055.91	30	85.68%
201210	23 614	11 555.51	30	109.32%
201211	18 708	9154.76	30	86.61%

（4）综合研判。

1）客户未经过供电企业同意，私自将电力转供给其他客户，属于违约用电行为。

2）客户为农业生产客户，但转供的小铁厂为普通工业，属于在电价低的供电线路上，擅自接用电价高的用电设备，同样属于违约用电行为。

3）该户存在超容现象。

（5）整改措施。

1）停止客户转供电行为，并拆除私自转接线路。

2）根据《供电营业规则》，追缴差额电费和违约使用电费。

该户私自给其他客户转供电，属于违约用电行为，根据《供电营业规则》第一百条第六款“未经供电企业同意，擅自引入（供出）电源或将备用电源和其他电源私自并网的，除当即拆除接线外，应承担其引入（供出）或并网电源容量每千瓦（千伏安）500 元的违约使用电费”。

另外该户转供电客户为普通工业客户，该户为农业生产客户，还存在低价高接的违约用电行为，根据《供电营业规则》第一百条第一款“在电价低的供电线路上，擅自接用电价高的用电设备或私自改变用电类别的，应按实际使用日期补交其差额电费，并承担两倍差额电费的违约使用电费。使用起讫日期难以确定的，实际使用时间按三个月计算”。

根据《供电营业规则》第一百条第二款“私自超过合同约定的容量用电的，除应拆除私增容设备外，属于两部制电价的客户，应补交私增设备容量使用月数的基本电费，并承担三倍私增容量基本电费的违约使用电费；其他客户应承担私增容量每千瓦（千伏安）50 元的违约使用电费。如客户要求继续使用者，按新装增容办理手续”追收客户超容量用电的违约使用电费。

【案例三】 低价高接的违约用电行为

2012 年 4 月份通过“营销稽查监控系统＞经营成果监控＞电价执行＞客户

用电异常”主题，发现一个供电电压220V的居民客户2012年3月份电量为2670kWh，电量突增了2250kWh，随即对其进行监控分析。

（1）客户情况。客户名称“郑××”，合同容量4kVA，运行容量4kVA，客户分类为城网低压居民，行业分类为居民照明，用电类别为居民照明，执行电价为低压城镇居民照明抄表到户（免征公用事业附加），是否执行峰谷标志为“否”；一个低供低计的计费计量点，安装单相智能表。

（2）系统分析。经查询，该客户无增容、变更业务记录。

表8-7　客户历史电量电费记录表

电费年月	用电量（kWh）	总电费（元）
201110	1560	787.8
201111	909	459.05
201112	741	374.21
201201	568	286.84
201202	420	212.1
201203	2670	1348.35

查询分析该客户2011年10月～2012年3月半年的电量电费记录，客户电量较一般居民客户高，且2012年3月较2月电量突增了2250kWh，该户电量电费记录见表8-7。

经分析该户属于居民客户，3月停止供暖半个月时间，正常用电电量不应该能达到2000多kWh，怀疑该户可能存在其他违约现象，需对该户进行现场稽查。

（3）现场稽查。公司稽查及用电检查人员，对该户进行现场检查，发现该户为临街住户，房子分为主房和临街门房，临街门房为水产品商店，主房为房主自住，主房中仅有1个冰箱、2个空调、2个电视、1个微波炉、1个电动自行车及热水器等用电设备。经现场人员详细排查，并与了解情况，该户主承认，因不了解用电政策，将临街门房租给他人后自己给租户安装了一块电表向租户收取电费，未向供电企业报请拆户和更改用电类别。经现场人员详细排查院子内部走线，发现客户通过一段导线将水产店的负荷接入主户表计下面。

（4）综合研判。客户为居民照明客户，但将其负荷部分客户水产品商店，属于在电价低的供电线路上，擅自接用电价高的用电设备，属于违约用电行为。

（5）整改措施。

1）向客户讲解相关电价政策，并督促客户办理用电变更手续，居民与工商业分表计量。

2）根据《供电营业规则》，追缴差额电费和违约使用电费。

该户私自改变用电类别存在低价高接的违约用电行为，根据《供电营业规则》第一百条第一款“在电价低的供电线路上，擅自接用电价高的用电设备或私自改变用电类别的，应按实际使用日期补交其差额电费，并承担两倍差额电

费的违约使用电费。使用起讫日期难以确定的，实际使用时间按三个月计算”

【案例四】 私自增容的违约用电行为

通过“营销稽查监控系统>经营成果监控>电价执行>超容量用电”主题，发现该户变压器利用率超过100%，于是对该户进行详细分析核查。

（1）客户情况。客户名称“××铁矿采选有限公司”，合同容量1850kVA，运行容量1850kVA，客户分类为农网高压，行业分类为铁矿采选，用电类别为大工业用电，执行电价为10kV大工业非优待，是否执行峰谷标志为“是”，功率因数考核标准0.9；一个高供高计计费计量点，安装三相三线电子式电能表。

（2）系统分析。经查询，该客户无增容、变更业务记录。

查询该户2012年9月电量电费记录，客户电量有明显波动，变压器利用率从8月的71.41%突增到2012年9月的107.09%。该户电量电费记录见表8-8。

表8-8 客户历史电量及超容情况表

电费年月	用电量（kWh）	总电费（元）	运行容量（kVA）	变压器利用率
201208	982 920	594 175.94	1850	71.41%
201209	1 426 440	844 693.43	1850	107.09%

查看该户变压器记录，有三台S9变压器，容量分别为100kVA、500kVA、1250kVA，分析变压器利用率不应超过100%，需要现场稽查确认。

（3）现场稽查。公司稽查及用电检查人员，对该厂进行现场检查，当检查人员进入厂区时，该户正在生产，现场发现客户三台变压器均在运行，详细查看该户的线路接线，发现在表计测量范围内，有一条电缆直接引入厂房并接入一组780kW的高压电机。经与客户了解情况，该户9月份购入一组高压电机，厂内电工私自拉下高压开关将该高压电动机接入电网，未向供电单位提交新装增容申请，造成私增容违约用电，该高压电动机使用月数为一个月。现场检查人员向客户说明相关政策文件，并当即给客户停电，拆除高压电机的接入线路。客户承诺马上办理增容手续，并交纳违约使用电费。

（4）综合研判。该户私自接入高压电机超过合同约定容量用电，属于违约用电行为。

（5）整改措施。

1）加强电力法律法规宣传，让客户认识到私自接入高压电动机、变压器设备为私增容违约用电行为，避免客户无意识违约用电。

2）加强专变客户的用电检查，考虑实际变压器容许的最大负载率，如果变压器利用率超过95%，需要重点巡视检查。

3）根据《供电营业规则》第一百条第二款“私自超过合同约定的容量用电的，除应拆除私增容设备外，属于两部制电价的客户，应补交私增设备容量使用月数的基本电费，并承担三倍私增容量基本电费的违约使用电费；其他客户应承担私增容量每千瓦（千伏安）50元的违约使用电费。如客户要求继续使用者，按新装增容办理手续”追收客户私增容设备容量的基本电费和违约使用电费。

【案例五】 农业生产大电量检查

因农业生产电价较低，且排灌类的用电受季节影响严重，所以农业生产电量突增或者长期用电量比较高的客户，均可能存在违约用电行为。2013年3月初公司组织对县公司进行农业生产大电量专项检查，共发现月电量超过5000kWh的农业生产客户两百余户，于是逐一进行核查。

（1）客户情况。制订筛查规则对农业生产大电量进行检索，部分满足该条件的两百余户见表8-9。

表8-9　　客户容量及用电量明细

客户号	客户名	运行容量	电费年月	合计电量
1××…3	××村饮水	80	201302	8446
1××…8	高××	8	201302	8720
1××…5	李××	8	201302	5677
1××…0	姜××	8	201302	5150
3××…4	刘××	8	201302	5277
1××…1	杨××	8	201302	5695
1××…1	××农牧有限公司	200	201302	17 246
1××…9	××农牧有限公司	80	201302	31 446
1××…1	××农牧有限公司	200	201302	52 823
1××…6	××猪场	8	201302	5240
1××…8	××扬水站	80	201302	8528
1××…3	××农业大棚养殖	80	201302	14 500
1××…4	张××	8	201302	5112
…	…	…	…	…

（2）系统分析。通过系统逐一核查，这些客户均属于农业生产用电，客户用电类别档案系统界面截图如图8-10所示。

图 8-10　客户用电类别档案系统界面截图

（3）现场稽查。稽查人员和市、县公司的用电检查人员对执行农业生产客电客户进行现场逐一核实，现场详细核对电能表编号和示数，检查接线和电力用途。发现其中有 3 个客户电价执行正确但存在超容量用电的违约行为；有 8 户原为养殖、种植业客户后改为饭店、浴池或宾馆；有 8 户原为养殖、种植、鱼池后改为铁矿抽水或铁矿矿石破碎；有 1 户原为农田浇水，后改为居民饮水用电。本次检查出的有问题的客户见表 8-10。

表 8-10　问题客户情况说明表

客户系统中的用电性质	客户现场情况	说　明
3 户农业生产用电	超容量用电	客户的用电容量超过了客户的合同约定容量，属于超容量用电，属于违约用电行为
8 户养殖	饭店、浴池、宾馆	应该执行一般工商业商业分时电价，客户擅自改变用电类别，属于在电价低的供电线路上，擅自接用电价高的用电设备或私自改变用电类别的违约用电行为
8 户养殖	矿抽水或铁矿石破碎	应该执行一般工商业普通工业分时电价，客户擅自改变用电类别，属于在电价低的供电线路上，擅自接用电价高的用电设备或私自改变用电类别的违约用电行为
1 户农田浇水	居民饮水	应执行居民生活用电价格，该户为饮水工程用电，根据相关电价文件规定，农村居民饮水供水工程用电执行居民生活用电价格

（4）综合研判。

1）共有 3 户农业生产用电客户超过了客户的合同约定容量，属于超容量用电，属于违约用电行为。

2）共有 17 户客户擅自改变用电类别，属于在电价低的供电线路上，擅自接用电价高的用电设备或私自改变用电类别的违约用电行为。

3）共有 16 户商业用电和普通工业用电应执行峰谷分时电价。

（5）整改措施。

1）对于超容量用电的客户，要求客户缴纳私增容量每千瓦（千伏安）50 元的违约使用电费，如客户要求继续使用者，按新装增容办理手续。

2）对改变用电性质的客户，按实际使用日期补交客户在电价低的供电线路上，擅自接用电价高的用电设备或私自改变用电类别的违约用电差额电费，并承担两倍差额电费的违约使用电费。使用起讫日期难以确定的，实际使用时间按三个月计算。

3）对于实际用电性质为商业用电和普通工业用电的客户追收峰谷分时电量电费。

【案例六】 居民大电量检查

通过“营销稽查监控系统>经营成果监控>电价执行>居民大电量”主题，发现有客户用电量很大，月均用电量超过了 2000kWh，随即对其进行监控分析。

（1）客户情况。客户名称“文××”，合同容量 4kVA，客户分类为城网低压居民，行业分类为城镇居民，用电类别为城镇居民生活用电，执行电价为低压城镇居民抄表到户（免征公用事业附加），是否执行峰谷标志为“否”；一个低供低计的计费计量点，安装电子式智能远程费控电能表。

（2）系统分析。分析该户电量电费数据，抄表算费时间为每月月初，从 2013 年 1 月起电量突然升高到 2000kWh 以上，经计算 2013 年月均电量为 2837kWh，远大于正常居民客户用电。客户历史电量电费记录见表 8-11。

表 8-11 客户历史电量电费记录表

电费年月	电量（kWh）	电费（元）	计算月份
201301	2786	1438.23	2013-1-4
201302	3522	2691.71	2013-2-1
201303	2724	2192.82	2013-3-4
201304	2960	2382.8	2013-4-2
201305	2800	2254	2013-5-2
201306	2649	2132.45	2013-6-3
201307	2646	2130.03	2013-7-2
201308	3529	2840.85	2013-8-3
201309	3843	3093.62	2013-9-2
201310	1922	1547.21	2013-10-6
201311	2328	1874.04	2013-11-4
201312	2337	1881.29	2013-12-2

查看该户合同及业务变更记录，该户未申请过改类，也未申请过电采暖和多人口电价，考虑该户处在城区范围内，怀疑该户有违约用电行为，需进行现场稽查。

（3）现场稽查。营销稽查人员和用电检查人员对该户进行现场检查，发现该户楼房已整体改为宾馆，经过询问宾馆经理，并与附近住户核实，确认该户自 2012 年 12 月起进行装修和营业，现场核查客户用电容量已远超过系统中的 4kVA，与系统容量不符。

（4）综合研判。

1）客户供用电合同中签订的用电类别居民照明，但将其负荷全部改为旅馆

用电，属于在电价低的供电线路上，擅自接用电价高的用电设备，属于违约用电行为。

2）该户擅自更改用电类别，将居民生活用电改为商业用电性质。

（5）整改措施。

1）根据《供电营业规则》第一百条第一款相关规定，追缴客户实际使用日期的居民生活电价与商业电价差额电量电费和两倍的违约使用电费。

2）向客户讲解相关电价政策，并督促客户办理相关用电变更手续并为客户加装分时电能表。

3）加强电费抄核管理，及时发现异常问题并进行处理。

附录 1　供电质量及应急处置类营销稽查主题一览表

主题	等级	主题指标	指标算法	稽查频度	稽查例日	阀值	展示要求及备注
典型客户停电情况	特级	1. 典型客户年停电情况	（1）典型客户年停电时间＝停电时间之和。 （2）典型客户年停电次数＝停电次数之和	日	每日	（1）停电时间。 省公司：37.5h/户年。 地市公司：37.5h/户年。 （2）停电次数。 省公司：35kV 及以上客户 1 次/年，10kV 客户 3 次/年，低压客户可自定义 M（一般 5 次/年）。 地市公司：35kV 及以上客户 1 次/年，10kV 客户 3 次/年，低压客户可自定义 N（一般 5 次/年）	（1）省公司：按典型客户年停电时间或停电次数超过监控阀值进行筛选。 （2）地市公司：按典型客户年停电时间或停电次数超过监控阀值进行筛选
		2. 供电单位年平均停电情况	（1）年平均停电时间＝停电时间×停电客户数之和 /总典型客户数。 （2）年平均停电次数＝停电客户数之和 /总典型客户数			（1）停电时间。 省公司：37.5h/户年。 地市公司：37.5h/户年。 （2）停电次数。 省公司：35kV 及以上客户 1 次/年，10kV 客户 3 次/年，低压客户可自定义 M（一般 5 次/年）。 地市公司：35kV 及以上客户 1 次/年，10kV 客户 3 次/年，低压客户可自定义 N（一般 5 次/年）	按供电单位年平均停电时间或平均停电次数超过监控阀值进行筛选

续表

主题	等级	主题指标	指标算法	稽查频度	稽查例日	阈值	展示要求及备注
客户供电电压异常情况	特级	电压合格率	典型客户电压合格率＝实际运行电压在允许电压偏差范围内累计时长/总运行统计时长×100%	月	4日（可自定义）	省公司：城市居民客户96%，10kV及以上用电客户98%，农村客户根据当地实际情况自定义M。 地市公司：城市居民客户96%，10kV及以上用电客户98%，农村客户根据当地实际情况自定义N	（1）省公司：按电压合格率未达到监控阀值进行筛选，也可输入小于监控阀值的数值进行筛选。 （2）地市公司：按电压合格率未达到监控阀值进行筛选
停电恢复及时率		停电恢复及时率	（1）停电恢复及时率＝按计划时间恢复供电次数/已实施的计划停电次数×100%。 （2）停电恢复时差＝实际恢复供电时间-计划恢复供电时间		2日	（1）停电恢复及时率： 省公司：M，M可设置。地市公司：N，N可设置。 （2）停电恢复时差： 省公司：0。 省公司：0	（1）线路。 地市公司：按停电恢复时差进行筛选。 （2）供电单位。 网省公司：按停电恢复及时率未达到监控阀值进行筛选。 地市公司：按停电恢复及时率未达到监控阀值进行筛选
重大停、限电事件监控		重大停限电事件	连续停电时长＝当前时间－停电开始时间	日	每日	（1）重大停限电事件。 省公司：重大停限电事件的确认标准，可自行定义。 地市公司：重大停限电事件的确认标准，可自行定义。 （2）连续停电时长。 省公司：M，M可设置。 地市公司：N，N可设置	（1）省公司：按重大停限电事件标或连续停电时长超过监控阀值进行筛选。 （2）地市公司：按重大停限电事件或连续停电时长超过监控阀值进行筛选
高危及重要客户停电事件监控		高危及重要客户停电持续时长	危及重要客户停电持续时长＝当前时间－停电开始时间			省公司处理持续时长：M，M可设置。 地市公司处理持续时长：N，N可设置	（1）省公司：按停电持续时长超过监控阀值进行筛选。 （2）地市公司：按停电持续时长超过监控阀值进行筛选
媒体曝光事件监控		媒体曝光事件监控	（1）已处理：持续处理时长＝处理完成时间－媒体曝光事件发生日期。 （2）未处理：持续处理时长＝当前时间－媒体曝光事件发生日期			省公司处理持续时长：M，M可设置。 地市公司处理持续时长：N，N可设置	（1）省公司：按处理持续时长超过监控阀值进行筛选。 （2）地市公司：按处理持续时长超过监控阀值进行筛选

附录 2　经营成果类营销稽查主题一览表

主题	等级	主题指标	指标算法	稽查频度	稽查例日	阈值	展示要求及备注
业扩报装结存率	一级	1. 业扩报装户数结存率	去年业扩报装结存户数月累计完成率＝当年累计归档户数/(结转户数－当前累计中止户数)×100%（以上数据均为针对去年业扩报装结存数据）	月	3 日	业扩报装结存户数月完成率。 （1）省公司：去年业扩报装结存户数 1 月完成率 1%，去年业扩报装结存户数 2 月完成率 1.5%（其余各月份完成率按照 1.5 个百分点逐月增加，如：去年业扩报装结存户数三月份完成率 3%）。 （2）地市公司：去年业扩报装结存户数一月份完成率 1%，去年业扩报装结存户数二月份完成率 1.5%（其余各月份完成率按照 1.5 个百分点逐月增加，如“去年业扩报装结存户数三月份完成率 3%”）。 业扩报装结存户数月累计完成率。 （1）省公司：去年业扩报装结存户数一月份累计完成率 1%，去年业扩报装结存户数二月份累计完成率 2.5%（其余各月份累计完成率＝本月完成率阀值＋上月累计完成率阀值，如“去年业扩报装结存户数三月份累计完成率 5.5%”）。 （2）地市公司：去年业扩报装结存户数一月份累计完成率 1%，去年业扩报装结存户数二月份累计完成率 2.5%（其余各月份累计完成率＝本月完成率阀值＋上月累计完成率阀值，如“去年业扩报装结存户数三月份累计完成率 5.5%”）	（1）省公司：按业扩报装结存户数月累计完成率连续三个月未达到监控阀值进行筛选。 （2）地市公司：按业扩报装结存户数月累计完成率未达到监控阀值进行筛选

续表

主题	等级	主题指标	指标算法	稽查频度	稽查例日	阈值	展示要求及备注
业扩报装结存率	一级	2. 业扩报装容量结存率	去年业扩报装结存容量月累计完成率＝当年累计完成容量/(结转容量－当前累计中止容量)×100%（以上数据均为针对去年业扩报装结存数据）	月	3日	业扩报装结存容量月完成率： （1）省公司：去年业扩报装结存容量一月份完成率1%，去年业扩报装结存容量二月份完成率1.5%（其余各月份完成率按照1.5个百分点逐月增加，如“去年业扩报装结存容量三月份完成率3%”）。 （2）地市公司：去年业扩报装结存容量一月份完成率1%，去年业扩报装结存容量二月份完成率1.5%（其余各月份完成率按照1.5个百分点逐月增加，如“去年业扩报装结存容量三月份完成率3%”）。 业扩报装结存容量月累计完成率： （1）省公司：去年业扩报装结存容量一月份累计完成率1%，去年业扩报装结存容量二月份累计完成率2.5%（其余各月份累计完成率＝本月完成率阀值＋上月累计完成率阀值，如“去年业扩报装结存容量三月份累计完成率5.5%”）。 （2）地市公司：去年业扩报装结存容量一月份累计完成率1%，去年业扩报装结存容量二月份累计完成率2.5%（其余各月份累计完成率＝本月完成率阀值＋上月累计完成率阀值，如“去年业扩报装结存容量三月份累计完成率5.5%”）	（1）省公司：按业扩报装结存容量月累计完成率连续三个月未达到监控阀值进行筛选。 （2）地市公司：按业扩报装结存容量月累计完成率未达到监控阀值进行筛选

续表

主题	等级	主题指标	指标算法	稽查频度	稽查例日	阀值	展示要求及备注
减容、销户情况	二级	1. 减容完成户数增长率	减容完成户数增长率=(本期减容完成户数－上年同期减容完成户数)/上年同期减容完成户数×100%	月	3日	省公司：±50%。 地市公司：±50%	(1) 省公司：按减容完成户数增长率连续三个月超过监控阀值进行筛选。 (2) 地市公司：按指定时间段范围内的减容完成户数增长率超过监控阀值进行筛选
		2. 减容完成容量增长率	减容完成容量增长率=(本期减容完成容量－上年同期减容完成容量)/上年同期减容完成容量×100%				(1) 省公司：按减容完成容量增长率连续三个月超过监控阀值进行筛选。 (2) 地市公司：按指定时间段范围内的减容完成容量增长率超过监控阀值进行筛选
		3. 销户完成户数增长率	销户完成户数增长率=(本期销户完成户数－上年同期销户完成户数)/上年同期销户完成户数×100%				(1) 省公司：按销户完成户数增长率连续三个月超过监控阀值进行筛选。 (2) 地市公司：按指定时间段范围内的销户完成户数增长率超过监控阀值进行筛选
		4. 销户完成容量增长率	销户完成容量增长率=(本期销户完成容量－上年同期销户完成容量)/上年同期销户完成容量×100%				(1) 省公司：按销户完成容量增长率连续三个月超过监控阀值进行筛选。 (2) 地市公司：按指定时间段范围内的销户完成容量增长率超过监控阀值进行筛选

续表

主题	等级	主题指标	指标算法	稽查频度	稽查例日	阈值	展示要求及备注
业扩平均完成时间	一级	1. 业扩平均完成时间平均差值波动	（1）平均完成时间(天/户)＝∑(归档时间－申请时间)/接电户数。 （2）完成时间（天）＝归档时间－申请时间。 （3）平均差值（天/户）＝平均完成时间－去年网省公司平均完成时间；按照对应的时限考核分类。 （4）完成是指业务已完成归档环节的业务工单。 （5）时限考核分类包括高压单电源客户、高压双电源客户、低压非居民客户、低压居民客户	月	3日	平均差值波动。 （1）省公司：去年网省公司平均完成时间值（按照时限考核分类列出）的波动区间（如±20%，各单位可自定义）。 （2）地市公司：去年网省公司平均完成时间值（按照时限考核分类列出）的波动区间（如±20%，各单位可自定义）	（1）省公司：按平均差值波动连续三个月超过监控阈值进行筛选。 （2）地市公司：按月的平均差值波动超过监控阀值进行筛选
		2. 业扩平均完成时间差值波动	（1）平均完成时间(天/户)＝∑(归档时间－申请时间)/接电户数。 （2）完成时间（天）＝归档时间－申请时间。 （3）差值（天）＝完成时间－去年网省公司平均完成时间；按照对应的时限考核分类。 （4）时限考核分类包括高压单电源客户、高压双电源客户、低压非居民客户、低压居民客户			差值波动： （1）省公司：去年网省公司平均完成时间值（按照时限考核分类列出）的波动区间（如±50%，各单位可自定义）。 （2）地市公司：去年网省公司平均完成时间值（按照时限考核分类列出）的波动区间（如±50%，各单位可自定义）	（1）省公司：按差值波动连续三个月超过监控阀值进行筛选。 （2）地市公司：按指定时间段范围内差值波动超过监控阀值进行筛选

续表

主题	等级	主题指标	指标算法	稽查频度	稽查例日	阈值	展示要求及备注
售电量波动	特级	售电量波动	（1）环比=（当期值－上期值）/上期值×100%。 （2）同比=（当期值－同期值）/同期值×100%。 （3）近2年同期环比平均值=（上年同期环比值+前年同期环比值）/2。 （4）售电量波动值=｜当期环比值－近2年同期环比平均值｜/近2年同期环比平均值。 备注：用电类别不包括趸售	月	3日（可自定义）	省公司：按用电类别历史值的波动情况参考设置不同的阈值（可自定义）。 M1：大工业； M2：居民； M3：农业； M4：非工业及普通工业； M5：商业用； M6：其他用电。 地市公司：按用电类别历史值的波动情况参考设置不同的阈值（可自定义）。 N1：大工业； N2：居民； N3：农业； N4：非工业及普通工业； N5：商业用； N6：其他用电	（1）省公司：按电费年月范围内售电量波动超出监控阀值的用电类别进行筛选。 （2）地市公司：按电费年月范围内售电量波动超出监控阀值的用电类别进行筛选
趸售电量波动		趸售电量波动	（1）环比=（当期值－上期值）/上期值×100%。 （2）同比=（当期值－同期值）/同期值×100%。 （3）趸售客户总购电量=本期趸售电量+本期购地方电厂电量。 （4）近2年总购电量同期环比平均值=（上年同期环比值+前年同期环比值）/2。 （5）趸售客户总购电量波动值=｜当期环比值－近2年同期环比平均值｜			省公司：M%，M可按供电单位历史值的波动情况参考设置。 地市公司：N%，N可按供电单位历史值的波动情况参考设置	（1）省公司：按趸售电量波动超出监控阀值或波动率前L位进行筛选。 （2）地市公司：按趸售电量波动超出监控阀值进行筛选

续表

主题	等级	主题指标	指标算法	稽查频度	稽查例日	阈值	展示要求及备注
大客户直接交易电量	四级	大客户直接交易电量	交易电量完成率＝实际交易电量/协议交易电量×100% 备注：大客户直购电的“实际交易电量”，“协议交易电量”必须在营销业务系统中存在	月	3日（可自定义）	省公司：100%。 地市公司：100%。 备注：直接交易电量应严格执行《大客户直购电协议书》确定的指标	（1）省公司：按交易电量完成率未达到N%进行筛选，N可自定义。 （2）地市公司：按交易电量完成率未达到监控阀值进行筛选
零度户	特级	零度户	月用电量为零的客户			（1）非居民客户连续零电量时间阀值。 省公司＝6个月（可自定义）。 地市公司＝3个月（可自定义）。 （2）居民客户连续零电量时间阀值。 省公司＝9个月（可自定义）。 地市公司＝7个月（可自定义）	（1）省公司：按大于或等于网省监控阀值的数值进行筛选。 （2）地市公司：按大于或等于地市监控阀值的数值进行筛选
客户用电异常	特级	1. 电量异常	（1）突增比例：突增电量/上月电量×100%。 （2）突减比例：突减电量/上月电量×100%。 （3）突增（减）电量：本月电量－上月电量	月	次月1日（可自定义）	（1）高压用电监控阀值： 1）突增比例：省公司＝M1，可自定义；地市公司＝N1，可自定义。 2）突减比例：省公司＝M2，可自定义；地市公司＝N2，可自定义。 3）突增电量：省公司＝M3，可自定义；地市公司＝N3，可自定义。 4）突减电量：省公司＝M4，可自定义；地市公司＝N4，可自定义。 （2）低压用电监控阀值。 1）突增比例：省公司＝M5，可自定义；地市公司＝N5，可自定义。 2）突减比例：省公司＝M6，可自定义；地市公司＝N6，可自定义。 3）突增电量：省公司＝M7，可自定义；地市公司＝N7，可自定义。 4）突减电量：省公司＝M8，可自定义；地市公司＝N8，可自定义	（1）省公司：按突增比例大于阀值并且突增电量大于阀值，或突减比例小于阀值并且突减电量小于阀值进行筛选。 （2）地市公司：按突增比例大于阀值并且突增电量大于阀值，或突减比例小于阀值并且突减电量小于阀值进行筛选

续表

主题	等级	主题指标	指标算法	稽查频度	稽查例日	阈值	展示要求及备注
客户用电异常	特级	2. 用电异常	用电情况包括（客户电压缺相、电流缺相、电表停走、功率异常、TA二次侧异常、分时电量和总电量不等、电压不平衡、电流不平衡）	日	日（可自定义）	省公司=0；地市公司=0	（1）省公司：由人工对异常明细项数据进行筛选。 （2）地市公司：由人工对异常明细项数据进行筛选
售电均价波动	一级	1. 售电均价单位用电分类	（1）售电均价=销售收入/销售电量。 （2）同比=(本期售电均价－上年同期售电均价)/上年同期售电均价×100%。 （3）环比=(本月售电均价－上月售电均价)/上月售电均价×100%。 （4）偏差率=｜（当期售电均价－预测售电均价）｜/预测售电均价×100%	月	可自定义	分类售电均价偏差率。 （1）省公司：10%，可按应用层级、不同电价分类自定义阈值。 （2）地市公司：10%，可按应用层级、不同电价分类自定义阈值	（1）省公司按偏差率>15%进行筛选，可自定义。 （2）地市公司按超过监控阈值进行筛选
		2. 售电均价单户同比绝对值	（1）售电均价=销售收入/销售电量。 （2）同比=(本期售电均价－上年同期售电均价)/上年同期售电均价×100%。 （3）环比=（本月售电均价－上月售电均价)/上月售电均价×100%			单户售电均价同比绝对值。 （1）省公司：30%，可自定义。 （2）地市公司：30%，可自定义	（1）省公司按售电均价同比>40%进行筛选，可自定义。 （2）地市公司按超过监控阈值进行筛选
		3. 售电均价单户环比绝对值	（1）售电均价=销售收入/销售电量。 （2）同比=(本期售电均价－上年同期售电均价)/上年同期售电均价×100%。 （3）环比=(本月售电均价－上月售电均价)/上月售电均价×100%			单户售电均价环比绝对值。 （1）省公司：30%，可自定义。 （2）地市公司：30%，可自定义	（1）省公司按售电均价环比>40%进行筛选，可自定义。 （2）地市公司按超过监控阈值进行筛选

续表

主题	等级	主题指标	指标算法	稽查频度	稽查例日	阈值	展示要求及备注
特殊电价执行异常	二级	特殊电价执行异常	特殊电价执行异常情况包括以下几方面。 （1）应执行惩罚性电价或差别电价而未执行的。 （2）不应执行优待电价而执行的。 （3）行业分类与执行电价不匹配，各单位可自行设定规则	月	5日	省公司：0。 地市公司：0	省公司按超过监控阈值及特殊电价执行异常情况类型进行筛选
超容量用电	一级	1. 月超容量用电	（1）理论最大用电量＝客户当月最大运行容量×月日历天数(31)×日运行小时（24）。 （2）客户超容率＝客户月用电量/理论最大用电量×100%－1 备注：当月最大运行容量是指客户在发生业扩及用电变更业务前后的最大运行容量	月	3日	客户超容率。 （1）省公司＝10%（可自定义）。 （2）地市公司＝0（可自定义）	（1）省公司：按一年内客户超容率筛选。 （2）地市公司：按客户超容率筛选
		2. 低谷超容量用电	（1）理论最大低谷用电量＝客户当月最大运行容量×月日历天数（31）×日低谷运行小时（各网省自定义）。 （2）客户低谷超容率＝客户月低谷用电量/理论最大低谷用电量×100%－1			客户低谷超容率 （1）省公司＝10%（可自定义）。 （2）地市公司＝0（可自定义）	（1）省公司：按客户低谷超容率超M次进行筛选。 （2）地市公司：按客户低谷超容率进行筛选

续表

主题	等级	主题指标	指标算法	稽查频度	稽查例日	阈值	展示要求及备注
居民大电量	一级	居民大电量	环比=(当期值－上期值)/上期值×100%。 同比=(当期值－同期值)/同期值×100%。 备注：(1) 高压居民大电量：执行电价的用电分类为居民生活用电且电价电压等级不为220～380V的计量点。 (2) 低压居民大电量：执行电价的用电分类为居民生活用电且电价电压等级为220～380V的计量点	月	25日	高压居民大电量。 (1) 省公司＝（当地上一年居民月平均用电量)×N，可自定义。 (2) 地市公司＝（当地上一年居民月平均用电量)×N，可自定义。 低压居民大电量。 (1) 省公司＝（当地上一年居民月平均用电量)×N，可自定义。 (2) 地市公司＝（当地上一年居民月平均用电量)×N，可自定义	高压居民大电量。 (1) 省公司：按高压居民用电量一年内超过监控阀值M次进行筛选。 (2) 地市公司：按高压居民用电量超出监控阀值进行筛选。 低压居民大电量。 (1) 省公司：按低压居民用电量一年内超出监控阀值M次进行筛选。 (2) 地市公司：按低压居民用电量超出监控阀值进行筛选
农排大电量		农排大电量	同比＝（当期值－同期值)/同期值×100%。 环比＝（当期值－上期值)/上期值×100%。 备注：(1) 高压农排大电量：执行电价的用电分类为农业排灌或贫困县农业排电价且电价电压等级不为220～380V的计量点。 (2) 低压农排大电量：执行电价的用电分类为农业排灌或贫困县农业排电价且电价电压等级为220～380V的计量点		30日	高压农排大电量。 (1) 省公司＝（当地上一年农排户月用电量平均数)×N，可自定义。 (2) 地市公司＝（当地上一年农排户月用电量平均数)×N，可自定义。 低压农排大电量。 (1) 省公司＝（当地上一年农排户月用电量平均数)×N，可自定义。 (2) 地市公司＝（当地上一年农排户月用电量平均数)×N，可自定义	高压农排大电量。 (1) 省公司：按高压农排用电量一年内超过监控阀值M次进行筛选。 (2) 地市公司：按高压农排用电量超出监控阀值进行筛选。 低压农排大电量。 (1) 省公司：按低压农排用电量一年内超过监控阀值M次进行筛选。 (2) 地市公司：按低压农排用电量超出监控阀值进行筛选

续表

主题	等级	主题指标	指标算法	稽查频度	稽查例日	阈值	展示要求及备注
化肥大电量	一级	化肥大电量	同比＝（当期值－同期值）/同期值×100%。 环比＝（当期值－上期值）/上期值×100%	月	30日	省公司：阈值＝（当地上一年化肥户月用电量平均数）×N，可自定义。 地市公司：阈值＝（当地上一年化肥户月用电量平均数）×N，可自定义	省公司：按化肥用电量一年内超过监控阈值M次进行筛选。 地市公司：按化肥用电量超出监控阈值进行筛选
力率执行异常		功率因数执行异常	功率因数执行错误类型，仅限于功率因数考核方式为标准考核。 （1）160kVA以上高压供电工业客户功率因数不等于0.90或未执行。 （2）100kVA及以上的其他工业客户、非工业客户、电力排灌站，功率因数不等于0.85或未执行。 （3）农业用电，功率因数不等于0.80或未执行。 （4）不应执行力率考核而执行		10日	功率因数执行错误户数。 （1）省公司：0。 （2）地市公司：0	（1）省公司：功率因数执行错误户数超过监控阈值，并且满足指定的力率执行错误类型、用电类别、行业分类、实际执行功率因数标准。 （2）地市公司：功率因数执行错误户数超过监控阈值，并且满足指定的力率执行错误类型、用电类别、行业分类、实际执行功率因数标准
变损电量异常		1. 变损电量异常台账	变损执行错误： （1）供电电压小于1kV的客户计取变损。 （2）高供低计且运行容量不为0未计变损。 （3）无抄表电量有铜损			变损执行错误户数。 （1）省公司：0。 （2）地市公司：0	按变损执行错误进行筛选

续表

主题	等级	主题指标	指标算法	稽查频度	稽查例日	阈值	展示要求及备注
变损电量异常	一级	2. 变损电量异常档案	变损执行错误，变损计费参数不正确：对于采用查表法计算变损的客户，客户实际变损计费参数与根据变压器型号、容量在变损计算参数标准表中对应的变损参数不一致	月	自定义	变损执行错误户数。 （1）地市公司：0。 （2）省公司：0	按变损计费参数不正确进行筛选
两部制电价执行异常		两部制电价执行异常	两部制电价执行错误类型。 （1）应执行两部制电价而没有执行两部制电价的大客户情况。 （2）除大客户以外的不应收取基本电费而收取了基本电费		2日	两部制电价执行错误户数。 （1）地市公司：0。 （2）省公司：0	（1）省公司：按超过监控阀值及两部制电价执行错误类型进行筛选。 （2）地市公司：按超过监控阀值进行筛选
分时电价执行异常		分时电价执行异常	分时电价执行错误类型包括以下几种。 （1）根据各地分时执行标准，应执行分时电价而未执行的。 （2）根据各地分时执行标准，不应执行而执行的。 （3）执行分时电价但未安装复费率表		10日	分时电价执行错误户数。 （1）省公司：0。 （2）地市公司：0	（1）省公司：按超过监控阀值及分时电价执行错误类型进行筛选。 （2）地市公司：按超过监控阀值进行筛选

续表

主题	等级	主题指标	指标算法	稽查频度	稽查例日	阈值	展示要求及备注
电费回收进度	特级	电费回收进度	（1）月电费回收率＝本月实收电费/本月应收电费×100%。 （2）年电费回收率＝本年实收电费/本年应收电费×100%。 （3）陈欠回收率＝实收陈欠电费/结转陈欠电费×100%	月	考核日（一般为5日）	设定三个考核日期：X、Y、Z、X1、Y1、Z1、X2、Y2、Z2、X3、Y3、Z3可自定义。 （1）第一个考核日为X日。 1）省公司：月电费回收率阈值＝X1，年电费回收率阈值＝X2，陈欠回收率＝X3。 2）地市公司：月电费回收率阈值＝X1，年电费回收率阈值＝X2，陈欠回收率＝X3。 （2）第二个考核日为Y日。 1）省公司：月电费回收率阈值＝Y1，年电费回收率阈值＝Y2，陈欠回收率＝Y3。 2）地市公司：月电费回收率阈值＝Y1，年电费回收率阈值＝Y2，陈欠回收率＝Y3。 （3）第三个考核日为Z日。 1）省公司：月电费回收率阈值＝Z1，年电费回收率阈值＝Z2，陈欠回收率＝Z3。 2）地市公司：月电费回收率阈值＝Z1，年电费回收率阈值＝Z2，陈欠回收率＝Z3	（1）省公司：按月电费回收率、年电费回收率、陈欠回收率连续三个月未达到监控阈值进行筛选。 （2）地市公司：按月电费回收率、年电费回收率、陈欠回收率未达到监控阈值进行筛选。 稽查问题筛选：按稽查问题筛选条件对超阈值明细项数据进行筛选，地市公司按月电费回收率、年电费回收率、陈欠回收率未达到监控阈值进行筛选；省公司按月电费回收率、年电费回收率、陈欠回收率连续三个月未达到监控阈值进行筛选
应收电费余额	特级	应收电费余额	计划偏差值＝[（应收电费余额/当年月均应收客户电费）×100%－应收电费余额计划占比值]/应收电费余额计划占比值×100%。 备注：对采用复式记账法的，监控月末应收账款科目余额；不采用复式记账法的，监控月末未收电费	月	30日	（1）计划偏差值。 1）省公司＝N1，可自定义。 2）地市公司＝N2，可自定义。 （2）考核日期。 1）省公司＝月末，可自定义。 2）地市公司＝月末，可自定义	（1）省公司：连续三个月计划偏差值的绝对值超过监控阈值。 （2）地市公司：计划偏差值的绝对值超过监控阈值

续表

主题	等级	主题指标	指标算法	稽查频度	稽查例日	阀值	展示要求及备注
客户电费欠费	特级	1. 客户电费欠费金额大于等于M1且欠费时长大于等于N1	欠费金额大于等于M1且欠费时长大于等于N1。 备注：欠费时长、欠费金额设定为组合阀值，由供电单位设定，欠费金额越大，欠费时长应越短	月	30日	欠费金额=M1。 欠费时长=N1。 M1、N1自定义	（1）省公司：按欠费金额超过阀值且欠费时长超过阀值进行筛选，欠费金额或欠费时长可输入大于监控阀值的数值。 （2）地市公司：按欠费金额超过阀值且欠费时长超过阀值进行筛选
		2. 客户电费欠费金额小于M1但欠费时长大于等于N2	欠费金额小于M1但欠费时长大于等于N2。 备注：欠费时长、欠费金额设定为组合阀值，由供电单位设定，欠费金额越大，欠费时长应越短			欠费金额=M1。 欠费时长=N2。 M1、N2自定义	（1）省公司：欠费金额未达到阀值但欠费时长超过阀值进行筛选，欠费金额或欠费时长可输入大于监控阀值的数值。 （2）地市公司：欠费金额未达到阀值但欠费时长超过阀值进行筛选
欠费风险预警	一级	欠费风险预警	月欠费次数。 备注：欠费次数为每月至多算一次	月	次月2日（可自定义）	（1）高压客户。 1）省公司=3，可自定义。 2）地市公司=3，可自定义。 （2）低压客户。 1）省公司=6，可自定义。 2）地市公司=6，可自定义	地市公司：按欠费次数超过监控阀值进行筛选
零电费异常	特级	零电费异常	有电量无电费的客户		次月5日（可自定义）	有电量无电费的客户数等于零	（1）省公司：按连续三个月超过监控阀值进行筛选。 （2）地市公司：按监控阀值进行筛选

续表

主题	等级	主题指标	指标算法	稽查频度	稽查例日	阀值	展示要求及备注
电量电费退补	一级	1. 电量电费退补退补金额	省公司：退补金额绝对值大于M1，M1可自定义。 地市公司：退补金额绝对值大于N1，N1可自定义	月	3日	退补金额绝对值。 (1) 省公司＝M1。 (2) 地市公司＝N1	（1）省公司：退补金额绝对值大于M1。 （2）地市公司：退补金额绝对值大于N1
		2. 电量电费退补单户多笔非政策性退补	省公司：单户非政策性退补笔数＞M2，M2可自定义。 地市公司：单户非政策性退补笔数＞N2，N2可自定义			单户非政策性退补笔数。 (1) 省公司＝M2，可自定义 (2) 地市公司＝N2，可自定义	（1）省公司：单户非政策性退补笔数大于M2。 （2）地市公司：单户非政策性退补笔数大于N2
		3. 单户年度累计退补笔数	省公司：单户年度累计退补笔数＞M3，M3可自定义。 地市公司：单户年度累计退补笔数＞N3，N3可自定义			单户年度累计退补笔数。 (1) 省公司＝M3，可自定义。 (2) 地市公司＝N3，可自定义	（1）省公司：单户年度累计退补笔数大于M3。 （2）地市公司：单户年度累计退补笔数大于N3
计费参数变动		计费参数变动	计费参数变动。 备注：计费参数变动类型包括电价码变动、执行峰谷变动、基本电费计算方式变动、力调考核变动、力调标准变动、线损率变动、变压器损耗标准变动，排除新装、增（减）容流程对计费参数变动的影响，统计周期默认为当前月		6日（可自定义）	(1) 省公司：同一计费参数变动次数2次，可自定义。 (2) 地市公司：同一计费参数变动次数2次，可自定义	地市公司：按同一计费参数变动次数超过监控阀值进行筛选

续表

主题	等级	主题指标	指标算法	稽查频度	稽查例日	阀值	展示要求及备注
业务费收取情况	二级	1. 业务费收取情况应收金额不等于实收金额的已接电客户	高可靠性费=扣除客户最大一路电源容量后的电源容量之和×标准代码中费用类别为高可靠性费用并且电压等级为该客户供电电压的价格。 临时接电费=客户的合同容量×标准代码中费用类别为临时接电费并且电压等级为该客户供电电压的价格	月	8日	标准应收金额不等于实收金额的已接电客户	按监控阀值进行筛选
		2. 业务费收取情况应退金额不等于实退金额的临时接电客户	退临时接电费：3年内结束临时用电的，预交的临时接电费用全部退还			应退金额不等于实退金额的临时接电客户	
自备电厂备用容量费及基金收取情况		自备电厂备用容量费及基金收取情况	备用容量费=0或各基金附加和=0 备注：系统备用费可参照所在省电网现行大工业销售电价中基本电价水平（按变压器容量计收标准）确定，也可按自备电厂与电网已协商一致的水平确定（发改电〔2004〕159号）		5日	备用容量费等于零或各基金附加和等于零	

续表

主题	等级	主题指标	指标算法	稽查频度	稽查例日	阈值	展示要求及备注
专线月线损监控	一级	1. 累计线损情况监控	(1) 专线供电量=考核专线线路供电量。 (2) 专线售电量=∑考核专线客户售电量。 (3) 专线线损电量=专线供电量－专线售电量。 (4) 专线线损率=专线线损电量/专线供电量×100%。 (5) 累计供电量=专线线路累计供电量。 (6) 累计售电量=∑专线客户累计售电量。 (7) 累计线损电量=累计供电量－累计售电量。 (8) 累计线损率=累计线损电量/累计供电量×100%。 备注: (1) 累计线损电量是指当年1月至当前月为止的累计线损电量。 (2) 专线是指有损无损标志为无损的线路	月	8日	35kV及以上累计线损情况监控。 (1) 累计线损率下限：网省公司=M1，地市公司=M2，可自定义。 (2) 累计线损率上限：网省公司=N1，地市公司=N2，可自定义。 10kV累计线损情况监控： (1) 累计线损率下限：网省公司=M3，地市公司=M4，可自定义。 (2) 累计线损率上限：网省公司=N3，地市公司=N4，可自定义	(1) 省公司：累计线损率大于阈值上限或小于阈值下限，并且取累计线损率最大或最小的指定条数。 (2) 地市公司：累计线损率大于阈值上限或小于阈值下限，并且取累计线损率最大或最小的指定条数
		2. 当月线损情况监控	(1) 专线供电量=考核专线线路供电量。 (2) 专线售电量=∑考核专线客户售电量。 (3) 专线线损电量=专线供电量－专线售电量。 (4) 专线线损率=专线线损电量/专线供电量×100%			35kV及以上当月线损情况监控。 (1) 当月线损率下限：网省公司=M5，地市公司=M6，可自定义。 (2) 当月线损率上限：网省公司=N5，地市公司=N6，可自定义。 10kV当月线损情况监控。 (1) 当月线损率下限：网省公司=M7，地市公司=M8，可自定义。 (2) 当月线损率上限：网省公司=N7，地市公司=N8，可自定义	(1) 省公司：当月线损率大于阈值上限或小于阈值下限，并且取当月线损率最大或最小的指定条数。 (2) 地市公司：当月线损率大于阈值上限或小于阈值下限，并且取当月线损率最大或最小的指定条数

续表

主题	等级	主题指标	指标算法	稽查频度	稽查例日	阈值	展示要求及备注
10kV公线高压月线损分析	一级	1. 高压侧累计线损情况监控	(1) 当月高压侧供电量＝当月考核单元供电量。 (2) 当月高压侧用电量＝∑当月公变台区供电量＋∑当月专变客户售电量。 (3) 当月高压侧线损电量＝当月高压侧供电量－当月高压侧售电量。 (4) 当月高压侧线损率＝当月高压侧线损电量/当月高压侧供电量×100%。 (5) 高压侧累计供电量＝考核单元累计供电量。 (6) 高压侧累计用电量＝∑公变台区累计供电量＋∑专变客户累计售电量。 (7) 高压侧累计线损电量＝高压侧累计供电量－高压侧累计售电量。 (8) 高压侧累计线损率＝高压侧累计线损电量/高压侧累计供电量×100%。 (9) 高压侧累计线损电量是指当年1月至当前月的线损电量之和	月	8日	(1) 高压侧累计线损率下限：省公司＝M1，地市公司＝M2，可自定义。 (2) 高压侧累计线损率上限：省公司＝N1，地市公司＝N2，可自定义	(1) 省公司：高压侧累计线损率大于阈值上限或小于阈值下限，并且取高压侧累计线损率最大或最小的指定条数。 (2) 地市公司：高压侧累计线损率大于阈值上限或小于阈值下限，并且取高压侧累计线损率最大或最小的指定条数
		2. 当月高压侧线损情况监控	(1) 当月高压侧供电量＝当月考核单元供电量。 (2) 当月高压侧用电量＝∑当月公变台区供电量＋∑当月专变客户售电量。 (3) 当月高压侧线损电量＝当月高压侧供电量－当月高压侧售电量。 (4) 当月高压侧线损率＝当月高压侧线损电量/当月高压侧供电量×100%			(1) 当月高压侧线损率下限：省公司＝M3，地市公司＝M4，可自定义。 (2) 当月高压侧线损率上限：省公司＝N3，地市公司＝N4，可自定义	(1) 省公司：当月高压侧线损率大于阈值上限或小于阈值下限，并且取当月高压侧线损率最大或最小的指定条数。 (2) 地市公司：当月高压侧线损率大于阈值上限或小于阈值下限，并且取当月高压侧线损率最大或最小的指定条数

续表

主题	等级	主题指标	指标算法	稽查频度	稽查例日	阈值	展示要求及备注
低压台区月线损监控	一级	1. 低压台区当月线损情况监控	(1) 当月供电量＝公变台区考核单元当月供电量。 (2) 当月售电量＝∑公变台区下用电客户当月用电量。 (3) 当月线损电量＝当月供电量－当月售电量。 (4) 当月线损率＝当月线损电量/当月供电量×100%	月	8日	(1) 当月线损率下限：省公司＝M3，地市公司＝M4，可自定义。 (2) 当月线损率上限：省公司＝N3，地市公司＝N4，可自定义	(1) 省公司：当月线损率大于阈值上限或小于阈值下限，并且取当月线损率最大或最小的指定条数。 (2) 地市公司：当月线损率大于阈值上限或小于阈值下限，并且取当月线损率最大或最小的指定条数
		2. 低压台区累计线损情况监控	(1) 当月供电量＝公变台区考核单元当月供电量。 (2) 当月售电量＝∑公变台区下用电客户当月售电量。 (3) 当月线损电量＝当月供电量－当月售电量。 (4) 当月线损率＝当月线损电量/当月供电量×100%。 (5) 累计供电量＝公变台区考核单元累计供电量。 (6) 累计售电量＝∑公变台区下用电客户累计售电量。 (7) 累计线损电量＝累计供电量－累计售电量。 (8) 累计线损率＝累计线损电量/累计供电量×100%。 (9) 累计线损电量指当年1月至当前月的低压台区线损电量之和			(1) 累计线损率下限：省公司＝M1，地市公司＝M2，可自定义。 (2) 累计线损率上限：省公司＝N1，地市公司＝N2，可自定义	(1) 省公司：累计线损率大于阈值上限或小于阈值下限，并且取累计线损率最大或最小的指定条数。 (2) 地市公司：累计线损率大于阈值上限或小于阈值下限，并且取累计线损率最大或最小的指定条数
供售电量调整异常监控		线路调整异常	(1) 供（售）电量累计调整次数：指从当年1月至当前月进行供（售）电量调整的次数，1个月内进行多次电量调整的调整月份次数按1次计数。 (2) 调整类别：供电量调整、售电量调整	半年	1月1日、7月1日	(1) 供电量累计调整次数：省公司＝3，地市公司＝2，可自定义。 (2) 售电量累计调整次数：省公司＝3，地市公司＝2，可自定义	供（售）电量累计调整次数大于等于阈值

附录 3　工作质量类营销稽查主题一览表

主题	等级	主题指标	指标算法	稽查频度	稽查例日	阀值	展示要求及备注
供电方案答复情况	特级	供电方案答复时间	（1）方案答复时间＝方案答复日－业务申请受理日（不含节假日）。 （2）方案超阀值未答复户数：是指新装增容业务工单中，截止统计日方案答复时间已超阀值且未答复的户数。 （3）时限考核分类：是指高压单电源客户、高压双电源客户、低压非居民客户、低压居民客户 4 个时限考核类	日	每日	（1）高压单电源方案答复时间：省公司＝15 工作日、地市公司＝N，N≤15。 （2）高压双电源方案答复时间：省公司＝30 工作日、地市公司＝N，N≤30。 （3）低压非居民方案答复时间：省公司＝7 工作日、地市公司＝N，N≤7。 （4）低压居民方案答复时间：省公司＝3 工作日、地市公司＝N，N≤3	（1）地市稽查任务筛选条件按监控阀值进行筛选，且按照超阀值天数 M 或超阀值天数的前 L 位进行筛选。 （2）省稽查任务筛选条件按照超阀值天数 M 或超阀值天数的前 L 位进行筛选
设计文件审核情况		受电工程设计审查时间	（1）受电工程设计审查时间＝受电工程设计审查答复日－受理受电工程设计申请日（不含节假日）。 （2）超阀值未设计审查户数是指有设计审查环节的新装增容业务工单中，截止统计日设计审查时间已超阀值且未审查的户数。 （3）客户分类指高压客户、低压非居民客户、低压居民客户			（1）高压客户图纸审查时间：省公司＝20 工作日、地市公司＝N，N≤20。 （2）低压客户图纸审查时间：省公司＝8 工作日、地市公司＝N，N≤8	（1）地市稽查任务筛选条件按监控阀值进行筛选，且按照超阀值天数 M 或超阀值天数的前 L 位进行筛选。 （2）省稽查任务筛选条件按照超阀值天数 M 或超阀值天数的前 L 位进行筛选

续表

主题	等级	主题指标	指标算法	稽查频度	稽查例日	阀值	展示要求及备注
中间检查情况	特级	中间检查时间	（1）中间检查时间＝中间检查日－受理客户中间检查申请日。 （2）超阀值未中间检查户数是指新装增容业务工单中，截止统计日中间检查时间已超阀值且未检查的户数。 （3）客户分类指高压客户、低压非居民客户、低压居民客户	日	每日	（1）高压客户中间检查时间：省公司＝5个工作日、地市公司＝N，N≤5。 （2）低压客户中间检查时间：省公司＝3个工作日、地市公司＝N，N≤3	（1）地市稽查任务筛选条件按监控阀值进行筛选，且按照超阀值天数M或超阀值天数的前L位进行筛选。 （2）省稽查任务筛选条件按照超阀值天数M或超阀值天数的前L位进行筛选
竣工检验情况		竣工检验时间	（1）竣工检验时间＝竣工检验日－受理客户竣工检验申请日。 （2）超阀值未竣工检验户数是指新装增容业务工单中，截止统计日竣工检验时间已超阀值且未进行竣工检验的户数。 （3）客户分类指高压客户、低压非居民客户、低压居民客户			（1）高压客户竣工检验时间：省公司＝5个工作日、地市公司＝N，N≤5。 （2）低压客户竣工检验时间：省公司＝3个工作日、地市公司＝N，N≤3	按稽查问题筛选条件对超阀值明细项数据进行筛选
装表接电情况		装表接电时间	（1）装表接电时间＝装表接电日－竣验合格日。 （2）超阀值未装表接电户数是指新装增容业务工单中，截止统计日装表接电时间已超阀值且未装表接电的户数。 （3）客户分类指高压客户、低压非居民客户、低压居民客户			（1）高压客户装表接电时间：省公司＝7个工作日、地市公司＝N，N≤7。 （2）低压非居民客户装表接电时间：省公司＝5工作日、地市公司＝N，N≤5。 （3）一般居民客户装表接电时间：省公司＝3工作日、地市公司＝N，N≤3	（1）地市稽查任务筛选条件按监控阀值进行筛选，且按照超阀值天数M或超阀值天数的前L位进行筛选。 （2）省稽查任务筛选条件按照超阀值天数M或超阀值天数的前L位进行筛选

续表

主题	等级	主题指标	指标算法	稽查频度	稽查例日	阀值	展示要求及备注
业务异常管理	特级	1. 工单回退率	（1）工单回退率＝工单回退数/累计工单数×100%。 （2）工单回退数＝本年度受理在途工单回退数＋去年结转未归档工单回退数。 （3）累计工单数＝本年度受理在途工单数量＋去年结转未归档工单数量	周	每周四	省公司＝N。 地市公司＝N	（1）地市公司稽查任务筛选条件按地市监控阀值进行筛选。 （2）省公司稽查任务筛选条件按照网省监控阀值进行筛选
		2. 工单终止率	（1）工单终止率＝本年度累计工单终止数/累计已归档工单数×100%。 （2）本年度累计工单终止数指在本年内在业务流程中出现终止的工单数。 （3）累计已归档工单数＝本年度累计受理已归档工单数＋去年结转已归档工单数量			省公司＝N。 地市公司＝N	（1）地市公司稽查任务筛选条件按地市监控阀值进行筛选。 （2）省公司稽查任务筛选条件按照网省监控阀值进行筛选
		3. 临时用电期限	（1）约定临时用电期限＝约定到期日期－临时用电起始日期。 （2）超期天数＝当前日期－约定到期日期。 （3）临时用电实际天数＝当前日期－临时用电起始日期			地市公司＝N，N≥6个月。 省公司＝N，N≥6个月	（1）地市公司稽查任务筛选条件按监控阀值进行筛选，且按照超阀值天数M或超阀值天数的前L位进行筛选。 （2）省公司稽查任务筛选条件按照超阀值天数M或超阀值天数的前L位进行筛选
		4. 换表次数	换表次数是指同一计量点业务换表次数			地市公司＝N，N≥3。 省公司＝N，N≥3	（1）地市公司稽查任务筛选条件按地市监控阀值进行筛选。 （2）省公司稽查任务筛选条件按照网省监控阀值进行筛选

续表

主题	等级	主题指标	指标算法	稽查频度	稽查例日	阈值	展示要求及备注
合同签订情况	一级	合同签订完成率	（1）高压供用电合同签订完成率=高压供用电合同实签数/高压供用电合同应签数×100%。 （2）低压供用电合同签订完成率=低压供用电合同实签数/低压供用电合同应签数×100%。 （3）临时供用电合同签订完成率=临时供用电合同实签数/临时供用电合同应签数×100%。 （4）趸售电合同签订完成率=趸售电合同实签数/趸售电合同应签数×100%。 （5）委托转供电协议签订完成率=委托转供电协议实签数/委托转供电协议应签数×100%	月	3日	（1）高压供用电合同签订完成率阈值：省公司100%、地市公司100%。 （2）低压供用电合同签订完成率阈值：省公司100%、地市公司100%。 （3）临时供用电合同签订完成率阈值：省公司100%、地市公司100%。 （4）趸售电合同签订完成率阈值：省公司100%、地市公司100%。 （5）委托转供电协议签订完成率阈值：省公司100%、地市公司100%	（1）地市稽查任务筛选条件按监控阈值进行筛选。 （2）省稽查任务筛选条件按监控阈值进行筛选
合同超期情况	一级	合同及时签订率	（1）应及时签订合同数=已签订合同数+应签未签合同数。 （2）合同及时签订率=（及时签订合同数/应及时签订合同数）×100%	月	3日	省公司=100%。 地市公司=100%	（1）地市稽查任务筛选条件按监控阈值进行筛选。 （2）省稽查任务筛选条件按监控阈值进行筛选
电能表实抄率	一级	电能表实抄率	（1）电能表实抄率=电能表实抄数/电能表应抄数×100%。 （2）电能表实抄数=电能表应抄数－电能表未抄数－电能表估抄数	月	默认为28日，可自定义	居民电能表实抄率=98%。 非居民电能表实抄率=100%	稽查任务筛选条件按监控阈值进行筛选

续表

主题	等级	主题指标	指标算法	稽查频度	稽查例日	阀值	展示要求及备注
抄表准时率	特级	抄表准时率	抄表准时率＝当月按抄表例日抄表户数/当月应抄户数×100%	月	默认为27日，可自定义	省公司＝80%。 地市公司＝95%	稽查任务筛选条件按监控阀值进行筛选
自动化抄表结算率	一级	自动化抄表结算率	自动抄表结算率＝当月利用集抄抄表算费户数/当月抄表计划中已安装集抄户数×100%		默认为25日，可自定义	省公司＝95%。 地市公司＝95%	自动抄表结算率小于指定值
高压客户首次抄表及时情况		高压用电首次抄表及时率	（1）新装高压客户未及时抄表是指在装表接电日期62天以上无算费记录的客户。 （2）无算费记录天数是指新装高压客户装表接电后无算费记录的天数		默认为27日，可自定义	地市公司＝62天。 省公司＝62天	稽查任务筛选条件按监控阀值进行筛选
抄表员轮换周期		抄表员轮换周期	超阀值连续抄表段是指同一抄表段同一抄表人员连续抄表时间超过阀值要求的抄表段		默认为25日，可自定义	监控阀值：阀值等于24月	稽查任务筛选条件按监控阀值进行筛选

续表

主题	等级	主题指标	指标算法	稽查频度	稽查例日	阈值	展示要求及备注
电费发行情况	一级	电费发行及时率	(1) 电费发行及时率＝及时发行笔数/应发行笔数×100%。 (2) 及时发行笔数：抄表复核后24小时内按时进行电费发行的电费笔数。 (3) 未发行超期笔数＝已完成抄表复核且未发行的超期笔数，其中“当前时间－抄表复核时间”超过24小时列入超期对象。 (4) 应发行笔数＝及时发行笔数＋未发行笔数＋发行超期笔数。 (5) 未发行笔数：已完成抄表复核且未发行的笔数。 (6) 发行超期笔数：抄表复核后超过24小时进行电费发行的电费笔数	月	默认为26日，可自定义	(1) 电费发行及时率：地市公司＝98%；省公司＝90%。 (2) 未发行超期笔数：地市公司＝1；省公司＝15。 (3) 全减另发工单数：地市公司＝0；省公司＝15	稽查任务筛选条件按监控阀值进行筛选
核算异常工单处理情况	二级	核算异常工单处理率	(1) 核算异常工单处理率＝核算岗位触发的异常工单处理数量/核算岗位触发的异常工单总数量×100%。 (2) 已处理数量：核算异常工单已处理完成的数量			省公司＝80%； 地市公司＝50%	稽查任务筛选条件按监控阀值进行筛选

续表

主题	等级	主题指标	指标算法	稽查频度	稽查例日	阀值	展示要求及备注
走收销账及时性	三级	1. 监控供电单位走收发票走收销账及时率	走收销账及时率=(及时销账笔数+及时退票笔数)/已打印走收发票笔数×100%。 回收时长=走收销账时间－走收发票打印时间。 走收销账时间：当走收未销账（或作废发票）时，取当前时间	日	每日	地市公司=100%； 省公司=98%	稽查任务筛选条件按监控阀值进行筛选
		2. 监控供电单位走收发票走收销账超期笔数	走收未销账超期笔数=走收发票已打印且未销账的超期笔数，其中［当前时间－走收发票打印（锁定）时间］超过2天列入超期对象。 回收时长=走收销账时间－走收发票打印时间。 走收销账时间：当走收未销账（或作废发票）时，取当前时间			走收未销账超期户数阀值要求： （1）地市公司=1户； （2）省公司=15户	
		3. 监控走收人员的走收发票走收销账及时率	走收销账及时率=(及时销账笔数+及时退票笔数)/已打印走收发票笔数×100%。 回收时长=走收销账时间－走收发票打印时间。 走收销账时间：当走收未销账（或作废发票）时，取当前时间			走收销账及时率阀值要求： （1）地市公司=100%； （2）省公司=98%	

续表

主题	等级	主题指标	指标算法	稽查频度	稽查例日	阈值	展示要求及备注
走收销账及时性	一级	4. 监控走收人员的走收发票走收销账超期笔数	走收未销账超期笔数＝走收发票已打印且未销账的超期笔数，其中［当前时间－走收发票打印（锁定）时间］超过2天列入超期对象。 回收时长＝走收销账时间－走收发票打印时间。 走收销账时间：当走收未销账（或作废发票）时，取当前时间	日	每日	走收未销账超期户数阈值要求： （1）地市公司＝1户； （2）省公司＝15户	稽查任务筛选条件按监控阈值进行筛选
解款及时性		1. 监控解款及时率	解款及时率＝及时解款笔数/应解款笔数×100%。 备注：费用类型包括电费、业务费			解款及时率阈值要求： （1）地市公司＝100%； （2）网省公司＝95%	
		2. 监控解款超期笔数	未解款超期笔数＝已销账且未解款的超期笔数，其中（当前时间－收费时间）超过24小时 列为超期对象。 备注：费用类型包括电费、业务费			未解款超期笔数阈值要求： （1）地市公司＝10； （2）省公司＝30	
		3. 监控库存现金	地市库存现金金额大于10 000； 网省库存现金金额大于150 000。 备注：费用类型包括电费、业务费			库存现金越限额阈值要求： （1）地市公司＝10 000； （2）省公司＝150 000	

续表

主题	等级	主题指标	指标算法	稽查频度	稽查例日	阈值	展示要求及备注
到账确认及时性	特级	1. 到账确认及时率	（1）到账确认及时率＝及时到账确认笔数/应到账确认笔数×100%。 （2）及时到账确认笔数："到账确认时间一解款时间"小于到账期限的电费（业务费）笔数。 （3）应到账确认笔数：已解款（电费或业务费）笔数。 （4）到账期限：5天。 备注：解款时间指本年起始日至当前日期前一日	日	每日	地市公司＝100%； 省公司＝95%	稽查任务筛选条件按监控阈值进行筛选
		2. 超期未到账确认笔数	（1）超期未到账确认笔数："当前时间-解款时间"超过到账期限的电费（或业务费）已销账且未到账确认记录数。 （2）到账期限：5天。 备注：解款时间本年起始日至当前日期前一日			地市公司＝10； 省公司＝30	
日报统计情况		1. 收费日报统计超期天数	收费日报统计超期天数＝日报统计日期一实际收费日期			收费日报统计超期天数阈值要求：地市公司＝1；省公司＝15	
		2. 进账日报统计超期天数	进账日报统计超期天数＝进账日报统计日期一实际收费日期			进账日报统计超期天数阈值要求：地市公司＝1；省公司＝15	

续表

主题	等级	主题指标	指标算法	稽查频度	稽查例日	阈值	展示要求及备注
关账情况	一级	1. 应收关账超期天数	应收关账超期天数 = 应收实际关账日期－应收应关账日期	月	次月2日	应收关账超期天数阈值要求：地市公司=1；省公司=15	稽查任务筛选条件按监控阈值进行筛选
		2. 实收关账超期天数	实收关账超期天数 =实收实际关账日期－实收应关账日期		次月3日	实收关账超期天数阈值要求：地市公司=1；省公司=15	
电费票据使用情况		电费发票领用总数差额比例	电费发票领用总数差额比例=（电费发票领用总数－已作废发票数量－已打印发票数量－已结存发票数量）/电费发票领用总数×100% 备注：发票领用日期范围指系统上线日至当前日期的前一日。	日	每日	地市公司=0；省公司=0	
分次划拨情况	二级	1. 划拨电费比率	划拨电费比率=本月总划拨电费/本月总应收电费×100%	月	次月1日	拨电费比率阈值要求：地市公司=80%；省公司=70%	
		2. 分次划拨执行率	分次划拨执行率=实际执行划拨的笔数/计划执行划拨的笔数×100%			地市公司=80%；省公司=70	
		3. 分次划拨签订率	分次划拨签订率=签订分次划拨的100kVA及以上客户数/100kVA及以上客户数×100%			分次划拨签订率阈值要求：地市公司=80%；省公司=70%	

续表

主题	等级	主题指标	指标算法	稽查频度	稽查例日	阀值	展示要求及备注
违约金计收情况	一级	1. 违约金暂缓超限金额	违约金暂缓金额＞大额违约金暂缓金额阀值。 备注：收费日期范围指本年起始日至当前日期前一日	日	每日	大额违约金暂缓金额阀值要求：地市公司＝1万；省公司＝2万	稽查任务筛选条件按监控阀值进行筛选
违约金计收情况	一级	2. 违约金暂缓笔数比例	违约金暂缓笔数比例＝违约金暂缓笔数/应收违约金笔数×100%。 备注：收费日期范围指本年起始日至当前日期前一日	日	每日	违约金暂缓笔数比例阀值要求：地市公司＝5%；省公司＝10%	稽查任务筛选条件按监控阀值进行筛选
电费退费	一级	频繁退费次数	频繁退费次数＞频繁退费次数阀值	月	1日	地市公司＝1次；省公司＝3次	稽查任务筛选条件按监控阀值进行筛选
冲正情况	特级	1. 当日冲正次数	无	日	日	当日冲正次数阀值：省公司＝M1次；地市公司＝N1次	稽查任务筛选条件按监控阀值进行筛选
冲正情况	特级	2. 隔日冲正笔数	无	日	日	隔日冲正笔数	稽查任务筛选条件按监控阀值进行筛选
检查计划完成情况	特级	1. 年度检查计划完成率	（1）年度检查计划完成率＝年度检查完成户数/年度检查计划户数×100%。 （2）超周期是指上次检查日期与检查周期和小于当前日期	年	每年1月1日	省公司＝95%，地市公司＝100%	地市稽查任务筛选条件按监控阀值进行筛选，且按照检查计划完成率M或检查计划完成率的前L位进行筛选；网省稽查任务筛选条件按照检查计划完成率M或检查计划完成率的前L位进行筛选

续表

主题	等级	主题指标	指标算法	稽查频度	稽查例日	阈值	展示要求及备注
检查计划完成情况	特级	2. 月度检查计划完成率	(1) 月度检查计划完成率=月度检查完成户数/月度检查计划户数×100%。 (2) 超周期是指上次检查日期与检查周期和小于当前日期。 (3) 完成本期计划户数是指检查计划日期及完成日期都在统计周期内的客户数。 (4) 完成前期计划户数是指计划日期在统计周期以前，完成日期在统计周期内的客户数。 (5) 完成后期计划户数是指计划日期在统计周期以后，完成日期在统计周期内的客户数	月	1日	省公司=95%；地市公司=100%	地市稽查任务筛选条件按监控阀值进行筛选，且按照检查计划完成率M或检查计划完成率的前L位进行筛选；省稽查任务筛选条件按照检查计划完成率M或检查计划完成率的前L位进行筛选
检查计划完成情况	特级	3. 专项检查计划完成率	专项检查计划完成率=专项检查完成户数/专项检查计划户数×100%	年	每年1月1日	省公司=95%；地市公司=100%	
违约用电窃电处理情况	特级	违约用电窃电处理办结率	办结率=月度受理且处理户数/月度受理的违约用电窃电总户数×100%	月	2日	省公司=95%；地市公司=N，N≥95%	地市稽查任务筛选条件按监控阀值进行筛选，且按照违约客电窃电处理办结率M或违约用电窃电处理办结率的前L位进行筛选；省稽查任务筛选条件按照违约用电窃电处理办结率M或违约用电窃电处理办结率的前L位进行筛选

续表

主题	等级	主题指标	指标算法	稽查频度	稽查例日	阀值	展示要求及备注
高危及重要客户安全隐患整改情况	特级	高危及重要客户安全隐患累计整改完成率	(1) 累计整改完成率=累计整改完成户数/累计需要整改的户数×100%。 (2) 累计整改完成户数和累计需要整改的户数是按年累计	月	3日	省公司=95%；地市公司=N，N≥95%	地市稽查任务筛选条件按监控阀值进行筛选，且按照累计整改完成率M或累计整改完成率的前L位进行筛选；省稽查任务筛选条件按照累计整改完成率M或累计整改完成率的前L位进行筛选
定量定比核定情况	一级	1. 年度核查完成率	(1) 年度核查完成率=年度核查完成户数/年度需要核查户数×100%。 (2) 定比定量类型是指电量计算方式代码为定比或者定量	年	每年1月1日	(1) 年度核查完成率阀值：省公司=95%，地市公司=100%。 (2) 核查超期阀值：省公司=协议到期日期，地市公司=协议到期日期	地市稽查任务筛选条件按监控阀值进行筛选，且按照核查完成率M或核查完成率的前L位进行筛选；省稽查任务筛选条件按照核查完成率M或核查完成率的前L位进行筛选
		2. 月度核查完成率	(1) 月度核查完成率=月度核查完成户数/月度需要核查户数×100%。 (2) 定比定量类型是指电量计算方式代码为定比或者定量	月	1日	(1) 月度核查完成率阀值：省公司=95%，地市公司=100%。 (2) 核查超期阀值：省公司=协议到期日期，地市公司=协议到期日期	
		3. 抽查核查合格率	(1) 抽查核查合格率=核查合格户数/抽查总户数×100%。 (2) 定比定量类型是指电量计算方式代码为定比或者定量	半年一次	1日	地市公司=100%	

续表

主题	等级	主题指标	指标算法	稽查频度	稽查例日	阀值	展示要求及备注
客户预防性试验情况	二级	客户预防性试验完成率	客户预防性试验完成率＝客户预防性试验到期已完成户数/客户预防性试验到期户数×100％	月	3日	省公司＝95％，地市公司＝N，N≥95％	地市稽查任务筛选条件按监控阀值进行筛选，且按照客户预防性试验完成率M或客户预防性试验完成率的前L位进行筛选；省稽查任务筛选条件按照客户预防性试验完成率M或客户预防性试验完成率的前L位进行筛选
违约使用电费收取异常	一级	违约使用电费收取异常	异常户数＝本月已发行违约使用电费不等于追补电费3倍的窃电客户数，其中窃电客户数是指违约用电窃电性质为窃电的客户数量。 备注：客户一个月发生两次窃电行为的，户数计数为2	月	2日	省公司＝0，地市公司＝0	按违约使用电费异常窃电户数超出监控阀值进行筛选
95598服务畅通性	特级	响铃三声（12s）接通率	响铃三声（12s）接通率＝响铃三声接通数/人工接听电话数×100％	日	每日	省公司＝100％，地市公司＝100％	地市公司：铃响三声（12s）接听率小于铃响三声接通率阀值。 省公司：铃响三声（12s）接听率小于铃响三声接通率阀值

续表

主题	等级	主题指标	指标算法	稽查频度	稽查例日	阀值	展示要求及备注
95598业务受理情况	特级	1. 受理派发准确率	受理派发准确率＝（受理派发数－受理派发回退数）/受理派发数×100%	日	每日	省公司＝95%，地市公司＝95%	稽查任务筛选条件按监控阀值进行筛选
		2. 受理派发及时率	受理派发及时率＝受理派发及时数/受理派发数×100%			省公司＝100%，地市公司＝100%	
		3. 业务咨询一次办结率	业务咨询一次办结率＝业务咨询一次办结数/（业务咨询数）×100%			省公司＝90%，地市公司＝90%	
		4. 客服代表服务满意率	客服代表服务满意率＝（非常满意数＋满意数＋不评价数）/调查总数×100%			省公司＝90%，地市公司＝90%	
业务回访情况	一级	1. 业务回访率	业务回访率＝业务回访数量/应回访业务数量×100%			省公司＝100%，地市公司＝100%	
		2. 业务回访满意率	业务回访满意率＝（非常满意数＋满意数＋一般数＋不评价数）/满意度调查数×100%			省公司＝90%，地市公司＝95%	

续表

主题	等级	主题指标	指标算法	稽查频度	稽查例日	阈值	展示要求及备注
95598工单处理情况	特级	1. 工单处理及时率	工单处理及时率=工单处理及时数/工单处理总数×100%	日	每日	省公司=95%，地市公司=100%	稽查任务筛选条件按监控阈值进行筛选
		2. 工单处理合格率	工单处理合格率=（工单处理总数－工单回退数）/工单处理总数×100%			省公司=85%，地市公司=90%	
抢修到达现场及时情况		抢修到达现场时长	抢修到达现场时长=抢修到达现场时间－客户报修挂机时间。 抢修到达现场及时率=抢修到达现场及时数/抢修处理数×100%。 备注：（1）到达现场时限：城区范围=45min、农村地区=90min、特殊边远地区=120min。 （2）抢修到达现场超时数包含未到岗且已超时的工单数。 （3）抢修到达现场及时数，是指抢修到达现场时长小于"到达现场时限"的工单数			省公司=100%，地市公司=100%	
抢修进度反馈及时情况	一级	抢修进度反馈及时率	抢修进度反馈及时率=抢修进度及时反馈数/抢修处理总数×100%。 及时反馈数：是指到达现场后，30min内反馈进度情况的工单数，即反馈进度时间－到岗时间小于30min			省公司=90%，地市公司=95%	

续表

主题	等级	主题指标	指标算法	稽查频度	稽查例日	阀值	展示要求及备注
计划停电信息及时发布情况	一级	信息发布时间	信息发布时间＝计划停电开始时间－信息发布录入时间。 发布及时率＝（计划信息发布总数量－发布超期数）/计划信息发布总数量×100％	日	每日	省公司＝7天，地市公司＝7天	稽查任务筛选条件按监控阀值进行筛选
投诉处理情况	一级	投诉工单处理及时率	投诉工单处理及时率＝投诉处理及时数/投诉处理工单总数×100％。 备注：投诉业务在客户投诉电话挂机后，投诉业务处理部门4个工作日内回复处理结果，即认为投诉处理及时；95598客服代表自客户投诉电话挂机后，5个工作日向客户回复，即认为投诉回复及时	日	1日	省公司＝95％，地市公司＝98％	投诉处理超期率超过阀值
到货验收工作情况	二级	1. 电能表到货验收批次抽检率 2. 互感器到货验收批次抽检率	（1）当年累计批次抽检率＝当年累计已验收批次数/当年累计到货批应验收批次数×100％。 （2）当年累计已验收批次数是指到货时间距当前统计时间大于N天的累计已验收批次数。 （3）当年累计到货应验收批次数是指到货时间距当前统计时间大于N天的累计到货批次数。 （4）N可设置，初始值为30	日	2日	累计批次抽检率＝100％	小于阀值

续表

主题	等级	主题指标	指标算法	稽查频度	稽查例日	阈值	展示要求及备注
电能计量器具检定工作情况	特级	1. 电能表检验率 2. 互感器检验率	(1) 当年累计检验率＝当年累计实检数/当年累计应检数×100%。 (2) 当年累计实检数为当年检定任务安排时间距当前统计时间大于N天的检定任务累计已检数量。 (3) 当年累计应检数为当年检定任务安排时间距当前统计时间大于N天的检定任务累计应检数量。 (4) N可根据不同检定类别设置，取样检验初始值为7、抽检检验初始值为30、装用前检定/校准初始值为30、临时检定初始值为7、委托检定初始值为7、检定质量核查初始值为7、库存复检初始值为30、修调前检验初始值为30、选型试验初始值为15	月	1日	累计检验率阈值＝100%	小于阈值
电能表库存超期情况	二级	电能表库存超期率	(1) 电能表库存超期率＝合格库存超期电能表数/合格电能表库存数×100%。 (2) 合格库存超期电能表数为检定时间距当前统计时间大于180天的合格库存电能表总数	月	1日	超期率监控阈值＝N%	大于阈值

续表

主题	等级	主题指标	指标算法	稽查频度	稽查例日	阀值	展示要求及备注
计量故障差错情况	特级	1. 计量装置故障差错率	电能计量故障差错率=实际发生故障差错次数/运行电能表互感器总数×100%	月	3日	电能计量故障差错率=1%	大于阀值
		2. 计量装置故障引起的电量差错率	因电能计量装置故障引起的电量差错率=所有计费客户因电能计量装置故障引起的差错电量/所有计费客户售电量×100%			因电能计量装置故障引起的电量差错率=0.1%	
计量器具周期检验情况		1. 电能表周期检验率	计量器具周期检验完成率＝实际现场检验数/按规定周期检验计划数×100%。 要求周检日期＝上次检验日期＋现场检验周期（根据规程确定）		2日	计量器具周期检验完成率＝100%	小于阀值
		2. 互感器周期检验率					
		3. 二次负荷周期检验率					
		4. 二次压降周期检验率					

续表

主题	等级	主题指标	指标算法	稽查频度	稽查例日	阀值	展示要求及备注
高压计量装置首检情况	特级	1. 首次检验完成率	首次检验完成率 = 实际现场检验数/按规定周期应首次检验数×100%	月	1日	首次检验完成率=100%	小于阀值
		2. 二次负荷首检完成率					
		3. 二次压降首检完成率					
电能计量器具周期轮换情况	二级	1. 电能表周期轮换完成率	（1）计量器具周期轮换完成率 = 实际轮换数/按规定周期应轮换数×100%。 （2）要求轮换日期 = 安装日期 + 轮换周期（根据规程确定）			计量器具周期轮换完成率=100%	
		2. 互感器周期轮换完成率					

续表

主题	等级	主题指标	指标算法	稽查频度	稽查例日	阀值	展示要求及备注
标准设备周期检定情况	二级	1. 标准设备受检率	（1）周期受检率＝实际检定数/按规定周期应检定数×100%。 （2）按规定周期应检定数是指本年度计划截至到监控日期为止的到期需检定的设备数	月	2日	周期受检率＝100%	小于阀值
		2. 标准设备考核率	（1）周期考核率＝实际考核数/到周期应考核数×100%。 （2）到周期应考核数是指本年度计划截至到监控日期为止的到期需考核的设备数			周期考核率＝100%	
建设完成情况	三级	总体采集覆盖率	总体采集覆盖率＝截止到统计期末实现采集的客户数量/客户总数×100%	年	1月8日日	2014年采集覆盖率：客户采集总体覆盖率等于100%	对低于阀值明细项数据进行筛选
采集成功率		周期采集成功率	周期采集成功率＝1天内采集成功的客户总数/1天内应采集的客户总数×100%	日	每日	周期采集成功率＝99.5%	小于阀值

续表

主题	等级	主题指标	指标算法	稽查频度	稽查例日	阈值	展示要求及备注
费控覆盖率	三级	费控覆盖率	费控覆盖率＝截止当前已具备费控功能的用电信息采集系统投运客户数/系统内客户总数×100%。 已具备费控功能的用电信息采集系统投运客户数：费控客户在硬件配置上具备费控条件、安装调试完毕并投运，可以通过主站系统向终端（或智能电表）发起费控指令并可以得到准确执行，这样的客户属于费控客户	年	1月7日	2014年费控覆盖率：客户费控覆盖率等于100%	小于阈值
采集数据应用率		采集数据应用率	采集数据应用率＝在营销业务中使用采集数据的客户数量/采集系统中投运的总客户数量×100%。 在营销业务中使用采集数据的客户数量：使用用电信息采集系统采集数据开展营销业务的客户（含关口表）。 在营销业务中未使用采集数据的客户数量＝采集系统中投运的总客户数量－在营销业务中使用采集数据的客户数量	月	4日	采集数据应用率＝90%	
预测准确率		1. 售电量预测准确率	售电量预测准确率＝[1－(|售电量预测值－售电量实际值|)/售电量实际值]×100%	年、季	4日	售电量预测准确率阈值。 （1）上年度电量500亿kWh的省公司：96%。 （2）上年电量在500亿～1000亿kWh的省公司：97%。	（1）省公司稽查任务筛选条件按监控阈值进行筛选。

续表

主题	等级	主题指标	指标算法	稽查频度	稽查例日	阈值	展示要求及备注
预测准确率	三级	1. 售电量预测准确率	售电量预测准确率＝[1－(|售电量预测值－售电量实际值|)/售电量实际值]×100％	年、季	4日	(3) 上年电量1000亿kWh的省公司：98％。 (4) 上年度电量50亿kWh的地市公司：93％。 (5) 上年电量在50亿～100亿kWh的地市公司：94％。 (6) 上年电量100亿kWh的地市公司：95％	(2) 地市稽查任务筛选条件按监控阈值进行筛选
		2. 最高统调负荷预测准确率	最高统调负荷预测准确率＝[1－(|最高统调负荷预测值－最高统调负荷实际值|)/最高统调负荷实际值]×100％			最高统调负荷预测准确率阈值。 (1) 实际最高统调负荷1000万kW的省公司：95％。 (2) 实际最高统调负荷在1000万～2000万kW的省公司：96％。 (3) 实际最高统调负荷2000万kW的省公司：97％。 (4) 实际最高统调负荷100万kW的地市公司：90％。 (5) 实际最高统调负荷在100万～500万kW的地市公司：91％。 (6) 实际最高统调负荷500万kW的地市公司：92％	省稽查任务筛选条件按监控阈值进行筛选。 地市稽查任务筛选条件按监控阈值进行筛选

续表

主题	等级	主题指标	指标算法	稽查频度	稽查例日	阀值	展示要求及备注
档案数据异常情况	二级	1. 档案数据完整率	(1) 档案数据完整率＝[1－(核心字段为空字段数×3＋重要字段为空字段数×2＋一般字段为空字段数)÷(应检索核心字段数×3＋应检索重要字段数×2＋应检索一般字段数)]×100%。 (2) 应检索字段（记录）：指存在非空要求或逻辑校验规则的字段（记录）。 (3) 完整性主题分类：用电客户相关信息、受电点相关信息、计量点相关信息、采集点相关信息、供用电合同相关信息、高压客户相关信息、电能表运行信息、电能表资产信息、互感器运行信息、互感器资产信息、负控设备信息、集抄设备信息、计量仪器仪表、计量标准器/设备、计量标准装置、计量箱/柜。 (4) 校验规则参照《营销稽查监控系统业务模型说明书》中 TM05/数据质量监控业务项中 TM05 _ 02/资产类数据完整性监控业务子项的校验规则。其中重要程度分类分为核心、重要、一般。 (5) 不符合校验规则时长：指客户档案中不符合完整性校验规则数据存在的时间，约定为最近一次业扩变更业务的信息归档时间或建户日期至统计日期的时长	月	自定义。对工作量较大的情况，网省公司可以列入专项稽查计划	(1) 省公司：N%（由省公司自定义）。 (2) 地市公司：M%（由省公司或地市公司自定义），M>N	地市公司、省公司稽查问题筛选条件是在小于监控阀值的基础上，再按照完整性主题分类（可多选），不符合校验规则时长大于 L 天，校验规则（可多选）、校验实体（可多选）、重要程度分类（可多选）进行组合筛选

续表

主题	等级	主题指标	指标算法	稽查频度	稽查例日	阈值	展示要求及备注
档案数据异常情况	二级	2. 档案数据准确率	(1) 档案数据准确率=(1－逻辑矛盾记录数÷应检索记录数)×100%。 (2) 准确性主题分类：用电客户相关信息、受电点相关信息、计量点相关信息、供用电合同相关信息、台区变压器信息、电能表运行信息、互感器运行信息。 (3) 校验规则参照《营销稽查监控系统业务模型说明书》中 TM05/数据质量监控业务项中 TM05_03/资产类数据准确性监控业务子项的校验规则。其中重要程度分类分为核心、重要、一般。 (4) 指客户档案中不符合准确性校验规则数据存在的时间，约定为最近一次业扩变更业务的信息归档时间或建户日期至统计日期的时长	月	自定义。对于工作量较大的情况，网省公司可以列入专项稽查计划	(1) 省公司：N%（由省公司自定义）。 (2) 地市公司：M%（由省公司或地市公司自定义），M>N	地市公司、省公司稽查任问题筛选条件是在小于监控阀值的基础上，再按照准确性主题分类（可多选），逻辑错误时长大于L天、校验规则（可多选）进行组合筛选
档案维护时长情况	二级	档案维护平均时长	(1) 档案维护平均时长=统计期内档案维护流程总时长/档案维护数量。 (2) 档案维护流程时长=指档案维护归档时间-档案维护申请时间	月	1日	省公司：35天。 地市公司：30天	地市公司稽查任务筛选条件按监控阀值进行筛选，且按照档案维护平均时长M或档案维护平均时长的前L位进行筛选；省稽查任务筛选条件按照档案维护平均时长M或档案维护平均时长的前L位进行筛选

续表

主题	等级	主题指标	指标算法	稽查频度	稽查例日	阈值	展示要求及备注
报表上报及时性	一级	报表上报及时性	报表上报超时率=（超时上报的报表数/应上报的报表数）×100%	月	4日	报表上报超时率=0	大于阈值
报表准确性	一级	报表准确性	报表准确率=（数据准确的报表数/报表总数）×100% （1）数据准确报表指的是报表上报过程中没有回退记录的已上报报表。 （2）报表总数指的是已上报报表总数	月	4日	报表准确率=100%	小于阈值
明细数据完整性	一级	明细数据表完整性	（1）完整性核查要求。 （2）明细数据校验关系	月	4日	不符合完整性核查要求与明细数据校验关系数=0	大于阈值
分析工作质量监控	特级	分析工作质量监控	抽查比例是指抽取稽查问题数量占已分析不处理且审批完成稽查问题数的比重	月	4日	抽查比例=1%	抽查比例等于监控阈值。统计条件是已监控分析为不处理并审批通过，并且抽查比例大于监控阈值

续表

主题	等级	主题指标	指标算法	稽查频度	稽查例日	阀值	展示要求及备注
稽查工作质量监控	特级	稽查工作质量监控	抽查比例是指抽取稽查问题数量占已处理且归档完成稽查问题数的比重	月	15日	抽查比例=1%	根据下级供电单位、稽查主题、稽查主题等级、归档时间范围、抽审比例，统计稽查问题数，统计条件是已归档，并且抽查比例大于监控阀值
白名单核定质量监控		白名单核定质量监控	抽查比例是指抽取稽查问题数量占已白名单审批完成稽查问题数的比重				根据下级供电单位、稽查主题、稽查主题等级、白名单审批时间范围、抽审比例，统计稽查问题数，统计条件是白名单已审批通过，并且抽查比例大于监控阀值

附录4　数据质量类营销稽查主题一览表

主题	等级	主题指标	指标算法	稽查频度	稽查例日	阈值	展示要求及备注
用电客户相关信息	一级	用电客户相关信息空值数	对营销业务应用系统的“用电客户”实体校验如下，其中“重要程度分类”包括核心、重要、一般。用电客户相关信息空值数指标是指不符合以下校验规则的字段/记录数。 （1）“上次检查日期”非空。 （2）“合同容量”非空。 （3）“转供标志”非空。 （4）“检查周期”非空。 （5）“客户分类”非空。 （6）“客户名称”非空。 （7）“送电日期”非空。 （8）“运行容量”非空。 （9）“供电电压”非空。 （10）“用电类别”非空。 （11）“行业分类”非空。 （12）“立户日期”非空。 （13）“负荷性质”非空。 （14）“电费结算方式”非空。 （15）“票据类型”非空。 （16）用电客户不应无客户信息。 （17）增值税客户不应无增值税信息。 （18）供电电压为高压且非被转供户，不应无变压器信息	月	自定义（每月5日）	（1）网省级的不符校验规则阈值＝0。 （2）地市级的不符校验规则阈值＝0	地市公司、网省公司稽查问题筛选条件可在不符合校验规则的记录条数>不符合校验规则阈值的基础上，再按照校验规则（可多选）、用电类别（可多选）、客户分类（可多选）、供电电压（可多选）、送电日期区间、合同容量区间、电源类型（可多选）、重要程度等级（可多选）进行组合筛选

续表

主题	等级	主题指标	指标算法	稽查频度	稽查例日	阀值	展示要求及备注
受电点相关信息	一级	受电点相关信息空值数	对营销业务应用中受电点相关实体进行校验如下，其中“重要程度分类”包括核心、重要、一般。受电点相关信息空值数指标是指不符合以下校验规则的字段/记录数。 (1)“台区名称”非空。 (2)“台区标识”非空。 (3)“变电站标识”非空。 (4)“线路标识”非空。 (5)“供电容量”非空。 (6)“供电电压”非空。 (7)“电源性质”非空。 (8)“电源相数”非空。 (9)“电源类型”非空。 (10)“产权分界点”非空。 (11)“进线方式”非空。 (12)“受电点名称”非空。 (13)“电源数目”非空。 (14)“有无自备电源”非空。 (15)“受电点类型”非空。 (16)“自备电源闭锁方式”非空。 (17)“功率因数标准”非空。 (18)“是否执行峰谷标志”非空。 (19)“电价行业类别”非空。 (20)“电价码”非空。 (21)台区不应无对应线路。 (22)双电源受电点电源数目不应小于两个。 (23)台区不应无对应变压器信息。 (24)多电源受电点电源数目不应小于三个。 (25)客户受电点下不应没有主供电源。 (26)客户受电点下不应无计量点信息。 (27)客户受电点下不应无客户电价。 (28)客户受电点不应无电价策略。 (29)有客户电价信息不应无对应计量点信息	月	自定义（每月5日）	(1)省级的不符校验规则阀值=0。 (2)地市级的不符校验规则阀值=1	地市公司、省公司稽查问题筛选条件可在不符合校验规则的记录条数>阀值的基础上，可再按照校验规则（可多选）、用电类别（可多选）、客户分类（可多选）、供电电压（可多选）、送电日期区间、合同容量区间、电源类型（可多选）、受电点类型（可多选）、重要程度等级（可多选）进行组合筛选

续表

主题	等级	主题指标	指标算法	稽查频度	稽查例日	阈值	展示要求及备注
计量点相关信息	三级	计量点相关信息空值数	营销业务应用的“计量点”实体校验如下，其中“重要程度分类”包括核心、重要、一般。计量点相关信息空值数指标是指不符合以下校验规则的字段/记录数。 （1）“计量点分类”非空。 （2）“计量点性质”非空。 （3）“主用途类型”非空。 （4）“计量点容量”非空。 （5）“电能计量装置分类”非空。 （6）“计量方式”非空。 （7）“接线方式”非空。 （8）“投运日期”非空。 （9）“是否安装负控”非空。 （10）“计量点所属侧”非空。 （11）“是否装表”非空。 （12）“计量点状态”非空。 （13）“电压等级”非空。 （14）“计量点名称”非空。 （15）“计量点地址”非空。 （16）计量点电压等级110kV及以上，电流互感器不应小于3只。 （17）计量点信息中线路数据不应无对应线路信息。 （18）综合倍率大于1的计量点不应无运行互感器	月	自定义（每月5日延）	空值数=0	大于阈值
采集点相关信息	二级	采集点相关信息空值数	（1）采集点信息不应无采集对象。 （2）采集点不应无计量采集点关系。 （3）采集点不应没有运行终端信息。 （4）运行SIM卡不应无GPRS终端。 （5）运行GPRS终端不应无SIM卡				

续表

主题	等级	主题指标	指标算法	稽查频度	稽查例日	阈值	展示要求及备注
供用电合同相关信息	一级	供用电合同相关信息空值数	对营销业务应用的“客户协议”实体校验如下，其中“重要程度分类”包括核心、重要、一般。供用电合同相关信息空值数指标是指不符合以下校验规则的字段/记录数。 （1）“合同类型”非空。 （2）“合同文本形式”非空。 （3）“用电方签约人”非空。 （4）“用电方签约日期”非空。 （5）“供电方签约人”非空。 （6）“合同终止日期”非空。 （7）“有效期”非空。 （8）“合同签署日期”非空。 （9）“合同自动续签标志”非空。 （10）“合同状态”非空	月	自定义（每月5日延）	空值数=0	大于阈值
高压客户相关信息	一级	高压客户相关信息空值数	对营销业务应用中高压客户相关实体进行校验如下，其中“重要程度分类”包括核心、重要、一般。高压客户相关信息空值数指标是指不符合以下校验规则的字段/记录数。 （1）“一次侧电压”非空。 （2）“二次侧电压”非空。 （3）“产权”非空。 （4）“公变专变标志”非空。 （5）“安装日期”非空。 （6）“设备类型”非空。 （7）“铭牌容量”非空。 （8）“电源切换方式”非空。 （9）“电源联锁方式”非空。 （10）“联系人”非空。 （11）“联系类型”非空。 （12）移动电话、住宅电话、办公电话至少有一个不应为空				

续表

<table>
<tr><th>主题</th><th>等级</th><th>主题指标</th><th>指标算法</th><th>稽查频度</th><th>稽查例日</th><th>阈值</th><th>展示要求及备注</th></tr>
<tr><td>电能表资产信息</td><td>二级</td><td>电能表资产信息空值数</td><td>（1）“产权”非空。
（2）“出厂日期”非空。
（3）“制造单位”非空。
（4）“型号”非空。
（5）“复费率表标志”非空。
（6）“当前状态”非空。
（7）“接线方式”非空。
（8）“无功准确度等级”非空。
（9）“是否预付费”非空。
（10）“最近检定日期”非空。
（11）“有功准确度等级”非空。
（12）“条形码”非空。
（13）“标定电流”非空。
（14）“测量原理”非空。
（15）“生产批次”非空。
（16）“电压”非空。
（17）“电能表位数”非空。
（18）“类别”非空。
（19）“类型”非空。
（20）“自身倍率”非空。
（21）“谐波计量标志”非空。
（22）“需量表标志”非空</td><td rowspan="2">月</td><td rowspan="2">自定义（每月5日延）</td><td rowspan="2">空值数＝0</td><td rowspan="2">大于阈值</td></tr>
<tr><td>电能表运行信息</td><td>一级</td><td>电能表运行信息空值数</td><td>（1）“安装位置”非空。
（2）“安装日期”非空。
（3）“是否参考表”非空。
（4）一、二、三类计量装置的“检验周期”非空。
（5）“综合倍率”非空。
（6）“轮换周期”非空。
（7）“轮换有效日期”非空。
（8）运行电能表示数不应无对应运行电能表。
（9）运行电能表不应无运行电能表示数。
（10）运行电能表不应无电能表资产</td></tr>
</table>

续表

主题	等级	主题指标	指标算法	稽查频度	稽查例日	阀值	展示要求及备注
互感器资产信息	二级	互感器资产信息空值数	（1）“TA 准确度等级”非空（互感器类别为电流互感器、电压电流组合互感器、电流组合互感器的不应为空）。 （2）“TV 准确度等级”非空（互感器类别为电压互感器、电压电流组合互感器、电压组合互感器的不应为空）。 （3）“出厂日期”非空。 （4）“制造单位”非空。 （5）“产权”非空。 （6）“原理”非空。 （7）“当前状态”非空。 （8）“电压变比”非空（互感器类别为电压互感器、电压电流组合互感器、电压组合互感器的不应为空）。 （9）“类别”非空。 （10）“额定电流变比”非空（互感器类别为电流互感器、电压电流组合互感器、电流组合互感器的不应为空）	月	自定义（每月 5 日延）	空值数＝0	大于阀值
互感器运行信息	一级	互感器运行信息空值数	（1）“上次检验日期”非空。 （2）“在用电压变比”非空（互感器类别为电压互感器、电压电流组合互感器、电压组合互感器的不应为空）。 （3）“在用电流变比”非空（互感器类别为电流互感器、电压电流组合互感器、电流组合互感器的不应为空）。 （4）“安装位置”非空。 （5）“安装方式”非空。 （6）“相别”非空。 （7）“类别”非空。 （8）运行互感器不应无对应二次回路信息。 （9）组合互感器二次回路数目不应少于 4 个				

续表

主题	等级	主题指标	指标算法	稽查频度	稽查例日	阈值	展示要求及备注
负控设备信息	二级	负控设备信息空值数	(1)"产权单位"非空。 (2)"出厂日期"非空。 (3)"制造单位"非空。 (4)"型号"非空。 (5)"当前状态"非空。 (6)"是否附属于电能表"非空。 (7)"管理单位"非空。 (8)"类型"非空。 (9)"采集方式"非空	月	自定义(每月5日延)	空值数=0	大于阈值
集抄设备信息		集抄设备信息空值数	(1)"出厂日期"非空。 (2)"制造单位"非空。 (3)"型号"非空。 (4)"是否附属于电能表"非空。 (5)"条形码"非空。 (6)"状态"非空。 (7)"管理单位"非空				
计量仪器仪表		计量仪器仪表空值数	(1)"仪器仪表类型"非空。 (2)"仪表分类"非空。 (3)"所属机构"非空。 (4)"机构级别"非空。 (5)"溯源类型"非空。 (6)"设备状态"非空				
计量标准器/设备		计量标准器/设备空值数	(1)"准确度等级"非空。 (2)"出厂日期"非空。 (3)"制造单位"非空。 (4)"型号"非空。 (5)"所属机构"非空。 (6)"投运日期"非空。 (7)"机构级别"非空。 (8)"测量范围"非空。 (9)"溯源类型"非空。 (10)"用途分类"非空。 (11)"考核类别"非空。 (12)"设备状态"非空。 (13)"设备类别"非空。 (14)"购置日期"非空。 (15)"设备类型"非空				

续表

主题	等级	主题指标	指标算法	稽查频度	稽查例日	阈值	展示要求及备注
计量标准装置	三级	计量标准装置空值数	(1)“准确度等级”非空。 (2)“所属机构”非空。 (3)“投运日期”非空。 (4)“机构级别”非空。 (5)“测量范围”非空。 (6)“溯源类型”非空。 (7)“状态”非空。 (8)“类别”非空。 (9)“考核类别”非空。 (10)“装置类型”非空	月	自定义(每月5日延)	空值数=0	大于阈值
计量箱/柜	三级	计量箱空值数	(1)“产权单位”非空。 (2)“状态”非空。 (3)“资产编号”非空				
用电客户相关信息	一级	用电客户相关信息差错数	用电客户相关信息差错数指标是指不符合以下校验规则的记录数。 (1)非高压客户且非被转供户不应存在专变信息。 (2)用电客户不应无抄表段或非本单位抄表段。 (3)客户合同容量不应小于主供电源或常用互为备用电源的供电容量之和。 (4)客户运行容量不应大于合同容量。 (5)客户选择的行业分类不应为非最末级行业分类。 (6)用电客户运行容量不应小于零。 (7)增值税客户的客户分类不应为居民。 (8)客户立户日期不应大于当前年月。 (9)合同容量50kVA以下用电客户供电电压不应大于或等于35kV。 (10)客户合同容量不应小于或等于0。 (11)客户分类为高压,电压等级不应为低压。				

续表

主题	等级	主题指标	指标算法	稽查频度	稽查例日	阈值	展示要求及备注
用电客户相关信息	一级	用电客户相关信息差错数	（12）客户分类为低压居民、低压非居民，电压等级不应为高压。 （13）客户中客户分类为低压居民，用电类别不应非城镇居民生活用电、乡村居民生活用电。 （14）客户中客户分类为低压居民，行业类别不应非城镇居民、乡村居民。 （15）大工业用电客户供电电压不应为低压				
受电点相关信息	二级	受电点相关信息差错数	受电点相关信息差错数指标是指不符合以下校验规则的记录数。 （1）专变客户电源的线路和计量点的线路不应不一致。 （2）专变客户的台区在台区表中不应为公变。 （3）供电电源信息中的线路数据不应无对应线路信息。 （4）若一个客户只有一个计量点时，档案的用电类别不应与执行电价的用电类别不一致。 （5）执行两部制电价客户，客户电价不应无容量单价或需量单价。 （6）执行功率因数考核不应无无功示数或者固定功率因数为0。 （7）客户电价上选择的行业分类不应非最末级行业分类。 （8）客户电价的行业类别是城乡居民，电价对应用电类别不应非城乡居民。 （9）电价对应用电类别是城乡居民，客户电价的行业类别不应非城乡居民	月	自定义（每月5日延）	空值数=0	大于阈值

续表

主题	等级	主题指标	指标算法	稽查频度	稽查例日	阀值	展示要求及备注
供用电合同相关信息	一级	供用电合同相关信息差错数	供用电合同相关信息差错数指标是指不符合以下校验规则的记录数。 (1) 合同签署日期不应大于合同有效日期或当前日期。 (2) 客户不应有多个有效供用电合同	月	自定义（每月5日延）	不符合校验规则数=0	大于阀值
台区变压器相关信息	二级	台区变压器相关差错数	台区变压器相关差错数指标是指不符合以下校验规则的记录数。 校验规则：变压器一次侧电压不应是低压				
计量点相关信息	二级	计量点相关信息差错数	校验规则如下。 (1) 计费关系中的父级计量点不应无计量点信息。 (2) 一类计量点电能表精确度等级不应为3.0。 (3) 公变客户计量点上的台区与电源选择的台区不应不一致。 (4) 同一个计量点的下级定比值合计不应大于1。 (5) 电能表接线方式不为单相，计量点电压等级不应为220V。 (6) 计量点上选择的台区与计量点上选择的线路不应无关联关系。 (7) 客户供电电压为10kV，且其计量点的计量方式高供低计，计量点接线方式不应为三相三线。 (8) 任一个计量点的电压等级不应大于客户基础信息下供电电压。 (9) 被转供户的计量点级数不应为1。 (10) 低压居民客户计量方式不应非低供低计。				

续表

主题	等级	主题指标	指标算法	稽查频度	稽查例日	阈值	展示要求及备注
计量点相关信息	二级	计量点相关信息差错数	（11）客户电压等级为高压、计量点计量方式不应为低供低计。 （12）客户供电电压为高压，计量点计量方式不应为低供低计。 （13）计量点和客户电价不应无对应关系。 （14）级数大于1的计量点不应无计费关系。 （15）计量点选择的电价为大工业电价的，计量装置分类不应为Ⅴ类。 （16）计费类型为抄表的计量点不应无运行电能表信息。 （17）主用途类型是售电侧结算而计量点分类不应为关口或计量点性质不应为考核。 （18）计量点等级为Ⅴ类，计量点电压不应为高压或者接线方式不应非单相。 （19）计量点等级为Ⅰ～Ⅱ类，计量点电压不应为380V。 （20）计量点电压等级为220V，计量点等级不应非Ⅴ类或者接线方式不应非单相。 （21）计量点接线方式为单相，计量点等级不应非Ⅴ类或者电压等级不应为高压。 （22）计量点等级为Ⅴ类，计量电压等级不应为高压或者接线方式不应为非单相 （23）计量点分类为关口，主用途类型不应为售电侧结算。 （24）计量点分类为用电客户，主用途类型不应非售电侧结算。 （25）计量点主用途类型为售电侧结算，计量点性质不应为考核。 （26）计量点的计量方式低供低计，计量点接线方式不应为三相三线。	月	自定义（每月5日延）	不符合校验规则数=0	大于阈值

续表

主题	等级	主题指标	指标算法	稽查频度	稽查例日	阈值	展示要求及备注
计量点相关信息	二级	计量点相关信息差错数	(27) 计量点主用途类型为地市供电关口、省级供电关口、跨省输电关口、跨区输电关口、跨国输电关口、发电上网关口，计量点电压等级不应是220V。 (28) 计量点主用途类型为台区供电考核，计量点电压等级不应是35kV及以上。 (29) 电压等级为220V/380V计量方式不应为高供高计。 (30) 计量点投运日期不应大于当前日期。 (31) 计量点用途为关口的计量点其计量点等级分类不应为Ⅴ类。 (32) 跨国输电、跨区输电、跨省输电不应存在非Ⅰ类计量点。 (33) 省级供电不应存在非Ⅰ、Ⅱ类计量点。 (34) 内部考核计量点（台区供电考核、线路供电考核、指标分析）不应存在非Ⅲ、Ⅳ类计量点。 (35) 大工业用电类别计量点等级不应为Ⅴ类。 (36) 趸售关口的计量点性质不应为考核。 (37) 内部考核关口（台区供电考核、线路供电考核、指标分析）的计量点性质不应为结算。 (38) 非内部考核关口（趸售供电、地市供电、省级供电、跨省输电、跨区输电、跨国输电、发电上网）不应为单相或低供低计。 (39) 计量点分类为关口的计量点其计量点等级分类不应为Ⅴ类。 (40) 计量点计量方式为高供高计，接线方式不应为单相。 (41) 计量点电压等级为高压的，计量方式不应为低供低计	月	自定义（每月5日延）	不符合校验规则数=0	大于阈值

续表

主题	等级	主题指标	指标算法	稽查频度	稽查例日	阀值	展示要求及备注
电能表相关信息	一级	电能表相关信息差错数	校验规则如下。 (1) 电能表状态为运行，装表日期不应早于检定日期。 (2) 运行电能表的表位数不应同对应资产的表位数不一致。 (3) 计量点电能表综合倍率大于1且电能表自身倍率为1，不应无互感器信息。 (4) 运行电能表的供电单位不应与用电客户中的供电单位不一致。 (5) 单相有功表不应带无功示数。 (6) 电能表综合倍率不应不等于表的自身倍率×电流互感器变比×电压互感器变比。 (7) 计量点有运行互感器，运行电能表综合倍率不应是1。 (8) 运行电能表不应无关联计量点	月	自定义（每月5日延）	不符合校验规则数=0	大于阀值
互感器相关信息	二级	互感器相关信息差错数	校验规则如下。 (1) 计量点电压等级为220V，电压互感器数量不应大于0。 (2) 计量点电压等级为220V或380V，组合互感器数量不应大于0。 (3) 计量点电压等级大于380V，且没有组合互感器，且接线方式为“三相三线”，电流互感器数量不应不等于2或不等于3。 (4) 计量点电压等级大于380V，且没有组合互感器，且接线方式为“三相三线”，电压互感器数量不等于2或不等于3或不等于4或不等于6。				

续表

主题	等级	主题指标	指标算法	稽查频度	稽查例日	阈值	展示要求及备注
互感器相关信息	二级	互感器相关信息差错数	（5）计量点电压等级大于380V且小于110kV，且没有组合互感器，且接线方式为“三相四线”，电流互感器、电压互感器数量不应不等于3。 （6）计量点电压等级大于等于110kV，且没有组合互感器，且接线方式为“三相四线”，电流互感器、电压互感器数量不应不等于3或不等于6。 （7）220kV及以上关口计量点电流、电压互感器的台数不应非3的倍数。 （8）客户供电电压大于35kV，计量点不应有组合互感器。 （9）运行互感器不应无关联计量点	月	自定义（每月5日延）	不符合校验规则数=0	大于阈值

附录5　服务资源类营销稽查主题一览表

主题	等级	主题指标	指标算法	稽查频度	稽查例日	阈值	展示要求及备注
中继线实时监控	三级	中继线实时监控	中继线日均负荷率、中继线日最高负荷率、日均呼出电话通道占用率、日均最高呼出电话通道占用率、中继线月累计故障次数、中继线月累计故障时长大于相应阀值。 备注：(1) 异常类型：中继线日均负荷率、中继线日最高负荷率、日均呼出电话通道占用率、日均最高呼出电话通道占用率、中继线月累计故障次数、月累计故障时间。 (2) 中继线日均负荷率：每日95598中继线通道负荷率96个点的平均值。 (3) 日均呼出电话通道占用率：每日呼出通道电话占用率96个点的平均值	月	自定义	中继线日均负荷率等于75%。 中继线日最高负荷率等于95%。 日均呼出电话通道占用率等于20%。 日均最高呼出电话通道占用率等于30%。 中继线月累计故障次数等于1次。 中继线月累计故障时长等于1h	异常类型中异常值大于监控阀值
座席监控	二级	客服代表座席监控	人工电话接通率、队列平均等待时长、座席代表利用率上限监控阀值、下限监控阀值大于相应阀值。 备注：(1) 座席运行异常：人工电话接通率偏低、队列平均等待时长偏长、座席代表利用率偏大或偏低。 (2) 座席运行异常项算法。 1) 人工电话接通率＝(人工服务电话数/人工请求电话数)×100% 2) 队列平均等待时长＝客户排队时间之和/等待的次数。 3) 座席代表利用率＝(通话时长＋案头时长)/签入时长×100%			(1) 人工电话接通率等于85%。 (2) 队列平均等待时长等于30s。 (3) 座席代表利用率上限监控阀值等于70%，下限监控阀值等于20%	座席运行异常中单项异常次数大于监控阀值

续表

主题	等级	主题指标	指标算法	稽查频度	稽查例日	阈值	展示要求及备注
客户服务网站运行监控	三级	客户服务网站实时监控	网站日访问量、日最高流量、服务器CPU和内存使用率、月累计网络故障次数、忙时集中率、平均故障处理时间、死链接网页数量、网站安全事件次数大于相应阈值。 备注：(1) 异常类型：日访问量、日最高流量、服务器CPU使用率、服务器内存使用率、月累计网络故障次数、忙时集中率、平均故障处理时长、死链接网页数量、网站安全事件次数。 (2) 日最高流量：1天内访问量最大的1h的访问量。 (3) 忙时集中率：1天内访问量最大的1h的访问量占全天总的访问量的比重，反映网站访问高峰时段服务资源的负荷占用情况。 (4) 死链接：关键网页不可访问。 (5) 网站安全事件：网站发生入侵、网页篡改、暴力攻击、发现木马病毒等安全异常	月	自定义	网站日访问量等于自定义值。 日最高流量等于自定义值。 服务器CPU和内存使用率等于75%。 月累计网络故障次数等于自定义值。 忙时集中率等于30%。 平均故障处理时间等于2h。 死链接网页数量等于自定义值。 网站安全事件次数等于1次	异常类型中单项异常次数大于监控阈值
95598视频监控	二级	视频监控异常次数	视频监控异常次数。 备注：(1) 座席行为异常：人员未着工装、座席状态与现场不符。 (2) 座席状态与现场不符异常：现场工作人员工作状态与95598系统反映的座席状态不一致，如：座席状态是置闲、置忙或通话，座位上无人			座席行为异常次数等于0	异常次数大于监控阈值
营业场所视频监控	一级	营业场所视频监控异常次数	座席运行单项异常行为类型异常次数大于监控阈值。 备注：(1) 座席行为异常：工作人员未着工装、关键岗位缺席时间过长、现场重大异常事件。 (2) 关键岗位缺席时间过长指营业厅收费区域、业扩受理区域、咨询导航区域等关键岗位工作人员缺席60min以上。 (3) 现场重大异常事件指营业厅区域内10m² 范围内人数超过50人			座席行为异常次数等于0	异常次数大于监控阈值

续表

主题	等级	主题指标	指标算法	稽查频度	稽查例日	阈值	展示要求及备注
配电抢修中心视频监控	二级	配电抢修中心视频监控异常次数	配电抢修中心单项异常行为类型异常次数大于监控阀值。 备注：异常行为类型包括工作人员未着工装、抢修中心无人值班	月	自定义	配电抢修中心工作服务异常次数等于0	异常行为次数大于监控阀值
自助缴费终端监控	三级	1. 年运行可靠率	年运行可靠率＝[1－故障中断时间/(运行时间＋故障中断时间)]×100% 备注：故障类别指打印机故障、卡纸，读卡器故障、吞卡，纸币器不可用、通信故障、监控设备损坏等类型	月	自定义	年运行可靠率：省公司＝99%，地市公司＝99.8%，可自定义	统计条件为年初开始到指定日的自然年时间范围，年运行可靠率小于阀值
自助缴费终端监控	三级	2. 对账率	(1) 应对账数指每日应产生对账文本总数量。 (2) 实际对账数指每日实际对账的文本数量。 (3) 未对账数指每日未对账的文本数量。 (4) 对账率＝实际对账数/应对账数×100%	月	自定义	省公司、地市公司＝100%	统计条件为时间范围，每个终端对账率小于阀值
营销业务应用系统监控	三级	1. 年故障次数	故障次数＝一年内单项故障类别累计发生数量 备注：系统故障类别包括主机故障、磁盘故障、数据库故障、Weblogic故障、银电联网故障、数据库活动会话数异常、网络故障、故障宕机等	月	自定义	年故障次数＝2次	故障次数大于监控阀值
营销业务应用系统监控	三级	2. 故障宕机时间	故障宕机时间＝一年内单项故障类别累计发生时长 备注：系统故障类别包括主机故障、磁盘故障、数据库故障、Weblogic故障、银电联网故障、数据库活动会话数异常、网络故障、故障宕机等	月	自定义	故障宕机时间＝2h	故障宕机时间大于监控阀值
用电信息采集系统监控	三级	1. 年故障次数	年故障次数＝一年内单项故障类别累计发生数量 备注：系统故障类别包括主机故障、磁盘故障、数据库故障、Weblogic故障、数据库活动会话数异常、网络故障、故障宕机等	月	自定义	年故障次数＝1次	故障次数大于阀值

续表

主题	等级	主题指标	指标算法	稽查频度	稽查例日	阈值	展示要求及备注
用电信息采集系统监控	三级	2. 故障宕机时间	故障宕机时间＝一年内单项故障类别累计发生时长 备注：系统故障类别包括主机故障、磁盘故障、数据库故障、Weblogic故障、数据库活动会话数异常、网络故障、故障宕机等	月	自定义	故障宕机时间＝2h	故障宕机时间大于监控阈值
高级量测系统监控		1. 年故障次数	年故障次数＝一年内单项故障类别累计发生数量 备注：系统故障类别包括主机故障、磁盘故障、数据库故障等			年故障次数＝1次	故障次数大于阈值
		2. 故障宕机时间	故障宕机时间＝一年内单项故障类别累计发生时长 备注：系统故障类别包括主机故障、磁盘故障、数据库故障等			故障宕机时间＝2h	故障宕机时间大于监控阈值
银电联网系统监控		1. 年运行可靠率	年运行可靠率＝[1－故障停运时间/总运行时间]×100％			年运行可靠率＝99.8％，可自定义	可靠性低于阈值
		2. 对账销账不及时监控	扣款信息生成及时率、扣款信息发送及时率、代扣信息销账及时率、代扣信息对账及时率小于相应监控阈值。 备注：(1) 不及时异常类型。 1) 扣款信息生成不及时。 2) 扣款信息发送不及时。 3) 代扣信息销账不及时。 4) 代扣信息对账不及时。 (2) 扣款信息生成及时率＝实际生成数/应生成数×100％。 (3) 扣款信息发送及时率＝实际发送数/应发送数×100％。 (4) 代扣信息销账及时率＝实际销账数/应销账数×100％。 (5) 代扣信息对账及时率＝实际对账数/应对账数×100％。 (6) 应生成数指在规定的时间内在前置机相应目录下应生成的代扣文本数或交易笔数。 (7) 应发送数指在规定时间在前置机相应目录下银行应发送的代扣文本数或交易笔数			(1) 扣款信息生成及时率＝100％。 (2) 扣款信息发送及时率＝100％。 (3) 代扣信息销账及时率＝100％。 (4) 代扣信息对账及时率＝100％	不及时异常类型中异常值小于监控阈值

续表

主题	等级	主题指标	指标算法	稽查频度	稽查例日	阈值	展示要求及备注
银电联网系统监控	三级	2. 对账销账不及时监控	(8) 应销账数指在规定时间在前置机相应目录下应销账的代扣文本数或交易笔数。 (9) 应对账数指在规定时间在前置机相应目录下应对账的代扣文本数或交易笔数。 (10) 故障结束时间：异常处理完毕时间	月	自定义		不及时异常类型中异常值小于监控阈值
电动汽车充电设施监控		电动汽车充电设施监控	充（换）电站故障次数、充（换）电站故障中断持续时间、充电桩故障次数、充电桩故障中断持续时间、充电交易笔数、交易中断天数大于相应阈值。 备注：异常类型如下。 (1) 充（换）电站故障次数偏大。 (2) 充（换）电站故障中断持续时间偏大。 (3) 充电桩故障次数偏大。 (4) 充电桩故障中断持续时间偏大。 (5) 充电交易笔数偏大。 (6) 交易中断天数偏大			(1) 充（换）电站故障次数：自定义。 (2) 充（换）电站故障中断持续时间：自定义。 (3) 充电桩故障次数：自定义。 (4) 充电桩故障中断持续时间：自定义。 (5) 充电交易笔数：自定义。 (6) 交易中断天数：自定义	异常类型中异常值大于监控阈值

附录 6 常用自定义营销稽查主题一览表

自定义稽查主题是对营销稽查监控系统稽查规则的重要补充，根据营销稽查需要可以按照稽查主题的归类原则，将常用的自定义主题固化在系统前台界面，按照稽查例日和频度开展常态稽查，临时性或专项性较强的稽查规则也可以不进行系统固化，直接在系统线外进行筛查并组织现场稽查工作，以下为常用的自定义营销稽查主题。

主题	等级	主题指标	指标算法	稽查频度	稽查例日	阀值	展示要求及备注
基本电费收取异常	一级	基本电费收取异常	基本电费收取容量与客户运行容量不一致	月	1日	0	自定义固化主题，异常类型中异常值大于监控阀值
客户小电量		客户小电量	当低压动力客户某月电量低于合理用电量的20%时，合理用电量=合同容量×12×30			小于20%	自定义固化主题，异常类型中异常值大于监控阀值
客户变压器利用率低于30%		客户变压器利用率低于30%	变压器利用率=月用电量/合同容量×24×30×功率因数			小于30%	自定义固化主题，异常类型中异常值大于监控阀值
尖峰电价电量异常		尖峰电量异常	（1）尖峰电价的客户在7～9月无尖峰电量。 （2）大工业（受电变压器容量在315kVA及以上的工业客户）和受电变压器容量在100kVA及以上的非普工业客户未实行尖峰电价			0	自定义非固化主题，异常类型中异常值大于监控阀值

续表

主题	等级	主题指标	指标算法	稽查频度	稽查例日	阈值	展示要求及备注
暂停或减容超期	一级	暂停或减容超期	一个自然年暂停时间累计超过6个月，计费容量不等于合同容量的、减容时间超过2年计费容量不等于合同容量的	自定义	自定义	0	自定义非固化主题，异常类型中异常值大于监控阈值
计费倍率与计量倍率不符		计费倍率与计量倍率不符	计费倍率不等于对应的电能表自身倍率、电压互感器倍率、电流互感器倍率的乘积				
非农业生产季节农业客户电量异常		非农业生产季节农业客户电量异常	农业生产客户在12月份至次年3月份变压器利用率高于10%				
抄表电量为整百倍数		抄表示数为整百倍数	非定量计量点，抄表电量为整百倍数时			0	自定义非系统固化主题，异常类型中异常值大于监控阈值
修改抄表数据		修改抄表数据	抄表例日用电信息采集系统抄表数据与SG186算费系统抄表数据不一致				
非政策性退补流程不规范		非政策性退补流程不规范	(1)四级审批中，任意两个审批环节为相同操作人员。 (2)非居民户退补电量大于等于10万kWh且小于100万kWh、退补电费大于5万元且小于20万元、居民户年累计电量大于等于2160kWh且小于3360kWh时，无三级审批；非居民户退补电量大于等于100万kWh、退补电费大于等于20万元、居民户年累计电量大于等于3360kWh时，无四级审批				

续表

主题	等级	主题指标	指标算法	稽查频度	稽查例日	阈值	展示要求及备注
自助缴费终端离线情况	一级	自助缴费终端离线情况	一体化缴费平台状态显示为当前不在线终端	自定义	自定义	0	自定义非系统固化主题，异常类型中异常值大于监控阈值
客户调账情况		客户调账情况	当月有调账操作的非集团客户				
居民大电费		居民大电费	（1）低压居民用电客户月电费超1万。 （2）低压居民用电客户下有子户收费				
电价执行地区及范围异常		电价执行地区及范围异常	该地区所用电价码与该地区在用电价码比较，筛查超出所在地区执行电价范围的客户				
阶梯电价异常		阶梯电价异常	低压居民单独实表计量客户，超三阶梯				
缺少无功的力率异常		缺少无功的力率异常	功率因数为1的且没有无功电量的异常客户				
同一客户同一地址分别立户		同一客户同一地址分别立户	同一客户同一地址分别立户的所有客户